新时代发展方略党政干部参考读本

长江经济带建设

政策解读与经验集萃

U0957906

中国政策研究网编辑组 编

中国言实出版社

图书在版编目（CIP）数据

长江经济带建设 ：政策解读与经验集萃 / 中国政策研究网编辑组编 . -- 北京 ：中国言实出版社，2019.1
（新时代发展方略党政干部参考读本）
ISBN 978-7-5171-3057-4

Ⅰ . ①长… Ⅱ . ①中… Ⅲ . ①长江经济带－区域经济发展－干部教育－学习参考资料 Ⅳ . ① F127.5

中国版本图书馆 CIP 数据核字（2019）第 010385 号

出 版 人 王昕朋
总 监 制 朱艳华
责任编辑 敖 华
责任校对 郭江妮
出版统筹 刘 力
责任印制 佟贵兆
封面设计 薄 璐

出版发行 中国言实出版社
地 址：北京市朝阳区北苑路 180 号加利大厦 5 号楼 105 室
邮 编：100101
编辑部：北京市海淀区北太平庄路甲 1 号
邮 编：100088
电 话：64924853（总编室）64924716（发行部）
网 址：www.zgyscbs.cn
E-mail：zgyscbs@263.net
经 销 新华书店
印 刷 北京温林源印刷有限公司
版 次 2020 年 1 月第 1 版 2020 年 1 月第 1 次印刷
规 格 710 毫米 ×1000 毫米 1/16 17.5 印张
字 数 250 千字
定 价 49.00 元 ISBN 978-7-5171-3057-4

长江是中华民族的母亲河，也是中华民族发展的重要支撑；推动长江经济带发展必须从中华民族长远利益考虑，把修复长江生态环境摆在压倒性位置，共抓大保护、不搞大开发，努力把长江经济带建设成为生态更优美、交通更顺畅、经济更协调、市场更统一、机制更科学的黄金经济带，探索出一条生态优先、绿色发展新路子。

——摘自习近平在深入推动长江经济带发展座谈会上的讲话

（2018 年 4 月 26 日）

目　录

第一部分　相关政策

第二部分　政策解读

第三部分　地方创新

第四部分　国际经验

第一部分
相关政策

国务院关于依托黄金水道推动长江经济带发展的指导意见

（2014 年 9 月 12 日）

国发〔2014〕39 号

各省、自治区、直辖市人民政府，国务院各部委、各直属机构：

长江是货运量位居全球内河第一的黄金水道，长江通道是我国国土空间开发最重要的东西轴线，在区域发展总体格局中具有重要战略地位。依托黄金水道推动长江经济带发展，打造中国经济新支撑带，是党中央、国务院审时度势，谋划中国经济新棋局作出的既利当前又惠长远的重大战略决策。为进一步开发长江黄金水道，加快推动长江经济带发展，现提出以下意见。

一、重大意义和总体要求

长江经济带覆盖上海、江苏、浙江、安徽、江西、湖北、湖南、重庆、四川、云南、贵州等 11 省市，面积约 205 万平方公里，人口和生产总值均超过全国的 40%。长江经济带横跨我国东中西三大区域，具有独特优势和巨大发展潜力。改革开放以来，长江经济带已发展成为我国综合实力最强、战略支撑作用最大的区域之一。

在国际环境发生深刻变化、国内发展面临诸多矛盾的背景下，依托黄金水道推动长江经济带发展，有利于挖掘中上游广阔腹地蕴含的巨大内需潜力，促进经济增长空间从沿海向沿江内陆拓展；有利于优化沿江产业结构和城镇化布局，推动我国经济提质增效升级；有利于形成上中下游优势互补、协作互动格局，缩小东中西部地区发展差距；有利于建设陆海双向对外开放新走廊，培育国际经济合作竞争新优势；有利于保护长江生态环境，引领全国生态文明建设，对于全面建成小康社会,实现中华民族伟大复兴的中国梦具有重要现实意义和深远战略意义。

（一）指导思想。以邓小平理论、“三个代表”重要思想、科学发展观为指导，深入贯彻党的十八大和十八届二中、三中全会精神，认真落实党中央和国务院的决策部署，充分发挥市场配置资源的决定性作用，更好发挥政府规划和政策的引导作用，以改革激发活力、以创新增强动力、以开放提升竞争力，依托长江黄金水道，高起点高水平建设综合交通运输体系，推动上中下游地区协调发展、沿海沿江沿边全面开放，构建横贯东西、辐射南北、通江达海、经济高效、生态良好的长江经济带。

（二）基本原则。改革引领、创新驱动。坚持制度创新、科技创新，推动重点领域改革先行先试。健全技术创新市场导向机制，增强市场主体创新能力，促进创新资源综合集成，建设统一开放、竞争有序的现代市场体系。

通道支撑、融合发展。以沿江综合运输大通道为支撑，促进上中下游要素合理流动、产业分工协作。着力推进信息化和工业化深度融合，积极引导沿江城镇布局与产业发展有机融合，持续增强区域现代农业、特色农业优势。

海陆统筹、双向开放。深化向东开放，加快向西开放，统筹沿海内陆开放，扩大沿边开放。更好推动“引进来”和“走出去”相结合，更好利用国际国内两个市场、两种资源，构建开放型经济新体制，形成全方位开放新格局。

江湖和谐、生态文明。建立健全最严格的生态环境保护和水资源管理制度，加强长江全流域生态环境监管和综合治理，尊重自然规律及河流演变规律，协调好江河湖泊、上中下游、干流支流关系，保护和改善流域生态服务功能，推动流域绿色循环低碳发展。

（三）战略定位。具有全球影响力的内河经济带。发挥长江黄金水道的独特作用，构建现代化综合交通运输体系，推动沿江产业结构优化升级，打造世界级产业集群，培育具有国际竞争力的城市群，使长江经济带成为充分体现国家综合经济实力、积极参与国际竞争与合作的内河经济带。

东中西互动合作的协调发展带。立足长江上中下游地区的比较优势，统筹人口分布、经济布局与资源环境承载能力，发挥长江三角洲地区的辐射引领作用，促进中上游地区有序承接产业转移，提高要素配置效率，激发内生发展活力，使长江经济带成为推动我国区域协调发展的示范带。

沿海沿江沿边全面推进的对内对外开放带。用好海陆双向开放的区位资源，创新开放模式，促进优势互补，培育内陆开放高地，加快同周边国家和地区基础设施互联互通，加强与丝绸之路经济带、海上丝绸之路的衔接互动，使长江经济带成为横贯东中西、连接南北方的开放合作走廊。

生态文明建设的先行示范带。统筹江河湖泊丰富多样的生态要素，推进长江经济带生态文明建设，构建以长江干支流为经脉、以山水林田湖为有机整体，江湖关系和谐、流域水质优良、生态流量充足、水土保持有效、生物种类多样的生态安全格局，使长江经济带成为水清地绿天蓝的生态廊道。

二、提升长江黄金水道功能

充分发挥长江运能大、成本低、能耗少等优势，加快推进长江干线航道系统治理，整治浚深下游航道，有效缓解中上游瓶颈，改善支流通航条件，优化港口功能布局，加强集疏运体系建设，发展江海联运和干支直达运输，打造畅通、高效、平安、绿色的黄金水道。

（四）增强干线航运能力。加快实施重大航道整治工程，下游重点实施 12.5 米深水航道延伸至南京工程；中游重点实施荆江河段航道整治工程，加强航道工程模型试验研究；上游重点研究实施重庆至宜宾段航道整治工程。加快推进内河船型标准化，研究推广三峡船型和江海直达船型，鼓励发展节能环保船舶。

（五）改善支流通航条件。积极推进航道整治和梯级渠化，提高支流航道等级，形成与长江干线有机衔接的支线网络。加快信江、赣江、江汉运河、汉江、沅水、湘江、乌江、岷江等高等级航道建设，研究论证合裕线、嘉陵江高等级航道建设和金沙江攀枝花至水富段航运资源开发。抓紧实施京杭运河航道建设和船闸扩能工程，系统建设长江三角洲地区高等级航道网络，统筹推进其他支流航道建设。

（六）优化港口功能布局。促进港口合理布局，加强分工合作，推进专业化、规模化和现代化建设，大力发展现代航运服务业。加快上海国际航运中心、武汉长江中游航运中心、重庆长江上游航运中心和南京区域性航运物流中心建设。提升上海港、宁波—舟山港、江苏沿江港口功能，加快芜湖、马鞍山、安庆、九江、黄石、荆州、宜昌、岳阳、泸州、宜宾等港口建设，完善集装箱、大宗散货、汽车滚装及江海中转运输系统。

（七）加强集疏运体系建设。以航运中心和主要港口为重点，加快铁路、高等级公路与重要港区的连接线建设，强化集疏运服务功能，提升货物中转能力和效率，有效解决“最后一公里”问题。推进港口与沿江开发区、物流园区的通道建设，拓展港口运输服务的辐射范围。

（八）扩大三峡枢纽通过能力。挖掘三峡及葛洲坝既有船闸潜力，完善公路翻坝转运系统，推进铁路联运系统建设，建设三峡枢纽货运分流的油气管道，积极实施货源地分流。加快三峡枢纽水运新通道和葛洲坝枢纽水运配套工程前期研究工作。

（九）健全智能服务和安全保障系统。完善长江航运等智能化信息系统，推进多种运输方式综合服务信息平台建设，实现运输信息系统互联互通。加强多部门信息共享，建设长江干线全方位覆盖、全天候运行、具备快速反应能力的水上安全监管和应急救助体系。

（十）合理布局过江通道。统筹规划建设过江通道，加强隧道桥梁方案比选论证工作，充分利用江上和水下空间，推进铁路、公路、城市交通合并过江；优化整合渡口渡线，加强渡运安全管理，促进过江通道与长江航运、防洪安全和生态环境的协调发展。

三、建设综合立体交通走廊

依托长江黄金水道，统筹铁路、公路、航空、管道建设，加强各种运输方式的衔接和综合交通枢纽建设，加快多式联运发展，建成安全便捷、绿色低碳的综合立体交通走廊，增强对长江经济带发展的战略支撑力。

（十一）形成快速大能力铁路通道。建设上海经南京、合肥、武汉、重庆至成都的沿江高速铁路和上海经杭州、南昌、长沙、贵阳至昆明的沪昆高速铁路，连通南北高速铁路和快速铁路，形成覆盖50万人口以上城市的快速铁路网。改扩建沿江大能力普通铁路，规划建设衢州至丽江铁路，提升沪昆铁路既有运能，形成覆盖20万人口以上城市客货共线的普通铁路网。

（十二）建设高等级广覆盖公路网。以上海至成都、上海至重庆、上海至昆明、杭州至瑞丽等国家高速公路为重点，建成连通重点区域、中心城市、主要港口和重要边境口岸的高速公路网络。提高国省干线公路技术等级和安全服务水平，普通国道二级及以上公路比重达到80%以上。加快县乡连通路、资源开发路、旅游景区路、山区扶贫路建设，实现具备条件的乡镇、建制村通沥青（水泥）路。

（十三）推进航空网络建设。加快上海国际航空枢纽建设，强化重庆、成都、昆明、贵阳、长沙、武汉、南京、杭州等机场的区域枢纽功能，发挥南昌、合肥、宁波、无锡等干线机场作用，推进支线机场建设，形成长江上、中、下游机场群。完善航线网络，提高主要城市间航班密度，增加国际运输航线。深化空域管理改革，大力发展通用航空。依托空港资源，发展临空经济。

（十四）完善油气管道布局。统筹油气运输通道和储备系统建设，合理布局沿江管网设施。加强长江三角洲向内陆地区、沿江地区向腹地辐射的原油和成品油输送管道建设，完善区域性油气管网，加快互联互通，形成以沿江干线管道为主轴，连接沿江城市群的油气供应保障体系。

（十五）建设综合交通枢纽。按照“零距离换乘、无缝化衔接”要求，加强水运、铁路、公路、航空和管道的有机衔接，建设和完善能力匹配的集疏运系统。加快建设上海、南京、连云港、徐州、合肥、杭州、宁波、武汉、长沙、南昌、重庆、成都、昆明、贵阳等14个全国性综合交通枢纽，有序发展区域性综合交通枢纽，提高综合交通运输体系的运行效率，增强对产业布局的引导和城镇发展的支撑作用。

（十六）加快发展多式联运。抓紧制定标准规范，培育多式联运经营人，鼓励发展铁水、公水、空铁等多式联运，提高集装箱和大宗散货铁水联运比重。加快智能物流网络建设，增强沿江物流园区综合服务功能，培育壮大现代物流企业，形成若干区域性物流中心，提高物流效率，降低物流成本。

四、创新驱动促进产业转型升级

顺应全球新一轮科技革命和产业变革趋势，推动沿江产业由要素驱动向创新驱动转变，大力发展战略性新兴产业，加快改造提升传统产业，大幅提高服务业比重，引导产业合理布局和有序转移，培育形成具有国际水平的产业集群，增强长江经济带产业竞争力。

（十七）增强自主创新能力。强化企业的技术创新主体地位，引导创新资源向企业集聚，培育若干领军企业。设立新兴产业创业投资基金，激发中小企业创新活力。深化产学研合作，鼓励发展产业技术创新战略联盟。在统筹考虑现状和优化整合科技资源的前提下，布局一批国家工程中心（实验室）和企业技术中心。运用市场化机制探索建立新型科研机构，推动设立知识产权法院。深化科技成果使用、处置和收益权改革。发挥上海张江、武汉东湖自主创新示范区和合芜蚌（合肥、芜湖、蚌埠）自主创新综合试验区的引领示范作用，推进长株潭自主创新示范区建设，推进攀西战略资源创新开发。研究制定长江经济带创新驱动产业转型升级方案。

（十八）推进信息化与产业融合发展。支持沿江地区加快新一代信息基础设施建设，完善上海、南京、武汉、重庆、成都等骨干节点，进一步加强网间互联互通，增加中上游地区光缆路由密度。大力推进有线和无线宽带接入网建设，扩大 4G（第四代移动通信）网络覆盖范围。推进沿江下一代互联网示范城市建设，优化布局数据中心，继续完善上海、云南面向国际的陆海缆建设。充分利用互联网、物联网、大数据、云计算、人工智能等新一代信息技术改造提升传统产业，培育形成新兴产业，推动生产组织、企业管理、商业运营模式创新。推动沿江国家电子商务示范城市建设，加快农业、制造业和服务业的电子商务应用。

（十九）培育世界级产业集群。以沿江国家级、省级开发区为载体，以大型企业为骨干，打造电子信息、高端装备、汽车、家电、纺织服装等世界级制造业集群，建设具有国际先进水平的长江口造船基地和长江中游轨道交通装备、工程机械制造基地，突破核心关键技术，培育知名自主品牌。在沿江布局一批战略性新兴产业集聚区、国家高技术产业基地和国家新型工业化产业示范基地。推动石化、钢铁、有色金属等产业转型升级，促进沿江炼化一体化和园区化发展，提升油品质量，加快钢铁、有色金属产品结构调整，淘汰落后产能。

（二十）加快发展现代服务业。改革服务业发展体制，创新发展模式和业态，扩大服务业对内对外开放，放宽外资准入限制。围绕服务实体经济，优先发展金融保险、节能环保、现代物流、航运服务等生产性服务业；围绕满足居民需求，加快发展旅游休闲、健康养老、家庭服务、文化教育等生活性服务业。依托国家高技术服务业基地，发展信息技术、电子商务、研发设计、知识产权、检验检测、认证认可等服务产业。积极推动区域中心城市逐步形成以服务业为主的产业结构。充分发挥长江沿线各地独具特色的历史文化、自然山水和民俗风情等优势，打造旅游城市、精品线路、旅游景区、旅游度假休闲区和生态旅游目的地，大力发展特色旅游业，把长江沿线培育成为国际黄金旅游带。

（二十一）打造沿江绿色能源产业带。积极开发利用水电，在做好环境保护和移民安置的前提下，以金沙江、雅砻江、大渡河、澜沧江等为重点，加快水电基地和送出通道建设，扩大向下游地区送电规模。加快内蒙古西部至华中煤运通道建设，在中游地区适度规划布局大型高效清洁燃煤电站，增加电力、天然气等输入能力。研究制定新城镇新能源新生活行动计划，大力发展分布式能源、智能电网、绿色建筑和新能源汽车，推进能源生产和消费方式变革。立足资源优势，创新体制机制，推进页岩气勘查开发，通过竞争等方式出让页岩气探矿权，建设四川长宁—威远、滇黔北、重庆涪陵等国家级页岩气综合开发示范区。稳步推进沿海液化天然气接收站建设，统筹利用国内外天然气，提高居民用气水平。

（二十二）提升现代农业和特色农业发展水平。保护和利用好长江流域宝贵农业资源，推进农产品主产区特别是农业优势产业带和特色产业带建设，建设一批高水平现代农业示范区，推进国家有机食品生产基地建设，着力打造现代农业发展先行区。上游地区立足山多草多林多地少的资源条件，在稳定优势农产品生产的基础上，大力发展以草食畜牧业为代表的特色生态农业和以自然生态区、少数民族地区为代表的休闲农业与乡村旅游。中游地区立足农业生产条件较好、耕地资源丰富的基础，强化粮食、水产品等重要农产品供给保障能力，提高农业机械化水平，积极发展现代种业，打造粮食生产核心区和主要农产品优势区。下游地区立足人均耕地资源少、资本技术人才资源优势，在稳定粮食生产的同时，大力发展高效精品农业和都市农业，加快推进标准化生产和集约化品牌化经营。

（二十三）引导产业有序转移和分工协作。按照区域资源禀赋条件、生态环境容量和主体功能定位，促进产业布局调整和集聚发展。在着力推动下游地区产业转型升级的同时，依托中上游地区广阔腹地，增强基础设施和产业配套能力，引导具有成本优势的资源加工型、劳动密集型产业和具有市场需求的资本、技术密集型产业向中上游地区转移。支持和鼓励开展产业园区战略合作，建立产业转移跨区域合作机制，以中上游地区国家级、省级开发区为载体，建设承接产业转移示范区和加工贸易梯度转移承接地，推动产业协同合作、联动发展。借鉴负面清单管理模式，加强对产业转移的引导，促进中上游特别是三峡库区产业布局与区域资源生态环境相协调，防止出现污染转移和环境风险聚集，避免低水平重复建设。

五、全面推进新型城镇化

按照沿江集聚、组团发展、互动协作、因地制宜的思路，推进以人为核心的新型城镇化，优化城镇化布局和形态，增强城市可持续发展能力，创新城镇化发展体制机制，全面提高长江经济带城镇化质量。

（二十四）优化沿江城镇化格局。以沿江综合运输大通道为轴线，以长江三角洲、长江中游和成渝三大跨区域城市群为主体，以黔中和滇中两大区域性城市群为补充，以沿江大中小城市和小城镇为依托，促进城市群之间、城市群内部的分工协作，强化基础设施建设和联通，优化空间布局，推动产城融合，引导人口集聚，形成集约高效、绿色低碳的新型城镇化发展格局。

（二十五）提升长江三角洲城市群国际竞争力。促进长江三角洲一体化发展，打造具有国际竞争力的世界级城市群。充分发挥上海国际大都市的龙头作用，加快国际金融、航运、贸易中心建设。提升南京、杭州、合肥都市区的国际化水平。

推进苏南现代化建设示范区、浙江舟山群岛新区、浙江海洋经济发展示范区、皖江承接产业转移示范区、皖南国际文化旅游示范区建设和通州湾江海联动开发。优化提升沪宁合（上海、南京、合肥）、沪杭（上海、杭州）主轴带功能，培育壮大沿江、沿海、杭湖宁（杭州、湖州、南京）、杭绍甬舟（杭州、绍兴、宁波、舟山）等发展轴带。合理划定中心城市边界，保护城郊农业用地和绿色开敞空间，控制特大城市过度蔓延扩张。

（二十六）培育发展长江中游城市群。增强武汉、长沙、南昌中心城市功能，促进三大城市组团之间的资源优势互补、产业分工协作、城市互动合作，把长江中游城市群建设成为引领中部地区崛起的核心增长极和资源节约型、环境友好型社会示范区。优化提升武汉城市圈辐射带动功能，开展武汉市国家创新型城市试点，建设中部地区现代服务业中心。加快推进环长株潭城市群建设，提升湘江新区和湘北湘南中心城市发展水平。培育壮大环鄱阳湖城市群，促进南昌、九江一体化和赣西城镇带发展。建设鄱阳湖、洞庭湖生态经济区。

（二十七）促进成渝城市群一体化发展。提升重庆、成都中心城市功能和国际化水平，发挥双引擎带动和支撑作用，推进资源整合与一体发展，把成渝城市群打造成为现代产业基地、西部地区重要经济中心和长江上游开放高地，建设深化内陆开放的试验区和统筹城乡发展的示范区。重点建设成渝主轴带和沿长江、成绵乐（成都、绵阳、乐山）等次轴带，加快重庆两江新区开发开放，推动成都天府新区创新发展。

（二十八）推动黔中和滇中区域性城市群发展。增强贵阳产业配套和要素集聚能力，重点建设遵义—贵阳—安顺主轴带，推动贵安新区成为内陆开放型经济示范区，重要的能源资源深加工、特色轻工业和民族文化旅游基地，推进大数据应用服务基地建设，打造西部地区新的经济增长极和生态文明建设先行区。提升昆明面向东南亚、南亚开放的中心城市功能，重点建设曲靖—昆明—楚雄、玉溪—昆明—武定发展轴，推动滇中产业集聚区发展，建设特色资源深加工基地和文化旅游基地，打造面向西南开放重要桥头堡的核心区和高原生态宜居城市群。

（二十九）科学引导沿江城市发展。依托近山傍水的自然生态环境，合理确定城市功能布局和空间形态，促进城市建设与山脉水系相互融合，建设富有江城特色的宜居城市。加强城区河湖水域岸线管理。集聚科技创新要素，节约集约利用资源，提升信息化水平。延续城市历史文脉，推进创新城市、绿色城市、智慧城市、人文城市建设。加强公共交通、防洪排涝等基础设施建设，提高教育、医疗等公共服务水平，提高承载能力。

（三十）强化城市群交通网络建设。充分利用区域运输通道资源，重点加快城际铁路建设，形成与新型城镇化布局相匹配的城际交通网络。长江三角洲城市群要建设以上海为中心，南京、杭州、合肥为副中心，“多三角、放射状”的城际交通网络；长江中游城市群要建设以武汉、长沙、南昌为中心的“三角形、放射状”城际交通网络；成渝城市群要建设以重庆、成都为中心的“一主轴、放射状”城际交通网络，实现城市群内中心城市之间、中心城市与节点城市之间 1—2 小时通达。建设黔中、滇中城际交通网络，实现省会城市与周边节点城市之间 1—2 小时通达。

（三十一）创新城镇化发展体制机制。根据上中下游城镇综合承载能力和发展潜力，实施差别化落户政策。下游地区要增强对农业转移人口的吸纳能力，有序推进外来人口市民化；中上游地区要增强产业集聚能力，更多吸纳农业转移人口。建立健全与居住年限等条件相挂钩的基本公共服务提供机制。探索实行城镇建设用地增加规模与农村建设用地减少挂钩、与吸纳农业转移人口落户数量挂钩政策。稳步推进农村宅基地制度改革。开展新型城镇化试点示范，探索建立农业转移人口市民化成本分担机制，构建多元化、可持续的城镇化投融资机制，建立有利于创新行政管理、降低行政成本的设市设区模式。选择具备条件的开发区进行城市功能区转型试点，引导产业和城市同步融合发展。

六、培育全方位对外开放新优势

发挥长江三角洲地区对外开放引领作用，建设向西开放的国际大通道，加强与东南亚、南亚、中亚等国家的经济合作，构建高水平对外开放平台，形成与国际投资、贸易通行规则相衔接的制度体系，全面提升长江经济带开放型经济水平。

（三十二）发挥上海对沿江开放的引领带动作用。加快建设中国（上海）自由贸易试验区，大力推进投资、贸易、金融、综合监管等领域制度创新，完善负面清单管理模式，打造国际化、法治化的营商环境，建立与国际投资、贸易通行规则相衔接的基本制度框架，形成可复制、可推广的成功经验。通过先行先试、经验推广和开放合作，充分发挥上海对外开放的辐射效应、枢纽功能和示范引领作用，带动长江经济带更高水平开放，增强国际竞争力。

（三十三）增强云南面向西南开放重要桥头堡功能。提升云南向东南亚、南亚开放的通道功能和门户作用。推进孟中印缅、中老泰等国际运输通道建设，实现基础设施互联互通。推动孟中印缅经济走廊合作，深化参与中国—东盟湄公河流域开发、大湄公河次区域经济合作，率先在口岸、边境城市、边境经济合作区和重点开发开放试验区实施人员往来、加工物流、旅游等方面的特殊政策。将云南建设成为面向西南周边国家开放的试验区和西部省份“走出去”的先行区，提升中上游地区向东南亚、南亚开放水平。

（三十四）加强与丝绸之路经济带的战略互动。发挥重庆长江经济带西部中心枢纽作用，增强对丝绸之路经济带的战略支撑。发挥成都战略支点作用，把四川培育成为连接丝绸之路经济带的重要纽带。构建多层次对外交通运输通道，加强各种运输方式的有效衔接，形成区域物流集聚效应，打造现代化综合交通枢纽。优化整合向西国际物流资源，提高连云港陆桥通道桥头堡水平，提升“渝新欧”、“蓉新欧”、“义新欧”等中欧班列国际运输功能，建立中欧铁路通道协调机制，增强对中亚、欧洲等地区进出口货物的吸引能力，着力解决双向运输不平衡问题。加强与沿线国家海关的合作，提高贸易便利化水平。提升江苏、浙江对海上丝绸之路的支撑能力。加快武汉、长沙、南昌、合肥、贵阳等中心城市内陆经济开放高地建设。推进中上游地区与俄罗斯伏尔加河沿岸联邦区合作。

（三十五）推动对外开放口岸和特殊区域建设。增强沿江沿边开放口岸和特殊区域功能，打造高水平对外开放平台。在中上游地区适当增设口岸及后续监管场所，在有条件的地方增设铁路、内河港口一类开放口岸，推动口岸信息系统互联共享。条件成熟时，在基本不突破原规划面积的前提下，逐步将沿江各类海关特殊监管区域整合为综合保税区，探索使用社会运输工具进行转关作业。在符合全国总量控制目标的前提下，支持具备条件的边境地区按程序申请设立综合保税区，支持符合条件的边境地区设立边境经济合作区和边境旅游合作区，研究完善人员免签、旅游签证等政策。推动境外经济贸易合作区和农业合作区发展，鼓励金融机构在境外开设分支机构并提供融资支持。

（三十六）构建长江大通关体制。加强内陆海关与沿海沿边口岸海关的协作配合，加强口岸与内陆检验检疫机构的合作，全面推进“一次申报、一次查验、一次放行”模式，实现长江经济带海关区域通关一体化和检验检疫一体化。在有效防控风险前提下，适时扩大启运港退税的启运地、承运企业和运输工具等范围。推进口岸执法部门信息互换、监管互认和执法互助。

七、建设绿色生态廊道

顺应自然，保育生态，强化长江水资源保护和合理利用，加大重点生态功能区保护力度，加强流域生态系统修复和环境综合治理，稳步提高长江流域水质，显著改善长江生态环境。

（三十七）切实保护和利用好长江水资源。落实最严格水资源管理制度，明确长江水资源开发利用红线、用水效率红线。加强流域水资源统一调度，保障生活、生产和生态用水安全。严格相关规划和建设项目的水资源论证。加强饮用水水源地保护，优化沿江取水口和排污口布局，取缔饮用水水源保护区内的排污口，鼓励各地区建设饮用水应急水源。建设水源地环境风险防控工程，确保城乡饮用水安全。严厉打击河道非法采砂。优化水资源配置格局，加快推进云贵川渝等地区大中型骨干水源工程及配套工程建设。建设沿江、沿河、环湖水资源保护带、生态隔离带，增强水源涵养和水土保持能力。

（三十八）严格控制和治理长江水污染。明确水功能区限制纳污红线，完善水功能区监督管理制度，科学核定水域纳污容量，严格控制入河（湖）排污总量。大幅削减化学需氧量、氨氮排放量，加大总磷、总氮排放等污染物控制力度。加大沿江化工、造纸、印染、有色等排污行业环境隐患排查和集中治理力度，实行长江干支流沿线城镇污水垃圾全收集全处理，加强农业畜禽、水产养殖污染物排放控制及农村污水垃圾治理，强化水上危险品运输安全环保监管、船舶溢油风险防范和船舶污水排放控制。完善应急救援体系，提高应急处置能力。建立环境风险大、涉及有毒有害污染物排放的产业园区退出或转型机制。加强三峡库区、丹江口库区、洞庭湖、鄱阳湖、长江口及长江源头等水体的水质监测和综合治理，强化重点水域保护，确保流域水质稳步改善。

（三十九）妥善处理江河湖泊关系。综合考虑防洪、生态、供水、航运和发电等需求，进一步开展以三峡水库为核心的长江上游水库群联合调度研究与实践。加强长江与洞庭湖、鄱阳湖演变与治理研究，论证洞庭湖、鄱阳湖水系整治工程，进行蓄滞洪区的分类和调整研究。完善防洪保障体系，实施长江河道崩岸治理及河道综合整治工程，尽快完成长江流域山洪灾害防治项目，推进长江中下游蓄滞洪区建设及中小河流治理。

（四十）加强流域环境综合治理。完善污染物排放总量控制制度，加强二氧化硫、氮氧化物、$PM_{2.5}$（细颗粒物）等主要大气污染物综合防治，严格控制煤炭消费总量。加强挥发性有机物排放重点行业整治，扭转中下游地区、四川盆地等区域性雾霾、酸雨恶化态势，改善沿江城市空气质量。推进农村环境综合整治，降低农药和化肥使用强度，加大土壤污染防治力度，强化重点行业和重点区域重金属污染综合治理。大力推进工业园区污染集中治理和循环化改造，鼓励企业采用清洁生产技术。积极推进城镇污水处理设施和配套污水管网建设，提高现有污水处理设施处理效率。

（四十一）强化沿江生态保护和修复。坚定不移实施主体功能区制度，率先划定沿江生态保护红线，强化国土空间合理开发与保护，加大重点生态功能区建设和保护力度，构建中上游生态屏障。推进太湖、巢湖、滇池、草海等全流域湿地生态保护与修复工程，加强金沙江、乌江、嘉陵江、三峡库区、汉江、洞庭湖和鄱阳湖水系等重点区域水土流失治理和地质灾害防治，中上游重点实施山地丘陵地区坡耕地治理、退耕还林还草和岩溶地区石漠化治理，中下游重点实施生态清洁小流域综合治理及退田还草还湖还湿。加大沿江天然林草资源保护和长江防护林体系建设力度，加强沿江风景名胜资源保护和山地丘陵地区林草植被保护。加强长江物种及其栖息繁衍场所保护，强化自然保护区和水产种质资源保护区建设和管护。探索建立沿江国家公园。研究制定长江生态环境保护规划。

（四十二）促进长江岸线有序开发。建立健全长江岸线开发利用和保护协调机制，统筹规划长江岸线资源，严格分区管理和用途管制，合理安排沿江工业与港口岸线、过江通道岸线与取水口岸线，加大生态和生活岸线保护力度。严格河道管理范围内建设项目工程建设方案审查制度。统筹岸线与后方土地的使用和管理，提高岸线资源集约利用水平。依法建立岸线资源有偿使用制度。有效保护岸线原始风貌，利用沿江风景名胜和其他自然人文景观资源，为居民提供便捷舒适亲水空间。

八、创新区域协调发展体制机制

打破行政区划界限和壁垒，加强规划统筹和衔接，形成市场体系统一开放、基础设施共建共享、生态环境联防联治、流域管理统筹协调的区域协调发展新机制。

（四十三）建立区域互动合作机制。加强国家层面协调指导，统筹研究解决长江经济带发展中的重大问题，建立推动长江经济带发展部际联席会议制度。发挥水利部长江水利委员会、交通运输部长江航务管理局、农业部长江流域渔政监督管理办公室以及环境保护部华东、华南、西南环境保护督查中心等机构作用，协同推进长江防洪、航运、发电、生态环境保护等工作。建立健全地方政府之间协商合作机制，共同研究解决区域合作中的重大事项。充分调动社会力量，建立各类跨地区合作组织。

（四十四）推进一体化市场体系建设。进一步简政放权，清理阻碍要素合理流动的地方性政策法规，打破区域性市场壁垒，实施统一的市场准入制度和标准，推动劳动力、资本、技术等要素跨区域流动和优化配置。健全知识产权保护机制。推动社会信用体系建设，扩大信息资源开放共享，提高基础设施网络化、一体化服务水平。

（四十五）加大金融合作创新力度。适时推进符合条件的民间资本在中上游地区发起设立民营银行等中小金融机构。引导区域内符合条件的创新型、创业型、成长型中小企业到全国中小企业股份转让系统挂牌进行股权融资、债权融资、资产重组等。探索创新金融产品，鼓励开展融资租赁服务，支持长江船型标准化建设。鼓励大型港航企业以资本为纽带整合沿江港口和航运资源。鼓励政策性金融机构加大对沿江综合交通体系建设的支持力度。

（四十六）建立生态环境协同保护治理机制。完善长江环境污染联防联控机制和预警应急体系。鼓励和支持沿江省市共同设立长江水环境保护治理基金，加大对环境突出问题的联合治理力度。按照“谁受益谁补偿”的原则，探索上中下游开发地区、受益地区与生态保护地区试点横向生态补偿机制。依托重点生态功能区开展生态补偿示范区建设。推进水权、碳排放权、排污权交易，推行环境污染第三方治理。

（四十七）建立公共服务和社会治理协调机制。适应上中下游劳动力转移流动的趋势，加强跨区域职业教育合作和劳务对接，推进统一规范的劳动用工、资格认证和跨区域教育培训等就业服务制度。加大基本养老保险、基本医疗保险等社会保险关系转移接续政策的落实力度。应对长江事故灾难、环境污染、公共卫生等跨区域突发事件，构建协同联动的社会治理机制。建立区域协调配合的安全监管工作机制，加强跨区域重点工程项目的监管，有效预防和减少生产安全事故。完善集中连片特殊困难地区扶贫机制，加大政策支持力度。

国务院

2014 年 9 月 12 日

（国务院网站 2014 年 9 月 25 日）

国家发展改革委关于建设长江经济带国家级转型升级示范开发区的实施意见

（2015 年 6 月 9 日）

发改外资 [2015]1294 号

上海市、江苏省、浙江省、安徽省、江西省、湖北省、湖南省、重庆市、四川省、云南省、贵州省发展改革委：

开发区的建设和发展是我国改革开放的成功实践，对产业集中集聚、发展开放型经济、改善投资环境、促进区域经济发展和体制改革创新发挥了重要作用。为贯彻落实《国务院关于依托黄金水道推动长江经济带发展的指导意见》，引导长江经济带产业转型升级和分工协作，促进产业转移和生产要素跨区域合理流动和优化配置，推动经济提质增效升级，对以长江经济带国家级、省级开发区为载体开展国家级转型升级示范开发区（以下简称“示范开发区”）建设工作，提出以下具体实施意见：

一、建设目标

（一）落实党中央和国务院的决策部署，顺应国际国内产业发展新趋势，依托长江经济带现有合规设立的国家级、省级开发区，规划建设示范开发区。充分发挥市场配置资源的决定性作用，更好发挥政府规划和政策的引导作用，经过 3—5 年努力，示范开发区的发展规模、建设水平、园区特色、主体地位显著提升，示范引领和辐射带动效应日益增强，参与国际分工地位和国际影响力明显提升，转型升级走在全国开发区前列。

（二）以示范开发区为引领和示范，推动长江经济带产业优化升级，实现长江上中下游地区良性互动，逐步形成以示范开发区为主、省级开发区为辅，且分工合理、特色鲜明、优势互补的长江经济带产业协同发展格局。

二、主要任务

（三）承接国际产业转移，促进开放型经济发展。长江下游经济发达省份，对接国际分工要求和可能，利用沿海、沿江岸线资源，重点发展现代服务业、先进制造业和战略性新兴产业。选择建设示范开发区，形成一批特色支撑点，开放型经济迈进新水平。

（四）承接国际、沿海产业转移，带动区域协调发展。长江中、上游省市按“一带一路”、向西开放等战略的要求，与东部开发区建立协同跨区域联动机制和合作联盟。选择建设示范开发区，引导企业向示范区集聚，促进人口归流、本地就业和经济社会协调发展。

（五）产城互动，引导产业和城市同步融合发展。以依托示范开发区为主，在地、县两级按工业集中、产业聚集、用地集约的要求，建立利益共享机制，提高工业集中度、产业集聚度，突出主导产业特色。选择建设示范开发区，通过产城互动、产城融合，建设美丽乡村、旅游古镇等配套，吸引人才回归。

（六）低碳减排，建设绿色发展示范开发区。加强生态建设和环境保护，推进节能减排，发展循环经济。加大沿江化工、造纸、印染、有色金属等排污行业治理力度，经过专业化、园区化处理，切实减少排污大户。选择建设示范开发区，建立低碳循环经济试点和生态园区，推动流域绿色循环低碳发展，保护长江生态。

（七）创新驱动，建设科技引领示范开发区。顺应全球新一轮科技革命和产业变革趋势，大力发展战略性新兴产业，推动沿江产业由要素驱动向创新驱动转变。选择建设示范开发区，发展建设公共企业研发平台，有效保护知识产权，支持建设国际科技合作中心，增强长江经济带产业竞争力。

（八）制度创新，建设投资环境示范开发区。大力推进投资、贸易、金融、综合监管等领域制度创新，试行负面清单管理模式和商事改革。建立与国际投资、贸易通行规则相衔接的基本制度框架，形成可复制、可推广的成功经验。选择建设示范开发区，加快上海自贸区 27 项改革措施的复制、推广和落地，打造国际化、法治化的营商环境，带动长江经济带更高水平开放，增强国际竞争力。

三、组织实施

（九）按上述目标任务，长江经济带各省（直辖市）发展改革委对本省（直辖市）内的国家级、省级开发区进行初审并推荐2—3家符合条件的开发区，于今年6月30日前将创建示范开发区的申报材料一式三份（含上报文件、创建示范开发区的建设方案及相关发展规划）报送国家发展改革委。

（十）国家发展改革委会同推动长江经济带发展领导小组办公室对申报材料进行研究审核和必要的实地调研，择优选取相关开发区，授予示范开发区称号，向社会公告后纳入《中国开发区审核公告目录》。

四、监督管理

（十一）各示范开发区每年2月底前将上一年度发展情况及需要协调解决的问题报送国家发展改革委。国家发展改革委将组织考核，对成绩突出的示范开发区，予以通报表彰。

（十二）国家发展改革委对示范开发区实行动态管理，每年进行复核，对合格的示范开发区予以确认，对不合格的撤销称号，发布有关公告并摘牌。同时，根据长江经济带各省（直辖市）的发展情况，适时对示范开发区的规划布局进行调整完善。

五、组织保障

（十三）各地区、各有关部门要进一步深化对推动长江经济带产业转型升级和分工协作重要意义的认识，切实加强组织领导和协调，落实工作责任，全面推进示范开发区建设和规范发展，确保工作取得实效。

国家发展改革委

2015年6月9日

（国家发展改革委网站 2015年6月30日）

国家发展改革委、科技部、工业和信息化部关于印发《长江经济带创新驱动产业转型升级方案》的通知

（2016 年 3 月 2 日）

国家发展改革委 科技部 工业和信息化部

上海市、江苏省、浙江省、安徽省、江西省、湖北省、湖南省、重庆市、四川省、云南省、贵州省发展改革委，科技厅（委），工业和信息化主管部门：

为落实《国务院关于依托黄金水道推动长江经济带发展的指导意见》（国发[2014]39 号），经商推动长江经济带发展领导小组办公室同意，现将《长江经济带创新驱动产业转型升级方案》印发你们，请认真贯彻落实。

国家发展改革委

科 技 部

工业和信息化部

2016 年 3 月 2 日

长江经济带创新驱动产业转型升级方案

推动长江经济带发展是党中央、国务院做出的重大战略部署，以创新驱动促进产业转型升级是长江经济带实现经济提质增效和绿色发展的重要任务。按照中共中央关于制定国民经济和社会发展第十三个五年规划的建议要求，为贯彻落实《国务院关于依托黄金水道推动长江经济带发展的指导意见》（国发〔2014〕39号），加快创新驱动促进产业转型升级，构建长江经济带现代产业走廊，特制定本方案。

一、发展现状

（一）基础条件

长江经济带横贯我国东中西三大区域，覆盖11个省市，地域面积约205万平方公里，人口和经济总量超过全国40%，经济增速持续高于全国平均水平，经济带动作用强、辐射范围广，是全球重要的内河经济带，在我国发展大局中具有举足轻重的战略地位。长江经济带产业优势突出，是我国重要的农业主产区、工业走廊和现代服务业聚集区。粮食总产量占全国三分之一以上，水稻、油菜籽、淡水产品等重点农产品产量占比超过50%。电子信息、装备制造、有色金属、纺织服装等产业规模占全国比重均超过50%，新型平板显示、集成电路、先进轨道交通装备、船舶和海洋工程装备、汽车、电子商务、生物医药、航空航天等产业已具备较强国际竞争力。金融保险、航运、工业设计、文化创意等服务业特色优势突出。长江经济带是我国创新驱动的重要策源地，对外开放程度高，创新资源丰富，集中了全国1/3的高等院校和科研机构，拥有全国一半左右的两院院士和科技人员，各类国家级创新平台超过500家，涌现了高性能计算机、量子保密通信等一批具有国际影响力的重大创新成果。研发投入成效显著，研发经费支出、有效发明专利数、新产品销售收入占全国比重分别为43.9%、44.3%、50%，形成了一批创新引领示范作用显著的城市群。

（二）提升空间

长江经济带具备良好发展基础，区域互动合作前景广阔，未来发展空间巨大。但区域发展不平衡、自主创新能力不强、中低端产业比重过高等问题较为突出。根据区域资源禀赋条件、生态环境容量和主体功能定位，引导沿江各省市坚持创新驱动、协同发展，加快提升区域布局、产业结构和创新能力。围绕战略规划布局，发挥上中下游比较优势，推动资源要素合理利用、产业布局更趋完善。围绕产业结构优化，培育新技术、新产品、新业态、新商业模式，实现产业服务化、高端化、智能化、知识化、低碳化发展。围绕优势产业集聚，打造一批世界级产业集群，加快重点产业领域规模化、体系化、高端化发展。围绕创新能力提升，加强创新成果转化和创新资源合理配置，使创新成为经济发展的动力源泉。围绕政策改革创新，完善区域内资源共建共享和利益平衡机制，促进跨区域发展实现互惠互利、合作共赢。

二、方案取向

（一）战略定位

全面贯彻落实创新、协调、绿色、开放、共享的发展理念，深入推进实施创新驱动发展战略，加快长江经济带产业向中高端水平迈进，增强对全国的辐射带动作用。坚持以优化为主线，调整产业存量、做优产业增量，完善现代产业体系。坚持以创新为动力，依托科技创新、制度创新双轮驱动，构建全方位创新发展体系。坚持以融合为导向，推进科技、产业、教育、金融深度融合发展，建立要素资源联动机制。坚持以协同为抓手，打破地区封锁和利益藩篱，形成全面合作的发展机制。

创新驱动的引领带。发挥人才、智力密集优势，健全区域创新体制机制，深化创新要素合作，激发创新主体活力，扩大创新成果影响，探索区域综合集成创新模式，形成一批可复制、可推广的改革举措和创新政策，推动创新驱动发展战略的有效实施。

产业融合的先行带。依托完善的产业门类和体系，发挥新一代信息技术的渗透作用和贯通作用，构建以信息经济为主导的新型经济模式，推动物质资源、人才资源、信息资源的紧密结合，加速产业联动和企业跨界，实现信息化推动新型工业化、城镇化、农业现代化同步发展。

区域协同的示范带。充分发挥长江经济带各地区比较优势，建立区域联动合作机制，统筹规划、科学布局，引导产业合理分工和有序转移，推进区域优势产业集聚发展，形成区域间产业良性互动，实现长江经济带整体发展和各区域特色发展协同共进。

开放合作的共赢带。充分利用国内外两种资源、两个市场，发挥自贸区示范作用，与“一带一路”等对外合作战略互动推进，借鉴国际区域经济发展的成熟经验，统筹海陆双向开放，深度参与国际竞争与合作，形成沿海沿江沿边全面开放合作的新格局。

（二）实施目标

到 2020 年，长江经济带在创新能力、产业结构、经济发展等方面取得突破性进展。

——创新能力大幅提升。基本实现由要素驱动向创新驱动转变，研发投入不断加强，专利布局不断完善。战略性新兴产业自主创新能力全面提升，新一代信息技术、生物、高端装备继续保持领先水平，节能环保、新材料、新能源、新能源汽车与发达国家差距大幅缩小。突破一批关键核心技术，获得一批重要技术专利，创新成果显著增加。形成若干世界级产业集群和具有国际先进水平的产业基地，打造一批创新型领军企业。

——产业结构明显优化。产业空间布局更加合理，生产要素实现区域内自由、合理流动，下游地区高端产业、科技资源、人才要素优势更为突出，中上游地区承接产业转移规模进一步扩大，东中西协同发展的格局基本形成。产业结构调整和转型升级效果明显，信息化与产业融合发展水平显著提升，现代服务业和高技术服务业比重持续提高，制造业在全球价值链中的整体地位大幅提升，现代农业和特色农业快速发展。

——对全国经济带动作用进一步增强。经济总量占全国比重稳步上升，对全国的辐射带动示范作用进一步显现。消费在全国经济发展中作用进一步增强，居民消费水平稳步提高，消费结构更趋合理。外向型经济快速发展，出口产品规模持续扩大，涌现一批具有国际影响力的品牌，国际分工地位显著提升。

专栏 1 发展指标

类别	指标	2014 年	2017 年	2020 年
创新能力	规模以上工业企业有效发明专利数占全国比例（%）	44.8	49	53
	新产品销售收入比例（%）	51	54	59
	研发投入占区域 GDP 比重（%）	1.47	2.1	2.5
产业结构	战略性新兴产业占 GDP 比重（%）	7	12	17
	服务业增加值占 GDP 比重（%）	44	51	54
经济发展	经济总量占比（%）	41.6	42	43
	出口产品规模（千亿美元）	10.7	12	15
	平均居民消费水平（万元）	1.85	2.2	2.7

注：数据依据中国统计年鉴（2011−2014）测算，全国总量为各省市区地区生产总值加总，高于国家统计局公布的年度 GDP 数据。

到 2030 年，创新驱动型产业体系和经济格局全面建成，创新能力进入世界前列，区域协同合作一体化发展成效显著，成为引领我国经济转型升级、支撑全国统筹发展的重要引擎。

三、重点任务

（一）增强创新能力

1. 完善区域创新体系。加快推动区域创新资源引进和整合，促进创新资源流动和创新成果交流。加强上中下游合作，统筹协调各区域的技术创新主体，建立共同参与、利益共享、风险共担的产学研用协同创新机制。创建具有国际竞争力的创新资源集聚区，系统推进上海、安徽（合芜蚌）、武汉、四川（成德绵）的全面创新改革试验，研究推动国家自主创新示范区布局。建设一批高新技术产业开发区、创新型（试点）城市和创新型省份，进一步发挥国家高技术产业基地的集聚与引领作用。推动上海加快建设具有全球影响力的科技创新中心，发挥长三角地区对长江经济带创新发展的龙头带动作用。推进攀西战略资源创新开发，打造国内资源富集地科学开发利用示范区。

2. 推动产业技术创新平台建设。加强统筹规划、共建共享，布局一批面向长远、技术先进的国家创新平台。完善和新建一批工程（技术）研究中心、工程实验室、国家（部门）重点实验室，支持建设一批国家地方联合创新平台。优先布局一批区域制造业创新中心，推动有条件的地方研究建立长江经济带工业技术研究院，建设和完善一批面向企业的公共技术服务平台。加强企业技术中心建设，继续培育和认定一批企业技术中心和技术创新示范企业。实施创新企业百强工程试点，面向重点行业和领域提升骨干企业创新能力。促进国家重大科技基础设施和大型科研仪器向社会开放，实现跨机构、跨地区开放运行和共享。

3. 加快科技创新成果转移转化。支持骨干企业联合高校、科研机构、行业协会组建产业技术创新战略联盟，共建科技成果产业化试验平台，面向产业需求开展中试和技术熟化，加快新技术、新工艺、新产品的示范应用。在产业基础较好的地区，探索建立长江经济带技术交易网络平台、技术转移中心和知识产权交易中心。选择有条件的高校、科研机构试点建设专业化的技术转移机构和职业化人才队伍促进创新成果与市场需求对接。完善创新成果转化资金保障机制，加强科技成果转化引导基金、新兴产业创业投资基金联动，引导金融和社会资本投资区域创新创业。开展重点产业专利导航试点，制定知识产权布局导向目录，引导产业创新方向和专利战略布局。深化科技成果使用、处置和收益权改革，为创新成果转化营造良好的外部环境。

4. 激发社会创新创业活力。构建大众创业、万众创新良好氛围，培育开放式创新创业生态系统，促进创新成果与市场需求及资本的有效对接。加快实施“互

联网 +”创业创新行动，充分利用移动互联网、云计算、大数据、电子商务等新技术新模式，降低全社会创新创业门槛和成本，推动将互联网创新创业纳入国家创新和就业体系。在有条件的地方研究探索创业券、创新券等公共服务新模式，

专栏 2 增强创新能力发展重点	
重点任务	实施内容
国家自主创新示范区	在上海张江、苏南、武汉东湖、长株潭、合芜蚌、成都等国家自主创新示范区和绵阳科技城，开展科技金融、科技成果产权管理、人才评价、知识产权管理、运用和保护等改革试验。
产业技术创新战略联盟	在集成电路、生物医药、智能机器人、航空装备、光电子、高性能医学诊疗设备、生物工程育种、新型平板显示、卫星导航、轨道交通等领域创建产业技术创新战略联盟。
国家工程（技术）研究中心、实验室建设	在高端装备制造、新一代信息技术、新材料、生物医药等战略性新兴产业领域，布局一批国家工程（技术）研究中心、实验室。
创新企业百强工程	选择一批行业影响大、创新实力强、发展机制好、成长空间大的企业实施创新企业百强工程。
技术转移中心、科技成果转移孵化基地建设	在现代农业、高端装备、新材料、新能源、电子信息、生物、节能环保等产业优势集中的区域，试点建设一批技术转移中心和科技成果转移孵化基地。
双创示范基地三年行动计划	在沿江地区，打造一批新兴产业“双创”示范基地，扶持一批创业创新支撑平台。

为创业者和创新企业提供培训、咨询、管理、设计等服务。发展“创业咖啡”、“创新工场”、“星创天地”等新型孵化模式，加快建设一批市场化、专业化、集成化、网络化的众创空间，为小微创新提供低成本、便利化、全要素、开放式的创新创业综合服务平台。完善科技人员创新创业股权激励机制，推进科技特派员创新创业，深入实施大学生创业引领计划，支持返乡创业人员因地制宜开展创业。

（二）打造工业新优势

1. 大力发展战略性新兴产业。结合《中国制造 2025》战略，瞄准未来产业

竞争制高点，加快发展高端装备制造、新一代信息技术、节能环保、现代生物、新材料、新能源、新能源汽车等战略性新兴产业，着力提升技术研发水平，推动产业转型升级和结构调整。在高端装备制造领域，重点发展航空航天、智能制造、海洋工程、轨道交通、工程机械，提升关键系统及装备研制能力，推动高端装备产品应用推广。在新一代信息技术领域，重点发展物联网、云计算、大数据、移动互联网、高性能集成电路、新型平板显示、高端软件，加快建设宽带、融合、安全、泛在的信息网络基础设施，推动信息技术融合应用示范。在节能环保领域，重点发展高效节能、资源循环利用、先进环保装备，加大先进节能技术创新和示范，加强节能标准宣贯与实施，提升能源利用效率，发展节能型、高附加值的产品和装备。在现代生物领域，重点发展生物医药、生物农业、生物制造和现代中药，进一步提升生物技术创新水平，完善生物技术服务体系，开展生物医药国际合作，打造生物示范产业链。在新材料领域，重点发展新型功能材料、先进结构材料、高性能复合材料及前沿新材料，大力发展区域特色新材料，加快新材料产业基地建设。在新能源领域，依托沿江绿色能源产业带，重点发展核能、风电、智能电网、页岩气、太阳能光伏、生物质能源。在新能源汽车领域，重点发展插电式混合动力汽车、纯电动汽车，提升新能源汽车信息化、智能化水平，推动新能源汽车在沿江地区的应用示范。

专栏3 战略性新兴产业发展重点		
重点领域		实施内容
高端装备制造业	航空航天	在上海、四川、江西、贵州、重庆、安徽、湖北、湖南，发展飞机设计与制造、动力系统、机载系统、服务系统等航空专用装备，以及卫星导航、通信、遥感设备等航天专用装备。
	智能制造	在浙江、安徽、湖南、重庆、湖北、四川、云南，发展高档数控机床、工业机器人、3D打印、智能仪器仪表等智能制造装备。

高端装备制造业	海洋工程	在上海、浙江、江苏、湖北、四川、重庆、湖南，发展海洋油气勘探开发设备、系统、平台等海洋工程装备。
	轨道交通	在湖南、安徽、四川、贵州发展高铁整车及零部件制造。在湖南、重庆、浙江、江苏发展城市轨道车辆制造。
	工程机械	在上海、江苏、浙江、湖南、重庆、安徽、四川，发展液压件、控制件、发动机等工程机械关键核心部件。在湖南、江苏，发展起重机械、路面机械、隧道施工机械、桥梁施工机械等大型工程机械整车。
新一代信息技术产业	物联网云计算	依托物联网重大应用示范工程区域试点省市，在上海、杭州、无锡等云计算示范城市，推动云计算、物联网融合应用示范。
	高性能集成电路	在上海、江苏、安徽、湖北、重庆、四川，发展以芯片设计与制造、设备与材料、封装测试为主的高性能集成电路产业。
	新型平板显示	在安徽、湖北、重庆、四川，发展以高世代面板为主的新型平板显示产业。
	高端软件	依托上海、南京、武汉、成都、长沙、杭州、重庆等国家软件产业基地和中国软件名城，支持具有自主知识产权的软件产品产业化，重点发展行业应用软件、嵌入式软件、软件技术服务。
	大数据	在有条件的省市深化大数据应用，推进数据开放共享，促进数据要素流通，推动大数据产业集聚发展。
节能环保产业	高效节能	实施国家重大节能技术与装备产业化工程，加快重大节能技术研发，推动形成一批拥有自主知识产权和核心竞争力的重大节能装备与产品。
	先进环保装备	开展大气治理技术装备示范应用，支持开发新型水处理技术装备和监测仪器仪表，推动垃圾处理技术装备成套化发展。
	资源循环利用	提升再制造技术装备水平，推动再生资源清洁化回收、规模化利用和产业化发展，深化废弃物综合利用，提高循环资源产出率。
现代生物产业	生物医药	依托上海、杭州、武汉、长沙、成都、昆明、重庆、南昌等国家生物产业基地，发展以生物制药、医疗器械为主的生物医药产业。
	生物农业	在浙江、江西、湖南、湖北、四川、贵州、重庆、安徽、云南，发展以生物育种、生物农药、生物肥料、生物循环农业、生物质能源等为主的生物农业产业。

现代生物产业	生物制造	在贵州、四川、云南、江西、重庆、安徽、湖北，发展食品工业精深加工，推广生物发酵新产品、生物基材料和微生物制造工艺应用，加快培育以替代石油化工原料、化学工艺和推动大宗发酵产业升级为主的生物制造产业。
	现代中药	发挥浙江、江西、四川、云南、贵州、安徽、湖北、湖南、重庆中药材资源丰富的优势，发展现代中药产业。
新材料产业	新型功能材料	在上海、浙江、湖北、四川、云南、湖南、江西、重庆，发展以信息材料、储能材料、生物医用和环保材料为主的新型功能材料。
	先进结构材料	在浙江、江西、湖南、湖北、云南、贵州、安徽、四川、重庆，发展以高强度合金等新型金属材料、工程塑料等新型化工材料为主的先进结构材料。
	高性能复合材料	在上海、浙江、江西、江苏、湖南、四川、重庆，发展以石油基、碳基、金属基和陶瓷基为主的高性能复合材料。
	前沿新材料	在上海、浙江、湖北、云南、重庆，发展纳米、超导等前沿新材料。
新能源产业	核能	在四川、上海、浙江、江苏，开展新一代核能技术和先进反应堆研发。
	风电	在四川、上海、江苏、浙江、湖南、湖北、重庆、云南，推进风电产业规模化发展，提高风电技术水平。
	智能电网	在江苏、浙江、湖南、湖北、四川、重庆，开展智能电网输变电研发及应用工程。
	页岩气	在四川、云南、贵州、重庆、湖南、安徽、江西、湖北，开展页岩气勘探开发及产业化，推动页岩气资源合理开发应用。
	太阳能光伏	在上海、江苏、浙江、江西、安徽、湖南、四川、重庆、云南，开展太阳能光伏核心技术研发，开拓多元化发电市场。
	生物质能源	在江苏、浙江、上海、四川、重庆，开展生物燃气、液体燃气等技术研发。
新能源汽车	新能源汽车技术研发	在上海、江苏、安徽、湖北、重庆、四川，推动插电式混合动力汽车和纯电动汽车产业化，重点支持驱动电机及控制系统、储能系统、整车控制和信息系统、快速充电等关键技术研发。
	纯电动汽车应用推广	在沿江地区，加快充电基础设施建设，在公共交通、物流、邮政等领域推动纯电动汽车应用示范。

2. 加快改造提升传统产业。加快钢铁、有色金属、石化、纺织等领域技术改造，提高传统产业竞争力，提升重点行业清洁生产水平，淘汰落后产能。发展“互联网 +”协同制造新模式，在重点领域推进智能制造、大规模个性化定制、网络化协同制造和服务型制造，提升资源使用效率。在钢铁领域，推动沿江钢铁企业加快兼并重组步伐，推动钢铁制造向高端方向发展，以数控技术为依托，提升钢铁制造柔性生产装备研发制造能力，重点实现产业优化、关键技术突破、智能化能力提升。在有色金属领域，适度控制资源开发强度，积极利用低温低压电解、强化熔炼、生物冶金等先进适用技术，提高资源利用水平，以轻质、高强、大规格、耐高温、耐腐蚀、低成本为方向，积极发展精深加工产品，重点实现优化产能布局、发展循环经济、延伸产业链。在石化领域，加快推进炼化一体化项目，扩大炼油和乙烯生产能力，延伸发展合成树脂、合成橡胶、聚酯、聚氨酯、特种纤维、聚碳酸酯等产业链，完善石化生产力布局，重点提升大型炼化能力、做精做优化学工业、页岩气产业化。在纺织领域，加强纺织行业整合能力，加快纤维新材料开发应用，培育高端产业用纺织品，推行节能降耗技术，全面推进清洁印染生产，提高服装材料技术含量，重点加强品牌建设、结构优化、绿色生产。

3. 积极夯实信息化发展基础。加快“宽带中国”战略实施，推进光纤宽带网络建设，城市新建区域推动光纤到户，已建区域加快光纤化改造进程，统筹提高宽带网络接入能力和普及水平。进一步加快 4G 网络部署，持续推进移动宽带网络建设。大力推进无线局域网建设，加快下一代互联网规模化商用，推动下一代广播电视网络建设。构建沿江信息大通道，提升国际通信互联互通水平，加强国际出入口局建设，支持骨干网络向大容量高智能方向演进。加快云计算数据中心建设布局，积极引导大型云计算数据中心在能源优势、地质结构稳定地区有序建设。推动信息网络集约化发展，统筹宽带网络与公路、铁路、市政等公共基础设施的共建共享。加强智慧城市基础设施建设，不断提升公共服务便捷化、基础设施智能化、城市管理精细化。

专栏 4 改造提升传统产业发展重点		
重点领域	实施内容	
钢铁产业	产业升级	依托上海、湖北、四川、重庆等地的大型龙头钢铁企业，加大兼并重组力度，淘汰沿江各省产能过剩、高污染高能耗的小型、低端钢铁制造企业。
	高端装备研发	依托重庆、湖南、上海、江苏、安徽等地的冶炼装备产业基础，加快提升基础制造能力，推动复杂装备、复杂工艺等关键技术突破，提升钢铁产业高端装备研发制造能力。
	信息化提升	依托上海、湖北、重庆、四川、湖南大型钢铁生产企业，部署物联网、工业互联网、云计算等新一代信息技术应用，加快企业能源管理中心建设，实现能耗实时监控、过程智能管控。
有色金属产业	深加工基地建设	依托江西、湖南、云南、四川、贵州建设稀有金属深加工基地。依托安徽、江西、湖北建设铜深加工基地。
	循环经济示范	在下游地区利用进口铜、镍等矿产原料，适度建设冶炼产能，规模化发展再生利用产业。
石化产业	石油炼化	推动上海、浙江、江西、湖南、安徽、湖北、重庆、云南等地现有石化企业挖潜改造，加快炼化一体化进程，建设千万吨级智慧炼厂，扩大炼油和乙烯生产能力，延伸发展合成树脂、合成橡胶、聚酯、聚氨酯、特种纤维、聚碳酸酯等高端产品。
	化工	依托江西、重庆、四川、安徽、湖北等地资源优势，重点提升精细化工产品、化工新材料、基础化工材料、农用化学产品。
	页岩气	依托四川、云南、贵州、重庆、湖南、安徽、湖北等页岩气蕴藏丰富的地区，推动信息技术在页岩气勘探开发中的应用。
纺织产业	高端品牌培育	依托浙江、江苏、上海等地，大力推进纺织智能制造，打造设计、研发与贸易、展销有机结合的特色服装设计制造中心，提升高端服装设计创新能力。
	绿色生产	依托江西、湖南、四川等地，加强产业整合，全面推进清洁印染生产，推行节能降耗技术。

专栏5 夯实信息化基础发展重点	
重点工程	实施内容
区域宽带网络协调发展工程	支持上海、江苏、浙江、贵州等省市先行先试开展网络升级和应用创新示范，推进公共区域 WLAN 免费覆盖，加快提升城市宽带接入能力和宽带应用水平达到发达国家水平。在沿江中西部地区，完善与东部地区以及中西部地区内部的光缆连接，提升骨干网络容量，推动南京、武汉、重庆、成都等新增骨干直联点建设，持续扩大光纤到户和 4G 网络覆盖范围。
宽带接入网提速工程	在湖南、湖北、重庆、四川、贵州、云南、江西等长江中上游省份选择 20 个中小型城市开展宽带提速网络升级改造，城镇家庭用户宽带接入能力普遍达到 20Mbps 以上，并具备平滑升级至 100Mbps 的能力。在上海、江苏、浙江、湖北、四川、重庆等省市选择 10 个城市开展下一代高速光纤示范网络建设，引入先进的高速光纤通信技术，实现用户千兆接入，推动智慧社区等新业态发展。
数据中心优化部署工程	促进云南、贵州、四川等西部省份的内容分发网络发展，支持四川、云南、贵州、重庆发展超大型和大型数据中心。
长江沿线信息通道构建工程	依托上海和昆明两个国际通信业务出入口局，构建向东和向西延伸的国际通信网络架构，沿长江两岸构建 2 条信息传输大通道：昆明 – 贵阳 – 长沙 – 南昌 – 杭州 – 上海和昆明 – 成都 – 重庆 – 武汉 – 合肥 – 南京 – 上海，加快东西向信息流通。
下一代互联网示范城市（城市群）建设工程	加快推进上海、南京、苏州、无锡、杭州、武汉、长株潭、成都、重庆下一代互联网示范城市（城市群）建设，加快提升下一代互联网覆盖率。
智慧城市基础设施建设工程	发展数字化城市，统筹数字化城市管理信息系统、地理空间信息等资源。发展智能交通，实现交通诱导、指挥控制、调度管理和应急处理的智能化。发展智能水务，构建覆盖供水全过程、保障供水质量安全的智能供水系统。发展智能管网，实现城市地下空间、地下管网的信息化管理和智能化运行监控。

（三）壮大现代服务业

1. 重点发展高技术服务业和科技服务业。依托国家高技术服务业基地、高新技术产业开发区和高新技术产业化基地，重点发展高技术的延伸服务和相关科技支撑服务，推动信息技术服务、研发设计服务、知识产权服务、检验检测服务、创业孵化、科技咨询、科技金融、数字内容服务、科技成果转化服务、电子商务服务、生物技术服务等领域加快发展。健全高技术服务业人才评价体系，完善职业资格制度。培育和壮大服务市场主体，创新服务模式和业态，促进高技术服务业和科技服务业专业化、网络化、规模化、国际化发展。着力培育一批创新能力强、创业环境好、特色突出的高技术服务业和科技服务业领军企业。

专栏6 高技术服务业和科技服务业发展重点	
重点领域	实施内容
信息技术服务	以浙江、上海、湖北、四川、湖南、江苏、重庆为重点，发展基于移动互联网、云计算、物联网等新技术、新模式、新业态的信息服务。
研发设计服务	以上海、武汉、杭州、长沙、重庆、成都为重点，建立开放共享的关键共性研发设计公共服务平台，建设研发设计交易市场。
知识产权服务	以上海、江苏、浙江、四川、重庆、湖北、湖南、安徽为重点，培育知识产权服务市场，构建服务主体多元化的知识产权服务体系，创新知识产权服务模式，形成一批品牌服务机构。
检验检测服务	以重庆、江苏、浙江、江西、四川、贵州为重点，推进检验检测市场化运营，加强重点行业产品质量检验检测体系建设。
电子商务服务	依托电子商务示范城市建设，健全物流、支付、信用等电子商务支撑体系。大力推动跨境电子商务发展，组织实施移动金融科技服务创新、医药电子商务等政策性试点工作。开展电子凭证报销、入账试点，推广电子发票应用。

2. 优先发展生产性服务业。以服务实体经济、延伸重点产业链为着力点，完善融资保险、物流配送、航运服务、节能环保、市场营销等服务环节，加快现代物流、金融保险、商务会展等行业发展。加快发展高技术、高附加值服务外包产业，搭建具有国际先进水平的服务外包产业创新平台、交易平台和培训平台。进一步放开生产性服务业领域市场准入，鼓励社会资本以多种方式发展生产性服务业。鼓励制造业企业增加服务环节投入，发展个性化定制服务、全生命周期管理、

网络精准营销和在线支持服务。推动云计算、大数据、物联网等信息技术在生产性服务业的应用，加快培育新兴生产性服务业态。

专栏 7 生产性服务业发展重点	
重点领域	实施内容
现代物流	加强物流信息平台和口岸大通关建设，推进上海国际航运中心、重庆长江上游航运中心和武汉长江中游航运中心建设，加快南京、武汉、成都、昆明、杭州、南昌、岳阳、贵阳等全国性和区域性物流节点城市物流业发展。
金融保险	加快推进融资、租赁、理财、创业投资等金融服务。充分发挥上海国际金融中心的优势，建设重庆、武汉、成都、昆明、长沙、杭州、南京等区域性金融中心，打造金融综合改革试验区。
商务服务	鼓励发展法律咨询、会计审计、资产评估等商务服务业，加快培育一批大型商务服务企业，推进上海、江苏、浙江等地商务会展业向专业化、规模化、市场化方向发展，加快昆明新国际会展中心建设。
服务外包	依托上海、杭州、南京、苏州、无锡等示范城市，重点发展软件与信息技术研发外包；依托上海、南京、杭州、武汉、重庆、成都等示范城市，重点发展物流与供应链服务外包；依托上海、重庆、武汉等示范城市，重点发展工业技术服务外包；依托上海、杭州、武汉、南京、重庆等示范城市，重点发展金融服务外包；依托苏州、合肥、成都、无锡等示范城市，重点发展工业与工程设计外包；依托贵州、云南、四川、重庆等省市，重点发展医药研发外包；依托上海、杭州、苏州、成都、武汉、重庆等示范城市，重点打造数据分析外包产业集聚区。

3. 大力发展生活性服务业。以加快推进新型城镇化建设为契机，围绕人民群众日益增长的旅游、文化、医疗、养老等消费需求，发展旅游休闲、健康养老、家庭服务、文化教育等生活性服务业。支持互联网、移动互联网在益民服务、便捷交通等领域的深度应用，推动以互联网为载体的线上线下互动。积极促进医疗保障、健康检测、卫生保健、康复护理等健康服务业发展，鼓励社会资本进入养老服务领域。扶持现代传媒、数字出版、动漫游戏等文化创意产业发展，打造一批大型文化企业集团。加快建设国际黄金旅游带，加大长江经济带沿线旅游资源整合力度，搭建互联互通的旅游信息平台。

专栏8 生活性服务业发展重点	
重点领域	实施内容
健康养老	在江苏、云南、湖南、安徽、江西、四川、贵州、重庆等地积极培育打造集居住、保健、家政、休闲、医疗于一体的健康养老基地，探索异地养老、分时度假养老等新业态。
家庭服务	培育家庭服务的新模式，推进物联网技术在家庭服务领域中的应用，支持家居产品智能化，培育一批知名家庭服务业品牌，探索形成适应家居智能化的产业环境。
文化教育	推进江南智造创意产业集聚区、上海国际时尚中心、张江文化科技创意产业基地、无锡国家数字产业园、中国光谷创意产业基地、重庆两江国际文化创意产业带等文化创意产业集聚区发展。加快湖南、贵州等地国家文化和科技融合示范基地、国家动漫游戏产业振兴基地、国家软件产业基地等国家级产业发展平台建设。
旅游休闲	充分发掘长江上中下游独具特色的历史文化和风土人情，加快九寨沟、黄龙、张家界、庐山、井冈山、鄂西、赤水、梵净山等生态文化旅游区建设，积极推进皖南国际文化旅游示范区建设。坚持三峡库区等旅游资源保护性开发。推动云南边境旅游、跨境旅游发展，建设“大湄公河次区域”、“孟中印缅”两大国际旅游区。

（四）促进农业现代化

1. 推进农村一二三产业融合发展。发展多类型农村产业融合方式，加快农业结构调整，大力发展绿色农业、特色农业和品牌农业，加快种养结合、农牧结合，推进粮改饲和种养一体化模式试点，积极发展多种形式的适度规模经营，构建优势区域布局和专业生产格局，推动产销区合作和区域融合。延伸农业产业链，支持发展农机服务、疫病防控、农产品运销等农业生产性服务业，大力发展农产品加工业，加快发展农产品流通业，提高农产品附加值。大力拓展农业多种功能，推进田园风光、民俗文化、特色村镇等特色观光休闲农业和乡村旅游，鼓励农民以庭前屋后等资源为载体发展农家乐，积极拓展农业功能、传承农耕文化、适宜度假体验的休闲旅游区，打造形式多样、特色鲜明的乡村旅游休闲产品。大力发展农业新型业态，引入资本、技术等要素、产业组织方式和新的商业模式，实施“互联网+”现代农业行动，支持农产品电商、农资和农技网络服务、农村互联网金融、智慧农业等新型业态发展。

专栏 9 推进农村一二三产业融合发展重点	
重点工程	实施内容
产业链延伸工程	支持农村开展农产品深加工，发展特色种养业、农产品加工业、农村服务业，提高农业和农产品附加值。扶持发展一村一品、一乡（县）一业，推进农村品牌建设。
农业多功能发展工程	开发农业多种功能，重点发展都市观光农业圈、环湖生态观光农业区、丘陵生态观光农业区、沿海观光农业风情带，推动长江经济带线上线下营销能力建设。
“互联网 +”现代农业行动	在沿江地区推动互联网与农业生产经营各环节加速融合，壮大一批网络化、智能化、精细化的现代农场并形成示范带动效应，支撑新型农业经营体系加快完善。培育多样化农业互联网管理服务模式，健全农产品追溯体系，带动我国农业现代化、精细化水平全面提升。

2. 加快农村信息化建设。推进“宽带乡村”工程建设，全面提高农村宽带普及率和接入带宽。加快移动网络基础设施建设，提升网络服务质量。完善电信普遍服务补偿机制，提升普遍服务能力，支持农村及偏远地区宽带网络发展。加快研发和推广适合农民需求的低成本智能终端。持续提高农业信息化水平，实现信息化在农业生产经营管理服务活动中的深度融合，为改造传统农业提供现代生产要素和管理手段。推进全国农业信息化服务体系建设，依托国家电子政务网，基本建成综合高效的县、乡（镇）、村级信息共享和业务协同框架。

专栏 10 农村信息化建设发展重点	
重点工程	实施内容
“宽带乡村”工程	长江上游地区推广和普及宽带到村，到 2020 年，实现 98% 以上行政村通宽带，农村宽带接入能力达到 12Mbps，农村家庭宽带普及率达到 30%。长江中下游地区着重增强宽带网络服务能力提升，提升固定网络基础设施和移动网络设施的同步互通，提升农业各领域的专用信息基础设施建设。

农村宽带应用提升工程	加快农村综合信息服务平台建设，重点开展 3G、云计算等新技术在农村综合信息服务平台搭建过程中的关键技术集成研究。实现农产品供应链全程质量安全信息感知技术与装备、无线传感网与云通信、智能化信息处理与云计算等农业物联网技术应用。

专栏 11 现代农业服务体系发展重点

重点领域	实施内容
农业科技服务	推行科技特派员农村科技创业行动，加大下乡创业的信贷支持，积极营造有利于农村科技创业的良好环境。健全新型农村科技服务体系，切实完善公益性推广体系、社会化创业体系、多元化服务体系“三位一体”，继续深化公益性农技推广服务体系改革。统筹科技资源，切实加大投入力度。推动龙头企业联合科教单位创办农村科技服务超市，稳步推进国家农业科技园区发展，加强园区公共服务平台与科技创业基地建设，推进园区产学研有效结合。
农业经营服务	强化农业生产资料的供给，农业机械化耕种、收获，病虫害统防统治，水利与灌溉服务，收购、运输、加工、包装服务，以及农业生产所需要的金融服务等的能力建设。推进国家有机食品生产基地建设，建设一批具有行业影响力的有机食品品牌。培育农业经营性服务组织，支持农民合作社、专业服务公司、专业技术协会、农民用水合作组织、农民经纪人、涉农企业等为农业生产经营提供低成本、便利化、全方位的服务，发挥经营性服务组织的生力军作用。

3. 完善现代农业服务体系。加快土地承包经营权制度改革，推进农村土地流转和农业机械化，发展适度规模经营，完善农业生产经营体系。提升农业技术创新能力，重点研发产业化技术，推广农业生产环节节能技术和农业机械节油技术。构建新型农业社会化服务体系，加强培育专业大户和家庭农场，建立健全自主形成的农业合作社组织机制，推进国家有机食品生产基地建设。打造具有农业前沿技术、产业化实践经验、产业链辐射广的龙头企业，支持通过多种方式形成与农户的紧密联系。大力发展农村电子商务，开拓和完善农产品供销市场体系，推动沿江和城乡农产品产地和销地批发市场建设，建立具有区域特色的现代农产品流通和贸易体系。

专栏 12 区域产业发展重点	
重点区域	实施内容
长江上游地区	以重庆、成都、昆明、贵阳为中心，加强重点领域的应用示范，率先开展新兴技术及产品推广应用，支持发展专业服务、增值服务等新业态。支持产业重点产品、技术和服务开拓国际国内市场，提升开发开放的质量和水平。坚持要素成本优势与市场优势双轮驱动，高起点、有针对性地承接下游产业转移，重点推动与中下游省市园区合作，形成长江上游地区与中下游地区互动型发展模式。
长江中游地区	推动武汉城市圈、长株潭城市群、鄱阳湖城市群和皖江城市带建设。提升钢铁、有色金属、建材等原材料工业发展水平，壮大汽车、装备制造及高技术产业实力，提升轻工、纺织服装业的国际竞争能力。优化服务业发展结构，大幅提升服务业比重。强化综合交通运输枢纽地位，完善物流体系建设。鼓励中游地区产业积极承接下游地区产业转移，支持湖北荆州、湖南湘南、江西赣南、皖江城市带等国家级承接产业转移示范区建设。
长江下游地区	巩固和发展具有全球影响力的先进制造业和现代服务业中心，提升制造业的层次和水平，加快发展服务外包、金融、物流、信息、研发等面向实体经济和信息消费的服务业，提高服务业的核心竞争能力。围绕产业高端化、服务化、知识化、低碳化发展的要求，加强与中上游地区合作，鼓励高能耗、高污染行业向外转移。发展成为创新型经济、在更高层次上参与国际分工合作的先导区，发挥区域创新辐射带动作用。

（五）优化产业布局

1. 推动产业协同发展。以产业链为整体，加强上中下游产业互动，推进区域协同发展。发挥上中下游各自优势，推动建立科学合理、分工协作的产业布局。结合重大生产力布局规划、主体功能区定位，坚持政府引导和市场机制相结合、产业转移与升级相结合、优势互补与互利共赢相结合、资源开发与生态保护相结合，创新园区合作管理模式和运作机制。推进安徽皖江城市带、江西赣南、湖北荆州、湖南湘南、重庆沿江、四川广安等国家级承接产业转移示范区建设。搭建区域间产业转移促进服务平台，推动区域间的园区跨省市合作共建，引导长江经济带地区间产业合作和有序转移。综合运用产业政策、土地政策、环境容量和资源配置等手段，加强产业转移的政策引导和宏观调控。

2. 培育世界级产业集群。以沿江国家级、省级开发区为载体，以大型企业为骨干，发挥中心城市的产业优势和辐射带动作用，在新型平板显示、集成电路、先进轨道交通装备、汽车制造、电子商务等五大重点领域，布局一批战略性新兴产业集聚区、国家高新技术产业化基地、国家新型工业化产业示范基地和创新型产业集群，打造世界级产业集群。发挥沿江产业带重点省市的优势条件和基础，瞄准发展潜力较强、市场前景广阔的产业领域，在生物医药、研发设计服务、检验检测服务、软件和信息技术服务、新材料产业、现代物流、现代金融服务、节能环保、新能源装备、航空航天等领域，培育一批具有国际竞争力的本土跨国企业和专精特新的中小企业，形成骨干企业领军、中小企业配套协同发展的良好产业生态体系，培育十大新兴产业集群。

<table>
<tr><th colspan="3">专栏 13 产业集群发展重点</th></tr>
<tr><th>重点产业</th><th colspan="2">实施内容</th></tr>
<tr><td rowspan="5">打造五大重点领域产业集群</td><td>新型显示产业集群</td><td>以合肥、武汉、上海、重庆、成都为核心，依托显示面板生产线，打造新型平板显示产业集群。</td></tr>
<tr><td>集成电路产业集群</td><td>以上海、湖北、江苏、重庆为核心，依托 8 英寸 /12 英寸集成电路芯片生产线，打造集成电路产业集群。</td></tr>
<tr><td>先进轨道交通装备产业集群</td><td>以株洲、重庆、南京、成都为核心，提升城际轨道车辆制造能力以及轻轨、地铁组装能力和维修能力，打造先进轨道交通装备产业集群。</td></tr>
<tr><td>汽车制造产业集群</td><td>以上海、武汉、重庆、安徽、长株潭区域、成都、浙江、南昌为核心，完善整车制造及配套产业链，大力发展新能源汽车产业，打造汽车制造产业集群。</td></tr>
<tr><td>电子商务产业集群</td><td>以沿江电子商务示范城市为核心，利用移动互联网新模式新业态，打造电子商务产业集群。</td></tr>
<tr><td>培育十大新兴产业集群</td><td>生物医药产业集群</td><td>以上海、昆明、重庆、武汉、泰州、长沙、合肥、南昌、成都、南京为核心，培育发展生物制药、医疗器械，以贵州、云南、四川、湖北为核心，发展现代中药产业，加快发展生物医药产业集群。</td></tr>
</table>

培育十大新兴产业集群	研发设计服务产业集群	以上海、南京、重庆、武汉、长沙、杭州、成都等为核心，加快发展研发设计服务产业集群。
	检验检测服务产业集群	以上海、嘉兴、重庆、贵州、长沙为核心，面向设计开发、生产制造、售后服务的全过程服务，加快发展检验检测服务产业集群。
	软件和信息技术服务产业集群	以上海、南京、成都、武汉、长沙、杭州、重庆、贵阳为核心，瞄准基础软件、云计算、大数据等新一代信息技术，促进服务外包产业发展，加快发展软件和信息技术服务产业集群。
	新材料产业集群	以上海、浙江、江苏、江西、四川、云南、湖北、湖南、重庆等为核心，加强新材料技术创新、产业化和规模应用，提升新材料产业规模和竞争力，加快发展新材料产业集聚。
	现代物流产业集群	以上海、重庆、武汉、宁波、成都为核心，促进海铁联运、铁水联运、公水联运、江海联运等多种运输方式的无缝衔接和高效中转，推进物流基础设施建设，优化物流园区网络体系布局，加快发展现代物流产业集群。
	现代金融服务产业集群	以上海、重庆、武汉、长沙、杭州、成都为核心，创新金融营运管理机制、提高金融资产交易效率，形成金融人才和研究集聚地，加快发展现代金融服务产业集群。
	节能环保产业集群	以成都、长沙、杭州、重庆为核心，提升节能环保设备、水处理、大气污染防治和固体废弃物利用能力，以江苏、上海、重庆为核心发展先进节能环保技术研发及环保服务业，加快发展节能环保产业集群。
	新能源装备产业集群	依托四川、上海、江苏、浙江发展核电装备集群，依托四川、上海、江苏、湖南、重庆发展风电装备集群，依托重庆发展页岩气装备集群，依托上海、江苏、江西、安徽发展太阳能光伏装备集群。
	航空航天产业集群	以上海、成都、长株潭、安顺、芜湖、重庆为核心，发展国家民用航空航天，以武汉、南昌为核心，发展飞机设计与制造、动力系统和机载系统制造、航空服务，加快发展航空航天产业集群。

四、保障支撑

（一）加强统筹协调，形成发展合力

在推动长江经济带发展领导小组的统一领导下，建立跨行政区域的创新驱动产业转型升级工作协调机制，加强对长江经济带产业协同创新发展的规划、组织、协调。建立政府、企业、金融机构联动机制，引导各类金融机构紧密结合战略规划、产业政策以及区域发展实际，创新金融服务，进一步优化信贷结构，充分发挥金融支持实体经济发展的独特优势。加强督促检查，探索将创新驱动产业转型升级纳入政府绩效考核，建立常态化第三方机构评估、企业调查和社会公开评价制度，动态调整优化各项政策措施。

（二）推动改革创新，增强内生动力

进一步加大简政放权工作力度，精简审批事项，规范中介服务，清理废除妨碍创新创业发展的制度规定，实行企业投资项目网上并联审批。推动建立统一要素市场，打破地区封锁和行业垄断，推动劳动力、资本、技术等要素跨区域流动和优化配置。实行差异化产业政策，引导一般制造业项目向上中游转移，强化负面清单管理，建立和完善环境保护约束和利益补偿机制。在重要领域和关键环节开展创新驱动改革试验示范，积极在知识产权、金融创新、激励机制、市场准入、国际合作、人才流动、科研机构、科技管理体制等方面进行探索试验。鼓励长江经济带各省市加快落实科技体制改革相关举措和已推广的国家自主创新示范区有关试点政策。加大政府部门采购云计算服务力度，积极开展试点示范。开放专利信息基础数据，加强各类创新信息资源互联共享。加快要素价格市场化改革，放开竞争性环节价格，结合沿江产业结构调整提高环境、安全、节能节地节水及技术等市场准入标准。

（三）完善市场环境，营造创新氛围

完善公共投资、市场准入相关规定与程序，优化管制流程，提高社会化服务审批效率。完善市场退出机制，淘汰落后产能，倒逼无竞争力或达不到节能环保、安全生产、食品药品、工程质量等强制性标准的企业退出市场。完善知识产权统计监测体系，积极开展知识产权分析评议及标准体系建设。加强知识产权执法协作，推动知识产权法院建设，探索跨地区知识产权案件异地审理机制。加强形势分析监测，推动专业服务机构建设，提供政策、市场、法律、境外投资等方面的信息服务。加快市场主体信用信息平台建设，建立健全守信激励和失信惩戒机制，强化对市场主体的信用监管。加快出台公平竞争审查制度，限制滥用市场支配地位以及其他不正当竞争行为。深化商事制度改革，加快实施住所登记改革，为创业创新提供便利工商登记服务。

（四）拓宽融资渠道，引导多元投入

统筹研究设立产业投资基金、创业投资基金，通过政府投资引导撬动社会资金。整合现有资金渠道，在信息基础设施建设、科技成果转化、新兴产业发展、传统产业改造升级、跨区域重大工程、骨干企业等方面加大支持力度。结合产业政策导向适度扩大企业研发费用税前加计抵扣范围，简化研发费用加计扣除执行程序。完善政府首购、采购政策，探索开创创新约定政府采购试点，研究设定政府采购中小企业创新产品的最低比例。加快开展首台（套）重大技术装备保险补偿机制试点工作。在若干有条件的地区，对使用新能源、新能源汽车、节能环保产品等新兴产品和服务的用户，完善简化政府补贴申请及审批程序。探索为企业创新活动提供相关股权和债券相结合的融资试点服务，开展知识产权质押融资市场化风险补偿机制试点工作。探索设立长江经济带政府性创新再担保基金，强化科技担保服务。

（五）优化人才环境，加强智力建设

结合长江经济带人才需求加大支持力度，落实个人所得税减免、薪酬补贴等优惠政策，吸引高层次人才创新创业。加强人才培养战略布局，统筹推进产业、人才、区域、科技一体化发展。设立专项资金用于创新领军人才培育和海外高水平人才引进。建立高水平人才双向流动机制，对企业引进急需紧缺的高层次、高技能人才给予一定的薪酬补贴。推动沿江各省市联合设立若干大型专业人才服务平台，完善人才需求信息发布方式，增强人才供需衔接。通过设立科技创新平台、开展合作教育、共同实施重大项目，推行“双导师制”等联合培养方式，构建创新型人才培养模式，集聚高层次人才和创新团队。

五、组织实施

长江经济带各省市要切实履行职能，加强对方案实施的组织领导，研究支持长江经济带创新驱动产业转型升级的具体措施，在有关重大改革、规划编制、政策实施、项目安排、体制创新等方面给予积极支持。各省市要按照本方案确定的任务要求，完善定期协商和工作推进机制，落实责任，制定实施方案和专项规划，抓紧推进重大项目的组织实施，对本方案落实过程中的新情况、新问题、重大布局变化等及时通报。国家发展改革委、科技部、工业和信息化部会同有关部门将加强对本实施方案的跟踪分析和指导，协调解决重大问题，做好各项工作和政策措施落实的监督检查，适时会同有关省市组织开展方案实施情况评估。

（科技部网站 2016 年 3 月 14 日）

国家发展改革委关于建设长江经济带国家级转型升级示范开发区的通知

（2016年5月25日）

发改外资[2016]1111号

上海市、江苏省、浙江省、安徽省、江西省、湖北省、湖南省、重庆市、四川省、云南省、贵州省发展改革委：

为贯彻落实党中央、国务院关于长江经济带发展的战略部署，根据《关于建设长江经济带国家级转型升级示范开发区的实施意见》（发改外资[2015]1294号），国家发展改革委对各地报送的创建长江经济带国家级转型升级示范开发区（以下简称转型升级示范开发区）方案进行了评审。经商推动长江经济带发展领导小组办公室同意，现将有关事项通知如下：

一、同意将苏州工业园区等33个开发区确定为转型升级示范开发区。

二、建设转型升级示范开发区要全面贯彻党的十八大和十八届三中、四中、五中全会精神，按照"五位一体"总体布局和"四个全面"战略布局，牢固树立创新、协调、绿色、开放、共享的发展理念，进一步增强开发区功能优势，把生态文明建设放在更加突出地位，在保护生态的条件下推进发展，为推动长江经济带产业转型升级和分工协作发挥积极作用。

三、长江经济带各省（直辖市）发展改革委要按照《长江经济带国家级转型升级示范开发区建设要求》，加强对转型升级示范开发区建设的指导，以坚持生态优先、转变发展方式、创新体制机制为导向，推进转型升级示范开发区在绿色发展、创新驱动发展、产业升级、开放合作、深化改革等方面探索所有经验、取得实际成效。对于转型升级示范开发区建设过程中出现的新情况、新问题，要及时报告国家发展改革委。

四、国家发展改革委将按照长江经济带发展战略部署，统筹协调转型升级示范开发区建设，对转型升级示范开发区实行动态管理，总结复制推广转型升级示范开发区典型经验和做法，并从规划引导、改革试点、专项安排等方面予以支持，全面推进转型升级示范开发区建设和发展。

国家发展改革委

2016 年 5 月 25 日

长江经济带国家级转型升级示范开发区建设要求

为贯彻落实党中央、国务院关于长江经济带发展的战略部署，做好长江经济带国家级转型升级示范开发区（以下简称转型升级示范开发区）建设工作，探索开发区转型升级有益经验，引导开发区朝着绿色生态、创新驱动、产业优化、开放引领、设施完备、服务高效的方向发展，现提出如下建设要求。

一、总体要求

（一）坚持生态优先。转型升级示范开发区要符合主体功能区规划、环境保护规划，严格执行生态环境保护和水资源管理制度，把生态文明建设放在更加突出地位，在保护生态的条件下推进发展，实现经济发展与资源环境相适应，充分发挥开发区在绿色发展、循环发展、低碳发展中的示范带动作用。

（二）转变发展方式。转型升级示范开发区要构建符合开发区特点的创新体系，推动开发区发展由要素驱动、投资驱动向创新驱动转变。要形成特色鲜明的主导产业，培育竞争力强、影响力大的产业集群。要提高开放型经济发展水平，成为区域对外开放基地。要优化开发区功能布局，提升土地利用和产出效率。

（三）创新体制机制。转型升级示范开发区要在开发区管理体制改革方面先行先试，推进重点领域和关键环节改革，建设国际化、高水平的营商环境，通过体制机制创新增强发展动力。鼓励长江经济带上中下游开发区建立合作机制，促进产业分工协作和有序转移，形成各类开发区错位发展、协同发展的新格局。

二、推进绿色发展

（一）强化生态环境保护。限制在长江沿线开发区新建石油化工、煤化工等化工项目，强化环评管理，新建、改建、扩建项目实行主要水污染物排放减量置换，严控新增污染物排放。坚决取缔“十小”企业，整治造纸、制革、电镀、印染、有色金属等行业。严格排放标准，对不能达标排放的企业一律停产整顿。全面建成污水集中处理设施及自动在线监控装置，并稳定运行。转型升级示范开发区所在县（市、区）工业项目要向开发区集中，促进环境综合治理。

（二）大力发展循环经济。探索具有开发区特色的“企业小循环、产业中循环、园区大循环”循环经济发展模式，健全激励约束机制，加快形成产业共生体系，构建生态工业链条。全面实施园区循环化改造，按照循环经济“减量化、再利用、资源化”理念，搭建资源共享、废物处理、服务高效的公共平台，促进废物交换利用、能量梯级利用、水的分类利用和循环使用。

（三）积极推行绿色制造。加快制造业绿色改造升级，应用清洁设备和工艺，降低能耗及限用物质含量，实现绿色生产。支持企业开发绿色产品，提升产品节能环保低碳水平。建设绿色工厂，实现厂房集约化、原料无害化、生产洁净化、废物资源化、能源低碳化。推进转型升级示范开发区产业耦合，实现近零排放。强化绿色监管，开展绿色评价，推广低碳管理模式。积极参加全国碳交易市场建设和运行，针对开发区内企业发展碳交易相关支撑服务体系。

三、推进创新驱动发展

（一）强化企业技术创新能力。贯彻落实创新驱动发展战略，吸引集聚创新资源，加快建立以企业为主体、市场为导向、产学研结合的技术创新体系，强化科技同经济对接、创新成果同产业对接，激发创新活力和创造潜能。支持企业开展研发活动，推动产业技术创新平台建设，积极培育企业技术中心和技术创新示范企业。完善人才引进政策和机制，构建多层次创新人才体系。

（二）完善创业创新服务体系。提高创新服务水平，构建公共技术服务平台，加快发展众创空间、大学科技园、科技企业孵化器等创业服务平台建设，设立科技创新发展基金、创业投资基金、产业投资基金，完善融资、咨询、培训、场所等创业创新服务，营造大众创业、万众创新良好氛围。构建开放的创新体系，吸引国外创新资源，鼓励国内外企业研发合作。

四、推进产业升级

（一）培育壮大主导产业集群。主动适应产业变革新趋势，加快实施《中国制造 2025》战略。充分利用长江经济带综合立体交通走廊优势，加强招商引资谋划，完善配套支持措施，以大型企业为骨干，延伸产业链条，形成特色主导产业，推动电子信息、高端装备、新材料、医药、家电、纺织服装等产业集聚发展，打造具有国际竞争力的产业集群，在长江经济带制造业由大变强中发挥引领作用。

（二）促进产业结构调整优化。汇集资金、技术、人才等资源，结合本地区优势，积极培育战略性新兴产业，推动区域经济结构转型，形成产业竞争新优势。支持传统产业加大技术改造力度，促进信息技术与制造业结合，推进去产能、去库存，淘汰落后产能。大力发展科技服务、现代物流等生产性服务业，推动生产型制造向服务型制造转变。

五、推进开放合作

（一）提升开放型经济发展水平。完善对外贸易综合服务措施，发展新型贸易方式，加快对外贸易优化升级。加大吸引外资力度，扩大先进制造、高技术、生产性服务业等领域吸引外资规模，通过控制成本、提升附加值等措施增强劳动密集型产业引资竞争力。加强中上游示范开发区基础设施建设，提升产业配套能力，加快发展外向型产业集群。推进双边国际合作产业园建设，引进国外商业模式、资金、科技资源促进开发区发展。

（二）推动区域间产业协作对接。加强长江上中下游开发区间的信息交流、经验分享、联合招商、分工合作，立足各自强项和特色，开展互补型、共享型产业协作。长江下游和中上游开发区可按照优势互补、产业联动、市场导向、利益共享的原则，积极探索合作共建开发区模式和机制，带动中上游产业平台建设，促进产业有序转移。

六、推进深化改革

（一）全面提升营商环境。体现“小机构、大服务”的特色，精简开发区管理机构，加大投资促进工作力度，完善“一站式”服务，健全政企沟通机制，提高服务效率和行政效能，营造高效、便捷、透明的服务体系。对接营商环境国际标准，在企业设立、项目审批、设施配套、投资服务等方面进行流程优化改革。

（二）推进运营模式创新。吸引社会资本参与开发区建设，促进开发区开发运营企业专业化、品牌化发展，推进开发区运营模式创新。以示范开发区为主体，对所在地小而散的各类园区进行整合，提高产业集聚度，避免低水平重复建设和恶行竞争。推动具备条件的开发区城市综合功能改造，合理配置生产生活生态空间，推动新型城镇化建设。

（国家发展改革委网站 2016 年 6 月 2 日）

国家发展改革委、生态环境部等印发《关于加快推进长江经济带农业面源污染治理的指导意见》的通知

（2018 年 10 月 26 日）

发改农经〔2018〕1542 号

上海市、江苏省、浙江省、安徽省、江西省、湖北省、湖南省、重庆市、四川省、贵州省、云南省发展改革委、环境保护厅（局）、农业（渔业）厅（局、委）、住房城乡建设厅（委员会）、城市管理部门、水利厅：

为贯彻落实深入推动长江经济带发展座谈会精神，根据推动长江经济带发展领导小组办公室会议部署，发展改革委、生态环境部、农业农村部、住房城乡建设部、水利部会同有关部门制定了《关于加快推进长江经济带农业面源污染治理的指导意见》，现印发你们，请认真贯彻执行。

国家发展改革委

生态环境部

农业农村部

住房城乡建设部

水利部

2018 年 10 月 26 日

关于加快推进长江经济带农业面源污染治理的指导意见

长江经济带是我国重要的粮油、畜禽和水产品等主产区，也是经济和人口相对集中、河流水系比较发达的区域。近年来，长江经济带相关省市不断加强农业农村面源污染治理工作，取得了一定成效。但由于资源开发强度大、生产经营方式不合理、历史欠账多等原因，农业农村面源污染仍是长江水体污染的重要来源之一。为加快推进长江经济带农业农村面源污染治理，持续改善长江水质，修复长江生态环境，推动农业农村绿色发展和长江经济带高质量发展，提出如下意见。

一、总体要求

（一）指导思想

以习近平新时代中国特色社会主义思想为指导，全面贯彻党的十九大和十九届二中、三中全会精神，牢固树立和践行绿水青山就是金山银山的理念，认真落实深入推动长江经济带发展座谈会精神，坚持共抓大保护、不搞大开发，坚持生态优先、绿色发展，正确把握生态环境保护和经济发展的关系，杜绝欠新账、逐步还旧账，结合实施乡村振兴战略和农村人居环境整治三年行动方案，提高思想认识，明确工作重点，落实各方责任，完善治理机制，强化政策举措，加快推进长江经济带农业农村面源污染治理，推行绿色生产生活方式，持续改善长江水质，实现农业农村发展与资源环境相协调，助力长江经济带高质量发展。

（二）基本原则

统筹推进，突出重点。统筹推进种植业、畜禽水产养殖业和农村生活污染防治，系统设计治理方案，合理确定不同地区、不同阶段的治理重点。紧扣关键环节和主要矛盾，优先解决沿江养殖污染和重点区域、敏感区域的污染问题，做到重点突破和统筹推进相统一。

转变方式，绿色发展。把转变农业发展方式作为根本途径，优化种养业布局和结构，大力发展绿色、生态、循环农业。全面推进源头减量、过程控制和末端治理，实现农业投入品减量化、生产清洁化、废弃物资源化、产业模式生态化。

政府引导，多元共治。强化政府在统筹规划、政策引导、组织动员等方面的作用，综合运用经济、法律和必要的行政手段，注重激励性措施与强制性措施相结合。广泛调动社会各界的积极性，共同参与建设美丽乡村，保护长江生态。

落实责任，健全机制。落实地方政府统筹推进和监管主体责任，明确部门职责分工，推动部门协同、齐抓共管。坚持“谁污染谁治理，谁受益谁付费”，强化规模化种养主体防治污染的首要责任，健全污染防治投入、建设、运行和管护机制。

（三）治理目标

长江经济带作为我国经济实现高质量发展的重点区域，要切实加大农业农村面源污染防治力度，加快治理进度，确保治理成效。同时，要充分认识到治理工作的复杂性和艰巨性，持续发力，久久为功，坚持不懈推进污染治理。总体目标是，到 2020 年，农业农村面源污染得到有效治理，种养业布局进一步优化，农业农村废弃物资源化利用水平明显提高，绿色发展取得积极成效，对流域水质的污染显著降低。其中，重要河流湖泊、水环境敏感区和长三角等经济发达地区，要进一步强化治理措施，提高治理要求。

农田污染治理方面，减少化肥农药使用量，实现主要农作物化肥农药使用量负增长。提高农业资源、投入品利用效率和废弃物回收利用水平，化肥农药利用率提高到 40% 以上，测土配方施肥技术覆盖率提高到 90% 以上，病虫害绿色防控覆盖率提高到 30% 以上，专业化统防统治率提高到 40% 以上，农田灌溉水有效利用系数提高到 0.55 以上，秸秆综合利用率提高到 85% 以上，农田残膜回收率提高到 80% 以上。

养殖污染治理方面，畜禽养殖污染得到严格控制，养殖废弃物处理和资源化利用水平显著提升。畜禽粪污综合利用率提高到 75% 以上，规模养殖场粪污处理设施装备配套率提高到 95% 以上，大型养殖场 2019 年底前达到 100%。水产生态健康养殖水平进一步提升，主产区水产养殖尾水实现有效处理或循环利用。

农村人居环境治理方面，行政村农村人居环境整治实现全覆盖，垃圾污水治理水平和卫生厕所普及率稳步提升。90% 左右的村庄生活垃圾得到治理，基本完成非正规垃圾堆放点整治，有较好基础的地区农村卫生厕所普及率提高到 85% 左右，农村生活污水治理水平明显提高，乱排乱放得到有效管控。

二、明确重点任务

（一）优化发展空间布局，加大重点地区治理力度

优化农业农村发展布局。加快划定和建设粮食生产功能区、重要农产品生产保护区，积极推进特色农产品优势区建设，实现重要农产品和特色农产品向资源环境较好、生态系统稳定的优势区集中。依据土地消纳粪污能力合理确定养殖规模，适度调减水网密集区的畜禽养殖，引导畜牧业向环境容量大的地区转移。严格落实禁养区管理。在确定水域滩涂承载力和环境容量的基础上，尽快出台养殖水域滩涂规划，依法开展规划环境影响评价，依法划定养殖区，布局限养区，明确禁养区。加强村庄规划管理，稳步推进村庄整治，在尊重农民意愿前提下，引导农民向规划保留的城镇周边地区、中心村和新型农村社区适度集中居住，有序搬迁撤并空心村和过于分散、条件恶劣、生态脆弱的村庄。

强化重点区域污染治理要求。将长江干流和重要支流沿线，丹江口库区、南水北调水源及沿线、三峡库区及其上游等重大工程区域，鄱阳湖、洞庭湖、洱海、滇池、巢湖、太湖和千岛湖等汇水区，重要饮用水水源地等敏感区域作为重点治理区域，以县为单位集中连片开展农业农村面源污染全覆盖、“拉网式”治理。强化重点区域治理要求，主要农作物测土配方施肥覆盖率达到 93% 以上，大面积使用高效低毒低残留农药，到 2020 年化肥农药使用量比 2015 年减少 3%—5%，鄱阳湖和洞庭湖周边地区化肥农药使用量比 2015 年减少 10% 以上；严格控制畜禽养殖污染，长江干流和重要支流岸线延伸至陆域 200 米范围内基本消除畜禽养殖场（小区），强化规模养殖场粪污处理设施装备建设，基本实现畜禽粪污资源化利用；全面依法清理非法网箱网围养殖；加强农村生活污水排放监管，位于饮用水源保护区的村庄，要全面采用水冲式厕所，建立管网集中收集处置系统，减

少污水直排口，按相关环境质量管理目标实现达标排放。加快经济发达地区治理进度。经济发达地区要合理保障投入，加快农业农村面源污染治理进度，力争提前完成治理目标。长三角地区 2019 年底前完成化肥农药减量目标。长三角、长江中上游城市近郊区，要实现农村生活垃圾收运和处置体系全覆盖，完成农村厕所无害化改造，基本实现厕所粪污的有效处理或资源化利用，显著提高农村生活污水治理水平。

严格管控河道堤防内农业污染。严格执行《防洪法》《河道管理条例》等法律法规，全面清理整顿在河道堤防内违法违规种养殖行为。严禁在河道堤防和护堤范围内进行垦地种植、放牧和畜禽养殖，严禁畜禽粪污等直接排入水体。严禁在河道管理范围内围湖造田，已经围垦的要限时退田还湖。严禁未经批准挖筑鱼塘。严禁倾倒垃圾和排放未经处理的农村生产生活污水。

（二）综合防控农田面源污染，推动农业绿色发展

推进化肥减施增效。全面推进测土配方施肥。推广机械施肥、种肥同播、水肥一体化等高效施肥技术，推广缓控释肥料、水溶性肥、生物肥等新型高效肥料，提高利用效率。鼓励秸秆还田、种植绿肥、积造农家肥、开发商品有机肥。以果菜茶大县和畜牧大县等为重点，推动有机肥替代化肥。

实行农药减量控害。提高重大病虫疫情监测预警的时效性和准确性。加快推广应用生物农药、高效低毒低残留农药，依法禁限用高毒农药。普及科学用药知识，推行精准施药。集成推广农作物病虫害绿色防控技术，大规模开展专业化统防统治，发展专业化防治服务组织。

强化秸秆综合利用和禁烧管控。强化秸秆收储运体系建设，大力开展秸秆肥料化、饲料化、能源化、基料化、原料化利用。完善农作物秸秆还田技术模式，加大秸秆还田力度。因地制宜发展秸秆热解气化、秸秆沼气等农村清洁能源，推动秸秆高值化综合利用与农村人居环境改善的有机结合。切实加强秸秆禁烧管控，在重点区域建立网格化监管制度，严防因秸秆露天焚烧造成区域性重污染天气。

加强地膜等废弃物处理利用。合理应用地膜覆盖技术，降低地膜覆盖依赖度，严禁生产和使用未达到新国家标准的地膜，从源头上保障地膜减量和可回收利用。

推进地膜捡拾机械化，推动废旧地膜回收加工再利用。开展全生物可降解地膜研发和试验示范。加强农用化学包装废弃物回收处理。

控制和净化地表径流。大力发展节水农业，提高灌溉水利用效率。加强灌溉水质监测与管理，严禁用未经处理的工业和城市污水灌溉农田。充分利用现有沟、塘、窖等，建设生态缓冲带、生态沟渠、地表径流集蓄与再利用设施，有效拦截和消纳农田退水和农村生活污水中各类有机污染物，净化农田退水及地表径流。

推行用养结合的耕作模式。在湖南长株潭重金属污染区继续实行多年休耕，修复治理污染耕地。在贵州、云南石漠化区的坡耕地和瘠薄地，实行生态修复型休耕。推动长江流域小麦稻谷低效低质区开展稻油、稻肥等轮作。鼓励其他地区推行用养结合、良性循环的种植模式。推进退耕还林还草还湿和退田还湖。

（三）严格控制畜禽养殖污染，推进粪污资源化利用

促进畜牧业转型升级。大力发展畜禽标准化规模养殖，支持符合条件的规模养殖场改造圈舍和更新设备，建设粪污贮存处理利用设施，提高集约化、自动化、生态化养殖水平。推广节水、节料等清洁养殖工艺和干清粪、微生物发酵等实用技术，实现源头减量。推广精准配方饲料和智能化饲喂，规范兽药、饲料添加剂使用。落实畜禽疫病综合防控措施，强化病死畜禽无害化处理体系建设。

推进畜禽粪污资源化利用。因地制宜采取就近就地还田、生产有机肥、发展沼气和生物天然气等方式，加大畜禽粪污资源化利用力度。规模养殖场要严格履行环境保护主体责任，根据土地消纳能力，自行或委托第三方进行粪污处理和资源化利用；周边土地消纳量不足的，要对固液分离后的污水进行深度处理，实现达标排放或消毒回用。支持散养密集区实行畜禽粪污分户收集、集中处理。培育壮大畜禽粪污治理专业化、社会化组织，形成收集、存储、运输、处理和综合利用全产业链。

加强养殖污染监管。将规模以上畜禽养殖场纳入重点污染源管理，依法执行环评和排污许可制度。巩固禁养区内的畜禽养殖场（小区）关闭、搬迁成果，全面依法取缔超标排放的畜禽养殖场。建立畜禽规模养殖场直联直报信息系统，构建统一管理、分级使用、共享直联的监管平台。畜禽养殖大县要将畜禽粪污综合

利用率、规模养殖场粪污处理设施装备配套率等目标要求逐一分解落实到规模养殖场，明确防治措施和完成时限。执行《畜禽粪污土地承载力测算技术指南》，养殖规模超过土地承载能力的县要合理调减养殖总量。将畜禽废弃物治理与资源化利用量纳入污染物减排总量核算。

（四）推进水产健康养殖，改善水域生态环境

强化渔业水域生态环境保护。开展养殖水域滩涂环境治理，全面清理非法养殖。加强养殖规划管理，规范河流、湖泊、水库等天然水域的水产养殖行为，禁止在饮用水水源一级保护区内从事网箱养殖，已批准养殖的区域按照养殖容量等相关要求调减投饵网箱网围养殖，发展不投饵滤食类、草食类网箱网围养殖。尽快撤出和转移禁养区内的水产养殖，合理确定限养区养殖规模和养殖品种。推进水产养殖节水减排，鼓励开展尾水处理等环保设施升级改造，加强养殖副产物及废弃物集中收置和资源化利用。推广以渔控草、以渔抑藻等净水模式，修复水域生态环境。（农业农村部、生态环境部负责）

转变水产养殖方式。推行标准化生态健康养殖，发展大水面生态增养殖、工厂化循环水养殖、多品种立体混养及稻田综合种养等养殖模式，推进水产养殖装备现代化、生产管理智能化。加快培育绿色生态特色品种，加强全价人工配合饲料的研发和推广。强化水生动物疫病防控和监测预警，加强渔业官方兽医队伍建设，推动开展水产苗种产地检疫和监督执法，推进无规定疫病水产苗种场建设。（农业农村部负责）

（五）加快农村人居环境整治，实现村庄干净整洁

全面治理农村生活垃圾。统筹考虑农村生活和生产废弃物，合理选择垃圾收运处理方式，有条件的地区推广村收集、镇转运、县处理模式，对适合在农村消纳的有机垃圾，开展就地就近资源化利用。建立村庄保洁制度。抓紧开展非正规垃圾堆放点排查整治，重点整治垃圾山、垃圾围村、垃圾围坝、工业污染“上山下乡”。扩大垃圾分类制度覆盖范围，推行垃圾源头减量。

大力开展厕所革命。加快普及不同类型的卫生厕所，优先对江河湖泊水库周边村庄、一般村庄中的简易露天圈厕进行无害化卫生厕所改造。在中小学校、乡

镇卫生院、集贸市场等公共场所和人口集中区域，加快建设卫生公厕。加强农村改厕与生活污水治理的有效衔接，鼓励同步进行、一步到位。有条件的地方要将厕所粪污、畜禽养殖废弃物一并处理和资源化利用。

加强农村生活污水治理。根据村庄区位、人口规模和密度、地形条件等因素，因地制宜采用集中与分散相结合、工程措施与生态措施相结合、污染治理与资源利用相结合的治理模式。积极推动城镇污水管网向周边村庄延伸覆盖。加强生活污水源头减量和尾水回收利用。以房前屋后河塘沟渠为重点实施清淤疏浚，采取综合措施恢复水生态，逐步消除农村黑臭水体。

完善建设和管护机制。统筹城乡垃圾污水处理规划布局，整县推进农村垃圾污水处理设施建设和管理。探索实行农村环保设施市场化建设和运营管理，鼓励有条件的地区建立财政补贴、村集体自筹和农户付费合理分担机制。在已实行垃圾处理制度的农村地区，建立农村垃圾处理收费制度。在已建成污水集中处理设施的农村地区，探索建立农户付费制度。建立长效管护机制，明确管理主体，加强资金保障，稳定管护队伍，健全规章制度，确保垃圾污水处理设施“建成一个、运行一个、见效一个”。农村人居环境整治工作按照中央确定的部门职责分工负责。

三、加强政策支持

（一）建立多元化投入机制

构建公共财政支持、责任主体自筹和社会资金参与的多元化投入格局。中央有关部门结合现有资金渠道，以中西部地区为重点，支持地方加快农业农村面源污染治理。地方政府要合理安排资金投入，确保完成治理目标。鼓励地方按规定加强相关渠道资金和项目统筹整合。规模化种养大户、农业企业等排污主体要按照有关法律法规和政策要求，承担治污主体责任。规范政府和社会资本合作，引导社会资本投向农业废弃物资源化利用、农村垃圾污水治理等领域。有效利用绿色金融政策，加大绿色信贷、绿色债券、绿色基金、绿色保险对农业农村面源污染防治的支持力度。按照市场化和商业可持续原则，在符合条件的地区探索开展绿色金融支持畜禽养殖废弃物处置和无害化处理试点。

（二）加大财税支持力度

深入推进农业水价综合改革，加大农业节水工作力度。落实有机肥产品生产销售和批发、零售免征增值税政策。完善化肥农药减量、有机肥替代化肥补贴政策，对以畜禽粪便为主要原料的有机肥，以及新型经营主体和社会化服务组织等开展有机肥积造、运输、施用等服务，按规定予以支持，地方要配套出台补贴政策。对畜禽水产禁养区关闭搬迁的养殖场，地方政府要给予合理补偿。落实沼气发电上网标杆电价和上网电量全额保障性收购政策，推动符合标准的生物天然气并入城镇燃气管网，落实沼气和生物天然气增值税即征即退政策。鼓励各地将符合条件的施肥机械、水产机械纳入农机购置补贴范围，按规定申请开展植保无人飞机规范应用试点。鼓励地方政府对畜禽养殖废弃物资源化利用装备实行敞开补贴。积极探索建立农业主要污染物排污权有偿使用和交易机制。

（三）完善用地用电等政策

完善畜禽规模养殖设施用地政策，适当提高规模养殖场粪污资源化利用和有机肥生产积造设施用地占比及规模上限。农村生活垃圾污水收运处理设施，以畜禽养殖废弃物、农作物秸秆为主要原料的规模化生物天然气工程、大型沼气工程、有机肥厂、集中处理中心等，其建设用地纳入土地利用总体规划，在年度用地计划中优先安排。支持水产养殖工厂化循环水、养殖尾水和废弃物处理等环保设施建设用地。落实畜禽养殖场（小区）污染防治设施运行、水产养殖绿色发展的农业用电政策。

四、强化保障措施

（一）加强组织领导。健全中央统筹、省负总责、市县抓落实的农业农村面源污染防治工作机制。中央有关部门按照职责分工加强对长江经济带农业农村面源污染治理的指导和督导检查。各省（市）对本行政区内农业农村面源污染治理工作负总责，要将本指导意见确定的目标任务分解落实到市、县，明确各地区、各阶段的治理重点，同时及时跟踪掌握治理情况、协调解决有关问题。各市、县要明确污染治理路径和政策措施，建立工作台账和时间表，落实治理责任，实行挂图作战。

（二）强化考核督查。农业农村面源污染治理是长江经济带“三水共治”的重要组成部分，将作为沿江省市领导班子和领导干部综合考核评价的重要内容，由推动长江经济带发展领导小组办公室统一组织考核，考核结果报领导小组、国务院办公厅和中央组织部。将农业农村面源污染治理突出问题纳入中央生态环保督察范畴，对治理工作推进不力、污染问题严重的地区党政领导干部进行移交问责，督促限期整改。对治理成效明显的地区，通过表彰等方式予以激励。

（三）提高监测监管能力。尽快建立完善农业农村面源污染的监测和评价体系，实现监测预报与预警的常态化、规范化。结合现有环境监测网络和农村环境质量监测试点工作，加强对农村饮用水源地、一定规模以上的农村生活污水处理设施出水和畜禽规模养殖场排污口的监测。加强政府监管队伍建设，运用卫星遥感、大数据等技术，切实提高政府监管能力，及时发现农业农村环境问题。

（四）完善污染防治标准和法规体系。制定完善农业生产、农业面源污染监测和治理等标准及技术规范。严格执行《畜禽养殖业污染排放标准》，推动出台水产养殖尾水排放标准。研究制定农村生活垃圾分类和收运处理规范，指导各地加快制定农村生活污水治理排放标准。鼓励地方特别是水环境敏感地区出台高于国家标准的地方标准。严格执行《环境保护法》《水污染防治法》《畜禽规模养殖污染防治条例》，完善农业农村面源污染防治方面的法律法规。加强生态环境、农业农村、水利、公安等部门执法协作，依法严肃查处违法违规行为。

（五）加强公众参与和社会监督。加强农业农村面源污染防治的科学普及和舆论宣传，提高全社会的环境保护意识。将农业农村环境保护纳入村规民约，调动广大农民发展清洁生产、爱护环境卫生、建设美丽家园的主动性、积极性。鼓励公众对污染农业农村环境的行为进行监督举报，及时解决群众反映强烈的环境问题。完善农业农村面源污染防治信用约束机制，地方人民政府归集并公开环保信用评价、污染源监测等信息。落实环保领域联合惩戒合作备忘录要求，依法依规对规模化种养大户、农业企业中的失信主体实施惩戒和限制等约束性措施。

（国家发展改革委网站 2018 年 11 月 1 日）

工业和信息化部、国家发展改革委等关于加强长江经济带工业绿色发展的指导意见

（2017年6月30日）

工信部联节[2017]178号

上海市、江苏省、浙江省、安徽省、江西省、湖北省、湖南省、重庆市、四川省、云南省、贵州省工业和信息化、发展改革、科技、财政、环境保护主管部门：

为贯彻落实党中央、国务院关于长江经济带发展重大战略部署，保护长江流域生态环境，进一步提高工业资源能源利用效率，全面推进绿色制造，减少工业发展对生态环境的影响，实现绿色增长，现提出以下意见：

一、总体要求

深入学习党的十八大和十八届三中、四中、五中、六中全会精神，贯彻新发展理念，落实党中央、国务院关于长江经济带发展的战略部署，按照习近平总书记提出的“共抓大保护，不搞大开发”要求，坚持供给侧结构性改革，坚持生态优先、绿色发展，全面实施中国制造2025，扎实推进《工业绿色发展规划（2016—2020年）》，紧紧围绕改善区域生态环境质量要求，落实地方政府责任，加强工业布局优化和结构调整，以企业为主体，执行最严格环保、水耗、能耗、安全、质量等标准，强化技术创新和政策支持，加快传统制造业绿色化改造升级，不断提高资源能源利用效率和清洁生产水平，引领长江经济带工业绿色发展。

到2020年，长江经济带绿色制造水平明显提升，产业结构和布局更加合理，传统制造业能耗、水耗、污染物排放强度显著下降，清洁生产水平进一步提高，绿色制造体系初步建立。与2015年相比，规模以上企业单位工业增加值能耗下降18%，重点行业主要污染物排放强度下降20%，单位工业增加值用水量下降

25%，重点行业水循环利用率明显提升。全面完成长江经济带危险化学品搬迁改造重点项目。一批关键共性绿色制造技术实现产业化应用，打造和培育500家绿色示范工厂、50家绿色示范园区，推广5000种以上绿色产品，绿色制造产业产值达到5万亿元。

二、优化工业布局

（一）完善工业布局规划。落实主体功能区规划，严格按照长江流域、区域资源环境承载能力，加强分类指导，确定工业发展方向和开发强度，构建特色突出、错位发展、互补互进的工业发展新格局。实施长江经济带产业发展市场准入负面清单，明确禁止和限制发展的行业、生产工艺、产品目录。严格控制沿江石油加工、化学原料和化学制品制造、医药制造、化学纤维制造、有色金属、印染、造纸等项目环境风险，进一步明确本地区新建重化工项目到长江岸线的安全防护距离，合理布局生产装置及危险化学品仓储等设施。

（二）改造提升工业园区。严格沿江工业园区项目环境准入，完善园区水处理基础设施建设，强化环境监管体系和环境风险管控，加强安全生产基础能力和防灾减灾能力建设。开展现有化工园区的清理整顿，加大对造纸、电镀、食品、印染等涉水类园区循环化改造力度，对不符合规范要求的园区实施改造提升或依法退出，实现园区绿色循环低碳发展。全面推进新建工业企业向园区集中，强化园区规划管理，依法同步开展规划环评工作，适时开展跟踪评价。严控重化工企业环境风险，重点开展化工园区和涉及危险化学品重大风险功能区区域定量风险评估，科学确定区域风险等级和风险容量，对化工企业聚集区及周边土壤和地下水定期进行监测和评估。推动制革、电镀、印染等企业集中入园管理，建设专业化、清洁化绿色园区。培育、创建和提升一批节能环保安全领域新型工业化产业示范基地，促进园区规范发展和提质增效。

（三）规范工业集约集聚发展。推动沿江城市建成区内现有钢铁、有色金属、造纸、印染、电镀、化学原料药制造、化工等污染较重的企业有序搬迁改造或依法关闭。推动位于城镇人口密集区内，安全、卫生防护距离不能满足相关要求和不符合规划的危险化学品生产企业实施搬迁改造或依法关闭。到2020年，完成

47 个危险化学品搬迁改造重点项目。新建项目应符合国家法规和相关规范条件要求，企业投资管理、土地供应、节能评估、环境影响评价等要依法履行相关手续。实施最严格的资源能源消耗、环境保护等方面的标准，对重点行业加强规范管理。

（四）引导跨区域产业转移。鼓励沿江省市创新工作方法，强化生态环境约束，建立跨区域的产业转移协调机制。充分发挥国家自主创新示范区、国家高新区的辐射带动作用，创新区域产业合作模式，提升区域创新发展能力。加强产业跨区域转移监督、指导和协调，着力推进统一市场建设，实现上下游区域良性互动。发挥国家产业转移信息服务平台作用，不断完善产业转移信息沟通渠道。认真落实长江经济带产业转移指南，依托国家级、省级开发区，有序建设沿江产业发展轴，合理开发沿海产业发展带，重点打造长江三角洲、长江中游、成渝、黔中和滇中等五大城市群产业发展圈，大力培育电子信息产业、高端装备产业、汽车产业、家电产业和纺织服装产业等五大世界级产业集群，形成空间布局合理、区域分工协作、优势互补的产业发展新格局。

（五）严控跨区域转移项目。对造纸、焦化、氮肥、有色金属、印染、化学原料药制造、制革、农药、电镀等产业的跨区域转移进行严格监督，对承接项目的备案或核准，实施最严格的环保、能耗、水耗、安全、用地等标准。严禁国家明令淘汰的落后生产能力和不符合国家产业政策的项目向长江中上游转移。

三、调整产业结构

（六）依法依规淘汰落后和化解过剩产能。结合长江经济带生态环境保护要求及产业发展情况，依据法律法规和环保、质量、安全、能效等综合性标准，淘汰落后产能，化解过剩产能。严禁钢铁、水泥、电解铝、船舶等产能严重过剩行业扩能，不得以任何名义、任何方式核准、备案新增产能项目，做好减量置换，为新兴产业腾出发展空间。严格控制长江中上游磷肥生产规模。严防“地条钢”死灰复燃。加大国家重大工业节能监察力度，重点围绕钢铁、水泥等高耗能行业能耗限额标准落实情况、阶梯电价执行情况开展年度专项监察，对达不到标准的实施限期整改，加快推动无效产能和低效产能尽早退出。

（七）加快重化工企业技术改造。全面落实国家石化、钢铁、有色金属工业

“十三五”规划，发挥技术改造对传统产业转型升级的促进作用，加快沿江现有重化工企业生产工艺、设施（装备）改造，改造的标准应高于行业全国平均水平，争取达到全国领先水平。推广节能、节水、清洁生产新技术、新工艺、新装备、新材料，推进石化、钢铁、有色、稀土、装备、危险化学品等重点行业智能工厂、数字车间、数字矿山和智慧园区改造，提升产业绿色化、智能化水平，使沿江重化工企业技术装备和管理水平走在全国前列，引领行业发展。

（八）大力发展智能制造和服务型制造。在长江经济带有一定工作基础、地方政府积极性高的地区，探索建设智能制造示范区，鼓励中下游地区智能制造率先发展，重点支持中上游地区提升智能制造水平。加快在数控机床与机器人、增材制造、智能传感与控制、智能检测与装配、智能物流与仓储等五大领域，突破一批关键技术和核心装备。在流程制造、离散型制造、网络协同制造、大规模个性化定制、远程运维服务等方面，开展试点示范项目建设，制修订一批智能制造标准。大力发展生产性服务业，引导制造业企业延伸服务链条，推动商业模式创新和业态创新。

（九）发展壮大节能环保产业。大力发展长江经济带节能环保产业，在重庆、无锡、成都、长沙、武汉、杭州、盐城、昆明等地重点推动节能环保装备制造业集群化发展，在江苏、上海、重庆等地不断提升节能环保技术研发能力及节能环保服务业水平，在上海临港、合肥、马鞍山和彭州等地加快建设再制造产业集聚区，着力发展航空发动机关键件、工程机械、重型机床等机电产品再制造特色产业。加强节能环保服务公司与工业企业紧密对接，推动企业采用第三方服务模式，壮大节能环保产业。

四、推进传统制造业绿色化改造

（十）大力推进清洁生产。按照《清洁生产促进法》，引导和支持沿江工业企业依法开展清洁生产审核，鼓励探索重点行业企业快速审核和工业园区、集聚区整体审核等新模式，全面提升沿江重点行业和园区清洁生产水平。在沿江有色、磷肥、氮肥、农药、印染、造纸、制革和食品发酵等重点耗水行业，加大清洁生产技术推行方案实施力度，从源头减少水污染。实施中小企业清洁生产水平提升计划，构建“互联网+”清洁生产服务平台，鼓励各地政府购买清洁生产培训、咨询等相关服务，探索免费培训、义务诊断等服务模式，引导中小企业优先实施无费、低费方案，鼓励和支持实施技术改造方案。

（十一）实施能效提升计划。推动长江经济带煤炭消耗量大的城市实施煤炭清洁高效利用行动计划，以焦化、煤化工、工业锅炉、工业炉窑等领域为重点，提升技术装备水平、优化产品结构、加强产业融合，综合提升区域煤炭高效清洁利用水平，实现减煤、控煤、防治大气污染。在钢铁和铝加工产业集聚区，推广电炉钢等短流程工艺和铝液直供。积极推进利用钢铁、化工、有色、建材等行业企业的低品位余热向城镇居民供热，促进产城融合。

（十二）加强资源综合利用。大力推进工业固体废物综合利用，重点推进中上游地区磷石膏、冶炼渣、粉煤灰、酒糟等工业固体废物综合利用，加大中下游地区化工园区废酸废盐等减量化、安全处置和综合利用力度，选择固体废物产生量大、综合利用有一定基础的地区，建设一批工业资源综合利用基地。鼓励地方政府在沿江有条件的城市推动水泥窑协同处置生活垃圾。推进再生资源高效利用和产业发展，严格废旧金属、废塑料、废轮胎等再生资源综合利用企业规范管理，搭建逆向物流体系信息平台。

（十三）开展绿色制造体系建设。在长江经济带沿江城市中，选择工业比重高、代表性强、提升潜力大的城市，结合主导产业，围绕传统制造业绿色化改造、绿色制造体系建设等内容，综合提升城市绿色制造水平，打造一批具有示范带动作用的绿色产品、绿色工厂、绿色园区和绿色供应链。推动长江经济带重点行业领军企业牵头组成联合体，围绕绿色设计平台建设、绿色关键工艺突破、绿色供应链构建，推进系统化绿色改造，在机械、电子、食品、纺织、化工、家电等领域实施一批绿色制造示范项目，引领和带动长江经济带工业绿色发展。

五、加强工业节水和污染防治

（十四）切实提高工业用水效率。在长江流域切实落实节水优先方针，加强企业节水管理，大力推进节水技术改造，推广国家鼓励的工业节水工艺、技术和装备，加快淘汰高耗水落后工艺、技术和装备，控制工业用水总量，提高工业用水效率。开展水效领跑者引领行动，引导和支持工业企业开展水效对标达标活动。强化高耗水行业企业生产过程和工序用水管理，严格执行取水定额国家标准，推动高耗水行业用水效率评估审查。实行最严格水资源管理制度考核，加强对高耗水淘汰目录执行情况的督促检查。

（十五）推进工业水循环利用。大力培育和发展沿江工业水循环利用服务支撑体系，积极推动高耗水工业企业广泛开展水平衡测试，鼓励企业采用合同节水管理、特许经营、委托营运等模式，改进节水技术工艺，强化过程循环和末端回用，提高钢铁、印染、造纸、石化、化工、制革和食品发酵等高耗水行业废水循环利用率。推进非常规水资源的开发利用，支持上海、江苏、浙江沿海工业园区开展海水淡化利用，推动钢铁、有色等企业充分利用城市中水，支持有条件的园区、企业开展雨水集蓄利用。

（十六）加强重点污染物防治。深入实施水、大气、土壤污染防治行动计划，从源头减少工业水、大气及土壤污染物排放。按行业推进固定污染源排污许可证制度实施，依法落实企业治污主体责任，持证排污，按证排污。重点推进沿江干支流及太湖、巢湖、洞庭湖、鄱阳湖周边“十小”企业取缔、“十大”重点行业专项整治、工业集聚区污水管网收集体系和集中处理设施建设并安装自动在线监控装置，规范沿江涉磷企业渣场和尾矿库建设，推进工业企业化学需氧量、氨氮、总氮、总磷全面达标排放。加大燃煤电厂超低排放改造、“散乱污”企业治理、中小燃煤锅炉淘汰、工业领域煤炭高效清洁利用、挥发性有机物削减等工作力度，严控二氧化硫、氮氧化物、烟粉尘、挥发性有机物等污染物排放。加强涉重金属行业污染防控，制定涉重金属重点工业行业清洁生产技术推行方案，鼓励企业采用先进适用生产工艺和技术，减少重金属污染物排放。

六、保障措施

（十七）加强组织领导。长江经济带各级工业和信息化、发展改革、科技、财政、环境保护等主管部门要充分认识工业绿色发展的重大意义，加强组织领导，落实地方政府责任，以企业为主体，充分发挥行业协会、产业联盟等的桥梁纽带作用，切实推动工业绿色发展各项工作的落实。

（十八）强化标准和技术支撑。发挥水耗、能耗、环境、质量、安全，以及绿色产品、绿色工厂、绿色园区、绿色供应链和绿色评价及服务等标准的引领作用，鼓励各地出台最严格的绿色发展标准。加大急需技术装备和产品的创新，推动先进成熟技术的产业化应用和推广，支撑长江经济带工业绿色发展。

（十九）落实支持政策。充分利用现有资金渠道，进一步向长江经济带工业绿色发展、水污染防治等项目倾斜，支持符合条件的企业实施清洁生产技术改造、节水治污、能源利用效率提升、资源综合利用等。落实现有税收、绿色信贷、绿色采购、土地等优惠政策，加快支持企业绿色转型、提质增效。鼓励长江经济带建立地区间、上下游间生态补偿机制，推动上中下游开发地区和生态保护地区进行横向生态补偿，探索区域污染治理新模式。

（二十）加强人才培养和国际交流合作。组织实施绿色制造人才培养计划，加大专业技术人才、经营管理人才的培养力度，完善从研发、转化、生产到管理的人才培养体系。依托长江经济带的产业和区位优势，加强国际合作与交流，鼓励采用境外投资、工程承包、技术合作、装备出口等方式，推动绿色制造和绿色服务率先“走出去”。

（二十一）加大宣传力度。加大绿色理念的传播力度，充分发挥媒体、教育培训机构、行业协会、产业联盟、绿色公益组织的作用，开展多层次、多形式的宣传教育活动，积极传播绿色理念，为长江经济带工业绿色发展营造良好社会氛围。

工业和信息化部 国家发展和改革委员会

科学技术部 财政部 环境保护部

2017 年 6 月 30 日

（工信部网站 2017 年 7 月 27 日）

财政部关于建立健全长江经济带生态补偿与保护长效机制的指导意见

（2018年2月13日）

财预〔2018〕19号

上海、江苏、浙江、安徽、江西、湖北、湖南、重庆、四川、云南、贵州省（直辖市）财政厅（局）：

为全面贯彻落实党的十九大精神，积极发挥财政在国家治理中的基础和重要支柱作用，按照党中央、国务院关于长江经济带生态环境保护的决策部署，推动长江流域生态保护和治理，建立健全长江经济带生态补偿与保护长效机制，制定本意见。

一、总体要求

（一）指导思想

高举中国特色社会主义伟大旗帜，全面贯彻落实党的十九大精神，以习近平新时代中国特色社会主义思想为指导，坚持稳中求进工作总基调，坚持新发展理念，紧扣我国社会主要矛盾变化，按照高质量发展的要求，统筹推进“五位一体”总体布局和协调推进“四个全面”战略布局，牢固树立和践行绿水青山就是金山银山的理念，把修复长江生态环境摆在压倒性位置，推动形成“共抓大保护、不搞大开发”的工作格局，强化财政职能作用，加强顶层设计，创新体制机制，促进长江经济带生态环境质量全面改善。

（二）基本原则

生态优先，绿色发展。把长江经济带生态补偿与保护摆在优先位置，强化宏观与系统的保护，加快环境污染治理，加快改善环境质量，推动长江经济带高质量发展，以绿色发展实现人民对美好生活的向往。

统筹兼顾，有序推进。以建立完善全流域、多方位的生态补偿和保护长效体系为目标，优先支持解决严重污染水体、重要水域、重点城镇生态治理等迫切问题，着力提升生态修复能力，逐步发挥山水林田湖草的综合生态效益，构建生态补偿、生态保护和可持续发展之间的良性互动关系。

明确权责，形成合力。中央财政加强长江流域生态补偿与保护制度设计，完善转移支付办法，加大支持力度，建立健全激励引导机制。地方政府要采取有效措施，积极推动建立相邻省份及省内长江流域生态补偿与保护的长效机制。

奖补结合，注重绩效。以生态环境质量改善为核心，根据生态功能类型和重要性实施精准考核，强化资金分配与生态保护成效挂钩机制。让保护环境的地方不吃亏、能受益、更有获得感，充分调动市县级政府加强生态建设的积极性、主动性和创造性，用制度保护生态环境。

（三）目标任务

通过统筹一般性转移支付和相关专项转移支付资金，建立激励引导机制，明显加大对长江经济带生态补偿和保护的财政资金投入力度。到 2020 年，长江流域保护和治理多元化投入机制更加完善，上下联动协同治理的工作格局更加健全，中央对地方、流域上下游间生态补偿效益更加凸显，为长江经济带生态文明建设和区域协调发展提供重要的财力支撑和制度保障。

二、中央财政加大政策支持

（一）增加均衡性转移支付分配的生态权重。中央财政增加生态环保相关因素的分配权重，加大对长江经济带相关省（市）地方政府开展生态保护、污染治理、控制减少排放等带来的财政减收增支的财力补偿，进一步发挥均衡性转移支付对长江经济带生态补偿和保护的促进作用，确保地方政府不因生态保护增加投入或限制开发降低基本公共服务水平。

（二）加大重点生态功能区转移支付对长江经济带的直接补偿。增加重点生态功能区转移支付预算安排，调整重点生态功能区转移支付分配结构，完善县域生态质量考核评价体系，加大对长江经济带的直接生态补偿，重点向禁止开发区、限制开发区和上游地区倾斜，提高长江经济带生态功能重要地区的生态保护和民生改善能力。

（三）实施长江经济带生态保护修复奖励政策。支持流域内上下游邻近省级政府间建立水质保护责任机制，鼓励省级行政区域内建立流域横向生态保护责任机制，引导长江经济带地方政府落实好流域保护和治理任务，对相关工作开展成效显著的省市给予奖励，进一步调动地方政府积极性。

（四）加大专项对长江经济带的支持力度。在支持开展森林资源培育、天然林停伐管护、湿地保护、生态移民搬迁、节能环保等方面，中央财政将结合生态保护任务，通过林业改革发展资金、林业生态保护恢复资金、节能减排补助资金等向长江经济带予以重点倾斜。把实施重大生态修复工程作为推动长江经济带发展项目的优先选项，中央财政将加大对长江经济带防护林体系建设、水土流失及岩溶地区石漠化治理等工程的支持力度。

三、地方财政抓好工作落实

（一）统筹加大生态保护补偿投入力度。省级财政部门要完善省对下均衡性、重点生态功能区等一般性转移支付资金管理办法，不断加大对长江沿岸、径流区及重点水源区域的支持。省以下各级财政部门要加强对涉及生态环保等领域相关专项转移支付资金的管理，引导各责任部门协调政策目标、明确任务职责、统筹管理办法、规范绩效考核，形成合力明显增加对长江经济带生态保护的投入。探索建立长江流域生态保护和治理方面专项转移支付资金整合机制。对相关中央专项转移支付的结转资金，地方可以制定更加严格的资金统筹办法，切实提高财政资金使用效益。

（二）因地制宜突出资金安排重点。省以下各级财政部门要紧密结合本地区的功能定位，集中财力保障长江经济带生态保护的重点任务。水源径流地区要以山水林田湖草为有机整体，重点实施森林和湿地保护修复、脆弱湖泊综合治理和水生物多样性保护工程，增强水源涵养、水土保持、水质修复等生态系统服务功能。排放消耗地区要以工业污染、农业面源污染、城镇污水垃圾处置为重点，构建源头控污、系统截污、全面治污相结合的水环境治理体系。工业化城镇化集中地区要加快产业转型升级，优化水资源配置，强化饮用水水源保护，推动节水型社会建设，满足生态系统完整健康的用水需求。对岸线周边、生态保护红线区及其他环境敏感区域内落后产能排放整改或搬迁关停要给予一定政策性资金支持。

（三）健全绩效管理激励约束机制。省级财政部门要积极配合相关部门，推动建立有针对性的生态质量考核及生态文明建设目标评价考核体系，综合反映各地生态环境保护的成效。考核结果与重点生态功能区转移支付及相关专项转移支付资金分配明显挂钩，对考核评价结果优秀的地区增加补助额度；对生态环境质量变差、发生重大环境污染事件、主要污染物排放超标、实行产业准入负面清单不力和生态扶贫工作成效不佳的地区，根据实际情况对转移支付资金予以扣减。

（四）建立流域上下游间生态补偿机制。按照中央引导、自主协商的原则，鼓励相关省（市）建立省内流域上下游之间、不同主体功能区之间的生态补偿机制，在有条件的地区推动开展省（市）际间流域上下游生态补偿试点，推动上中下游协同发展、东中西部互动合作。中央对省级行政区域内建立生态补偿机制的省份，以及流域内邻近省（市）间建立生态补偿机制的省份，给予引导性奖励。同时，对参照中央做法建立省以下生态环保责任共担机制较好的地区，通过转移支付给予适当奖励。

（五）完善财力与生态保护责任相适应的省以下财政体制。省级财政部门要结合环境保护税、资源税等税制改革，充分发挥税收调节机制，科学界定税目，合理制定税率，夯实地方税源基础，形成生态环保的稳定投入机制。推进生态环保领域财政事权和支出责任划分改革，明确省以下流域治理和环保的支出责任分担机制，对跨市县的流域要在市县间合理界定权责关系，充分调动市县积极性。

（六）充分引导发挥市场作用。各级财政部门要积极推动建立政府引导、市场运作、社会参与的多元化投融资机制，鼓励和引导社会力量积极参与长江经济带生态保护建设。研究实行绿色信贷、环境污染责任保险政策，探索排污权抵押等融资模式，稳定生态环保PPP项目收入来源及预期，加大政府购买服务力度，鼓励符合条件的企业和机构参与中长期投资建设。探索推广节能量、流域水环境、湿地、碳排放权交易、排污权交易和水权交易等生态补偿试点经验，推行环境污染第三方治理，吸引和撬动更多社会资本进入生态文明建设领域。

各级财政部门要积极会同相关部门，健全工作机制，完善相关领域配套措施办法。省级财政部门要做好统筹协调，加强对市县财政部门的工作指导。市县财政部门要结合自身实际，明确本地区工作重点，切实抓好落实。要做好信息发布、宣传报道、舆情引导等工作，形成人人关心长江生态保护的良好氛围，有效调动全社会参与生态环境保护的积极性。

财政部

2018年2月13日

（财政部网站2018年2月24日）

第二部分

政策解读

简析关于依托黄金水道推动长江经济带发展的指导意见

吕长红

2014 年 9 月 25 日，国务院公布关于依托黄金水道推动长江经济带发展的指导意见(以下简称意见)，部署将长江经济带建设成为具有全球影响力的内河经济带、东中西互动合作的协调发展带、沿海沿江沿边全面推进的对内对外开放带和生态文明建设的先行示范带。这是继丝绸之路经济带之后中国新一代领导集体推出的又一个重大经济发展战略。沿海经济带和沿江经济带共同形成了中国经济发展的新版图。

一、《意见》主要内容

《意见》指出，长江是货运量位居全球内河第一的黄金水道，在区域发展总体格局中具有重要战略地位。依托黄金水道推动长江经济带发展，打造中国经济新支撑带，有利于挖掘中上游广阔腹地蕴含的巨大内需潜力促进经济增长空间从沿海向沿江内陆拓展；有利于优化沿江产业结构和城镇化布局，推动我国经济提质增效升级；有利于形成上中下游优势互补、协作互动格局，缩小东中西部地区发展差距；有利于建设陆海双向对外开放新走廊，培育国际经济合作竞争新优势；有利于保护长江生态环境，引领全国生态文明建设。

《意见》明确，要以改革激发活力、以创新增强动力、以开放提升竞争力，依托长江黄金水道，高起点高水平建设综合交通运输体系，推动上中下游地区协调发展、沿海沿江沿边全面开放，构建横贯东西、辐射南北、通江达海、经济高效、生态良好的长江经济带。《意见》提出了七项重点任务。

一是提升长江黄金水道功能。增强干线航运能力，改善支流通航条件，优化港口功能布局，加强集疏运体系建设，扩大三峡枢纽通过能力，健全智能服务和安全保障系统，合理布局过江通道。

二是建设综合立体交通走廊。形成快速大能力铁路通道，建设高等级广覆盖公路网，推进航空网络建设，完善油气管道布局，建设综合交通枢纽，加快发展多式航运。

三是创新驱动促进产业转型升级。增强自主创新能力，推进信息化与产业融合发展，培育世界级产业集群，加快发展现代服务业，打造沿江绿色能源产业带，提升现代农业和特色农业发展水平，引导产业有序转移和分工协作。

四是全面推进新型城镇化。优化沿江城镇化格局，提升长江三角洲城市群国际竞争力，培育发展长江中游城市群，促进成渝城市群一体化发展，推动黔中和滇中区域性城市群发展，科学引导沿江城市发展，强化城市群交通网络建设，创新城镇化发展体制机制。

五是培育全方位对外开放新优势。发挥上海对沿江开放的引领带动作用，增强云南面向西南开放重要桥头堡功能，加强与丝绸之路经济带的战略互动，推动对外开放口岸和特殊区域建设，构建长江大通关体制。

六是建设绿色生态廊道。切实保护和利用好长江水资源，严格控制和治理长江水污染，妥善处理江河湖泊关系，加强流域环境综合治理，强化沿江生态保护和修复，促进长江岸线有序开发。

七是创新区域协调发展体制机制。建立区域互动合作机制，推进一体化市场体系建设，加大金融合作创新力度，建立生态环境协同保护治理机制，建立公共服务和社会治理协调机制。

随《意见》还一并印发了《长江经济带综合立体交通走廊规划（2014—2020年）》，提出按照全面建成小康社会的总体部署和推动长江经济带发展的战略要求，加快打造长江黄金水道，扩大交通网络规模，优化交通运输结构，强化各种运输方式衔接，提升综合运输能力，到2020年，建成横贯东西、沟通南北、通江达海、便捷高效的长江经济带综合立体交通走廊。

二、缩小区域差距实现共同富裕

高度重视区域协调发展问题，是我国一以贯之的战略选择。20世纪50年代，毛泽东同志就在《论十大关系》中提出要处理好沿海工业和内地工业的关系。80年代，邓小平同志提出了“两个大局”的战略构想：一个大局是沿海地区加快对外开放，较快地先发展起来，内地要顾全这个大局；另一个大局是沿海地区发展到一定时期，要拿出更多的力量帮助内地发展，沿海地区也要顾全这个大局。世纪之交，党的第三代中央领导集体作出了实施西部大开发战略的重大决策，使西部大地焕发出勃勃生机。党的十六大以后，党中央进一步明确了促进区域协调发展必须长期坚持的指导原则和奋斗目标，明确提出振兴东北地区等老工业基地和促进中部地区崛起，要求深入实施区域发展总体战略和主体功能区战略，区域协调发展呈现出前所未有的新格局。

十八大报告明确提出，继续实施区域发展总体战略，充分发挥各地区比较优势，优先推进西部大开发，全面振兴东北地区等老工业基地，大力促进中部地区崛起，积极支持东部地区率先发展。这是党中央立足发展中国特色社会主义全局作出的重大战略部署，也是我们党对区域协调发展理论与实践的总结和深化。近年来，区域发展明显提速。备受关注的京津冀协同发展取得重要进展，长江经济带建设取得重大突破。同时，坚定不移实施主体功能区制度，使自然条件不同区域按照主体功能区定位推动发展，福建生态文明先行示范区、洞庭湖生态经济区、西咸新区、贵安新区、青岛西海岸新区、大连金普新区等国家级新区先后落定。“由东向西、由沿海向内地，沿大江大河和陆路交通干线，推进梯度发展。”区域发展新棋局清晰可见。

三、推进优势互补实现良性互动

随着综合国力的不断增强，区域经济的发展格局也在发生深刻调整。一方面，长三角、珠三角、环渤海等东部沿海地区土地、劳动力、能源等要素供给趋紧，资源环境约束矛盾日益突出，外延型发展方式难以为继，加之受国际金融危机冲击和周边国家竞争加剧的影响，加快经济结构转型升级刻不容缓。

另一方面，广大的中西部地区基础设施逐步完善要素成本优势明显，产业发展空间较大。差距就是潜力。中国经济发展最大的回旋余地就在中西部。更为重要的是，没有西部地区的小康就没有全国的小康，没有西部地区的和谐稳定就没有全国的和谐稳定。

经济发展靠什么带动？直接给钱不是长久之计，还得有产业有科技有人才有机制。一系列既输血又造血、既利当前又惠长远的政策接连出台。2010 年 9 月 6 日，《国务院关于中西部地区承接产业转移的指导意见》出台，推动东部沿海地区产业加快向中西部地区梯度转移，引导和支持中西部地区承接产业转移，形成更加合理有效的区域产业分工格局。2010 年 12 月 21 日，国务院印发了《全国主体功能区规划》，推动不同区域根据资源环境承载能力、现有开发强度和发展潜力，统筹谋划人口分布、经济布局、国土利用和城镇化格局，确定不同区域的主体功能，并据此明确开发方向，完善开发政策，控制开发强度，规范开发秩序。2014 年 3 月 18 日，国务院批复关于赣闽粤原中央苏区振兴发展规划，鼓励欠发达地区走出实现跨越式发展的新路子，让原中央苏区广大人民早日过上富裕幸福的生活；4 月 14 日，国务院批复关于晋陕豫黄河金三角区域合作规划，提出把晋陕豫黄河金三角建设成为中西部地区新的经济增长极和欠发达地区实现一体化发展、跨越式发展的示范区。这些举措体现出明确的战略目标，即缩小区域发展差距，既要缩小经济发展水平上的差距，又要缩小城乡居民收入和基本公共服务上的差距。同时逐渐形成互利共赢机制，着力打破条块分割和地区界限，创造统一、公平、竞争、有序的开放市场环境，促进区域间生产要素合理流动和优化配置。数据显示，中西部地区经济增长速度落后于东部地区的格局已经扭转，2007 年以来，西部地区经济增速持续超过东部地区，我国经济版图正在发生深刻变化，空间布局更趋协调、更加科学，区域之间优势互补、良性互动、共同发展。

四、黄全水道将率先激活物流业

完善的交通网络是实现产业转移，加快中西部发展的关键。《指导意见》中明确提出要建设包括铁路、公路、航空网络、油气管道、多式联运在内综合立体交通走廊是一大亮点。长江流域共有24个港口城市，目前沿着长江的铁路、公路、航空网络都已经建设到一定程度。未来通过实施航道整治工程，推广内河船型标准化，水路也加更加通畅，运输成本将进一步降低。将明显改善中西部产业转移地区物流条件，使其资源丰富的优势更好地发挥，从而带动整个经济带的协调发展，缩小沿海与中上游地区的差距。《指导意见》的出台，对于沿江现代物流业的发展是重大利好，尤其有利于建立与铁路、水路、陆路多式联运的立体交通网。随着长江经济带和长江黄金水道国家战略的深入推进，再加上长江口岸通关一体化，沿江生产企业和物流企业都会迎来发展良机，尤其是运输量大的危化品物流将受益明显。长江流域石油和化工产业集中度高，石化企业、园区遍布沿江两岸。同时长江是沿江地区重要的水源地，沿线共有生活和工业取水口400余处，涉及人口约1.4亿人。一旦发生危化品泄漏等安全事故，后果不堪设想。因此，在讨论机遇和利好之前，首先应意识到它对危化品生产、仓储、装卸、运输、污染物处置等各环节的安全管理带来的严峻挑战。相关企业首先应该抓好节能减排、安全环保工作，用实际行动与事实，树立行业的良好形象。同时，长江经济带一体化发展使物流园区建设项目和大型物流公司迎来新的投资机会。产业西移将提高城镇化率，促进对房地产以及汽车、家电等大宗消费。此外还将有利于沿江高新科技园区等的发展。

（《海运纵览》2014年第10期）

长江经济带建设须加紧培育世界级产业集群

成长春　杨凤华

备受关注的《长江经济带发展规划纲要》近日正式印发。作为实施长江经济带发展战略的基本遵循，纲要从规划背景、总体要求、大力保护长江生态环境、加快构建综合立体交通走廊、创新驱动产业转型升级、积极推进新型城镇化、努力构建全方位开放新格局、创新区域协调发展体制机制、保障措施等方面描绘了长江经济带发展的宏伟蓝图。

2016 年 3 月 2 日，国家发改委等三部委联合印发《长江经济带创新驱动产业转型升级方案》（以下简称《方案》），提出在 5 大重点产业领域和 10 大发展潜力较强、市场前景广阔的新兴产业领域培育世界级产业集群。《长江经济带发展规划纲要》明确要求，长江经济带要加快实施“中国制造 2025”，加强重大关键技术攻关、重大技术产业化和应用示范，联合打造电子信息、高端装备等世界级产业集群。因此，充分利用中心城市的产业优势，加快培育以国际先进发展理念为引领、以沿江省级以上开发区为载体、以大型企业为骨干、以拥有全球竞争力和国际品牌为核心的世界级产业集群，成为今后一段时期长江经济带实现经济提质增效和绿色发展的重要任务。

一、存在问题：创新驱动、协同融合、绿色转型现“短板”

《方案》中提出的 15 大产业领域可划分为先进制造业（以下简称“长江经济带重点制造业”）和生产性服务业（以下简称“长江经济带重点服务业”）两大类：前者包括新型平板显示、集成电路、先进轨道交通装备、汽车制造、生物医药、新材料产业、节能环保、新能源装备、航空航天等 9 大产业；后者包括电子商务、研发设计服务、检验检测服务、软件和信息技术服务、现代物流、现代金融服务等 6 大产业。当前，将长江经济带重点制造业和重点服务业培育成世界级产业集群，在创新驱动、协同融合、绿色转型等方面还存在一些问题。

（一）创新驱动能力不够强

全方位创新发展体系亟待构建。长江经济带重点制造业总体上自主创新能力不强，中低端产业比重过高，核心技术对外依存度较高，高端设备、关键零部件和元器件、关键材料等多依赖进口。

关键共性技术研发和转化平台布局滞后。由于在产业共性技术研发投入方面存在主体缺位、资金不足等问题，长江经济带重点产业共性技术和关键技术供给的组织保障体系和激励机制建设较滞后。

促进创新的一体化市场体系尚不完善。长江经济带重点产业协同创新发展的规划、组织、协调机制尚不健全，科技与劳动力、资本、土地等要素的融合不够顺畅。

（二）融合发展程度不够高

重点产业发展与信息化、新型城镇化融合程度不高；长江经济带重点产业以产业链为整体、上中下游互动协同的发展格局还未形成；重点产业的全球竞争力不够强，长江经济带重点产业在全球价值链中的整体地位不高。

（三）绿色升级步伐不够快

绿色转型理念有待提升。长江经济带重点制造业生产中绿色制造的理念和高效、节能的要求还未得到很好体现；绿色理念以及支持制造业加快低碳节能改造的服务理念仍需增强。

沿江生态保护红线管控平台急需搭建。沿江各省市生态保护红线尚未划定，与上中下游生态环境状况相匹配的差别化的环境准入制度尚未明确制定，难以统筹制定长江经济带重点产业经济活动在沿江不同功能区的负面清单，难以严格界定各级政府的红线管控责任。

沿江园区污染集中治理和循环化改造须提速。由于受到资源、环境、监管等多种因素的制约，支撑长江经济带重点产业发展的沿江各类园区集中治污效果不尽如人意，低消耗、低排放、高效率、能循环的现代产业体系亟待加速构建。

二、对策建议：优化资源配置，切实提质增效

（一）创新发展增强产业国际竞争力

提升创新源头驱动力。长江经济带要加快推动重大关键共性技术研发平台建设，有效突破制约长江经济带重点产业发展的技术瓶颈。加快推动上海建设具有全球影响力的科技创新中心，系统推进上海、安徽（合芜蚌）、武汉、四川（成德绵）的全面创新改革试验，同时立足长江经济带各省（市）产业基础和品牌优势，在长江经济带布局建设国家自主创新示范区和国家制造业创新中心，对事关长江经济带重点制造业综合竞争实力提升和产业链各环节均衡发展的重大创新领域实施科学研究、技术开发、工程化与成果转化等全创新链战略部署。

提升企业自主创新能力。长江经济带各省市要结合自身重点产业发展基础和特色，鼓励企业加大研发投入，支持企业开展基础研究和前沿技术攻关，依托行业龙头企业布局建设一批国家科研基地。鼓励企业面向相关科研机构寻求智力支持，开展产学研合作。

提升全球配置创新资源能力。坚持开放创新，提高配置全球创新资源的能力和水平，推动长江经济带重点产业向全球产业链的高端迈进。支持区域内企业在境外设立研发中心，鼓励支持跨国公司、国际研究机构在长江经济带设立研发中心、科技服务机构，搭建联合研究平台。培育一批世界领先的创新型企业、品牌和标准，建设一批产业技术创新战略联盟，深化与不同类型国家的双边及多边科技创新合作，推动长江经济带加快建设具有国际竞争力的产业技术新体系。

（二）融合发展促进资源优化配置

提升工业化与信息化融合发展水平。要充分发挥新一代信息技术在长江经济带重点制造业领域的渗透和贯通作用，构建以信息经济为主导的新型经济模式，通过数据的自由流动加快解决定制化生产的成本、质量、效率等问题。指导编制互联网与长江经济带重点制造业融合发展路线图，组建智能制造产业联盟，推进长江经济带大数据综合试验区和产业集聚区建设，推动长江经济带重点制造业形成以信息经济为主导的新型经济模式和高效定制化生产模式。

促进区域互动融合。依托长江经济带世界级城市群建设，在推动城市群实现

重点产业发展与新型城镇化融合共进的同时，加快推进形成城市分工协作的发展格局。构建城市群重点产业优化布局工作机制，统筹协调城市群重点产业规划、项目的落实进展；健全区域联动合作机制，推动区域内重点产业协同合作一体化发展，促进区域内生产要素自由、合理流动，实现重点产业整体发展和各区域特色发展齐头并进；立足各地的产业特色与优势，加强长三角地区尤其是上海在区域互动融合中的引领带动作用；提升长江中上游地区中心城市重点产业的对外服务功能；提升水利部长江水利委员会和交通部长江航务管理局等机构的协调管理功能，实现长江经济带产业布局优化与长江水利、航运等事业协同共进。

积极融入经济全球化大局。将长江经济带重点产业优势与国外需求紧密结合，在“全球制造”产业体系和产业链中不断巩固放大“中国制造”的国际竞争优势。支持鼓励长江经济带重点产业积极参与境外产业集聚区、经贸合作区、工业园区、经济特区等合作园区建设，引导产业内大企业带动中小配套企业抱团出海、集群式“走出去”；推进“互联网＋产业集群”建设，大力发展跨境电子商务；推动长江经济带重点产业参与本行业的国际标准制定，增强相关国际话语权。

（三）绿色发展引领提质增效

制定环境准入负面清单。抓紧编制长江经济带生态环境保护规划，形成长江经济带重点产业绿色发展的顶层设计。划定沿江各省市生态保护红线，明确重点产业、重点企业污染物的排放总量上限和阶段性目标，紧密结合上中下游地区主体功能区的规划要求，提出差别化的环境准入条件，制定出沿线不同地区重点产业发展的负面清单。

创新园区环境管理方式。长江经济带重点产业园区要从规划环评、集中治污、环境监管等方面入手，最大限度实现环境保护与产业发展共赢。

走在全球绿色发展前沿。肩负起共同维护全球生态安全的重任，积极推动国际绿色经济规则和全球可持续发展目标的制定，积极参与国际绿色科技交流，积极实施国际环境绿色标志认证，加快与国际环境标准接轨的步伐。

（《光明日报》2016 年 9 月 14 日）

《关于加强长江经济带工业绿色发展的指导意见》解读

工信部

为贯彻落实党中央、国务院关于长江经济带发展重大战略部署，保护长江流域生态环境，进一步提高工业资源能源利用效率，全面推进绿色制造，减少工业发展对生态环境的影响，实现绿色增长，工业和信息化部联合发展改革委、科技部、财政部、环境保护部共同研究制定了《关于加强长江经济带工业绿色发展的指导意见》（以下简称《指导意见》）。现就《指导意见》有关内容解读如下：

问：《指导意见》是在什么样的背景下制定的？

答：2016年1月，习近平总书记在重庆听取有关省市和国务院有关部门对推动长江经济带发展的意见和建议时指出，长江是中华民族的母亲河，也是中华民族发展的重要支撑。推动长江经济带发展必须从中华民族长远利益考虑，走生态优先、绿色发展之路。要把修复长江生态环境摆在压倒性位置，共抓大保护，不搞大开发。国务院发布的《长江经济带发展规划纲要》，明确要求要围绕“生态优先、绿色发展”的基本思路，推动长江经济带形成“一轴、两翼、三极、多点”的发展新格局，是推动长江经济带发展重大国家战略的纲领性文件，是当前和今后一个时期指导长江经济带发展工作的基本遵循。

长江经济带横跨我国东中西三大区域，覆盖上海、江苏、浙江、安徽、江西、湖北、湖南、重庆、四川、贵州、云南11个省市，人口占比接近43%，地区生产总值占全国的44%。长江经济带工业企业密集，环境风险点多，部分企业清洁生产水平不高，产业结构和布局不合理造成累积性、叠加性和潜在性的生态环境问题突出，成为制约长江经济带持续健康发展的主要瓶颈。为贯彻落实党中央、国务院关于长江经济带重大战略部署，保护长江经济带生态环境，从生产源头防治污染，破解生态环境约束，提高工业绿色发展水平，实现经济绿色增长，制定《指导意见》。

问：《指导意见》编制的过程是怎样的？

答：在编制《指导意见》的过程中，我们主要开展了以下工作：一是开展专项调研。2016年9月，工业和信息化部节能与综合利用司组织有关专家赴四川省、湖南省、湖北省、江西省、安徽省、江苏省、浙江省等地进行了专项调研，了解长江经济带沿岸城市的造纸、化纤、制革、化工等重点行业绿色发展现状、存在的问题，听取了地方工业主管部门就推动工业绿色发展的意见和建议。二是召开专题座谈。2016年9月，工业和信息化部节能与综合利用司在京组织召开长江经济带11省市工业绿色发展座谈会，就如何推动长江经济带工业绿色发展进行了交流讨论。三是开展文件编制。在前期调研及研讨的基础上，我们组织工业和信息化部国际经济技术合作中心等单位和专家对长江经济带的工业布局、产业结构、传统行业绿色化改造、工业节水和污染防治以及相关政策措施等情况进行了深入研究，形成了《指导意见》征求意见稿。四是广泛征求意见。对于《指导意见》征求意见稿，我们先后多次征求了发展改革委、科技部、财政部、环境保护部和长江经济带11省市工业主管部门以及相关行业协会的意见，并在此基础上进行了修改、完善。五是先后经过工业和信息化部长专题会和部长办公会研究审议，形成了《指导意见》发布稿。

问：《指导意见》的总体要求和目标是如何考虑的？

《指导意见》的总体思路是：深入贯彻党中央、国务院关于长江经济带发展的战略部署，按照习近平总书记提出的“共抓大保护，不搞大开发”的要求，坚持生态优先、绿色发展，全面实施中国制造2025，扎实推进《工业绿色发展规划》，紧紧围绕改善区域生态环境质量要求，以企业为主体，落实地方政府责任，加强工业布局优化和结构调整，执行最严格环保、水耗、能耗、安全、质量等标准，强化技术创新和政策支持，加快传统制造业绿色化改造升级，不断提高资源能源利用效率和清洁生产水平，引领长江经济带工业绿色发展。

《指导意见》确立的目标是：到2020年，长江经济带绿色制造水平明显提升，产业结构和布局更加合理，传统制造业能耗、水耗、污染物排放强度显著下降，清洁生产水平进一步提高，绿色制造体系初步建立。与2015年相比，规模以上企业单位工业增加值能耗下降18%，重点行业主要污染物排放强度下降20%，单位工业增加值用水量下降25%，重点行业水循环利用率明显提升。全面完成长江经济带危险化学品重点搬迁改造项目。一批关键共性绿色制造技术实现产业化应用，打造和培育500家绿色示范工厂、50家绿色示范园区，推广5000种以上绿色产品，绿色制造产业产值达到5万亿元。

问：《指导意见》对长江经济带工业绿色发展提出了哪些方面的要求？

答：一是优化工业布局。针对长江经济带产业布局现状和存在的问题，《指导意见》从完善工业布局规划、改造提升工业园区、规范工业集约集聚发展、引导跨区域产业转移、严控跨区域转移项目五方面提出优化工业布局的方案。

二是调整产业结构。推动长江经济带工业发展从中高速增长迈向产业价值链的中高端，关键取决于结构调整的进度和成效。为此，《指导意见》从依法依规淘汰落后和化解过剩产能、加快重化工企业技术改造、大力发展智能制造和服务型制造、发展壮大节能环保产业等方面提出解决方案。

三是推进传统制造业绿色化改造。传统制造业升级改造对于工业绿色发展起着重要作用。立足长江经济带传统产业发展现状，《指导意见》提出要大力推进清洁生产，实施能效提升计划，加强资源综合利用，以及开展绿色制造体系建设。

四是加强工业节水和污染防治。长江经济带分布着大量的高耗水行业，水资源消耗量及污染物排放量较大。针对这种情况，《指导意见》提出通过提高工业用水效率、推进工业水循环利用、加强重点污染物防治等方式，推进工业节水和污染防治。

问：《指导意见》关于危险化学品企业搬迁改造提出了什么具体要求？

十八届五中全会提出，“十三五”时期要实施危化品和化工企业生产、仓储安全、环保搬迁工程，坚决遏制重特大安全事故频发势头。长江经济带分布着大量危险化学品企业，环境风险点多。通过危化品企业搬迁，减少产业发展存在的隐患。为此，《指导意见》在危险化学品企业搬迁改造方面提出了明确的要求，即：到2020年，完成47个危险化学品搬迁改造重点项目，并以附件列出了这些项目的相关情况，加快推进项目实施。

问：《指导意见》提出的产业转移指南主要考虑和未来导向是什么？

答：产业转移是优化区域生产力布局、形成合理产业分工体系的有效途径，是推进产业结构调整、加快经济发展方式转变的必然选择。当前，国际国内产业分工深刻调整，我国东部沿海地区产业向中西部地区转移步伐加快。长江经济带横跨东中西、连接南北方，具有强烈的产业转移内生动力。加强对长江经济带产业转移的引导和协调，有助于促进生产要素跨区域合理流动和优化配置，推动产业集群发展和区域协调发展，实现上中下游产业良性互动。为此，《指导意见》将《长江经济带产业转移指南》作为附件，对长江经济带产业转移作出总体引导，提出依托国家级、省级开发区，有序建设沿江产业发展轴、合理开发沿海产业发展带、重点打造五大城市群产业发展圈、大力培育五大世界级产业集群，形成空间布局合理、区域分工协作、优势互补的产业发展新格局。

问：在推动长江经济带绿色发展方面有哪些保障措施？

答：一是加强组织领导。为形成工作合力，加快长江经济带绿色制造步伐，《指导意见》提出各级工业和信息化、发展改革、科技、财政、环境保护等主管部门要充分认识工业绿色发展的重大意义，加强组织领导，以企业为主体，落实地方政府责任，充分发挥行业协会、产业联盟等的桥梁纽带作用，切实推动工业绿色发展各项工作的实施。

二是强化标准和技术支撑。为调整产业结构和推动传统产业转型升级，发挥标准引领、规范和带动作用，《指导意见》明确提出发挥环境质量、污染物排放，以及绿色产品、绿色工厂、绿色园区、绿色供应链和绿色评价及服务等标准的引领作用，鼓励各地出台最严格的绿色发展标准。考虑到技术创新在推动产业转型升级中所起的重要作用，《指导意见》明确提出要加大急需技术装备和产品的创新，推动先进成熟技术的产业化应用和推广，支撑长江经济带工业绿色发展。

三是落实支持政策。发展壮大节能环保产业，以及推进传统制造业绿色化改造升级，都需要相应的政策支持。为此，《指导意见》明确提出充分利用现有资金渠道，进一步向长江经济带工业绿色发展、水污染防治等项目倾斜，支持符合条件的企业实施清洁生产技术改造、节水治污、能源利用效率提升、资源综合利用等。落实现有税收、绿色信贷、绿色采购、土地等优惠政策，加快支持企业绿色转型，提质增效。同时，提出鼓励长江经济带建立地区间、上下游间生态补偿机制，推动上中下游开发地区和生态保护地区进行横向生态补偿，探索区域污染治理新模式。鼓励长江经济带建立地区间、上下游间生态补偿机制，推动上中下游开发地区和生态保护地区进行横向生态补偿，探索区域污染治理新模式。

四是加强人才培养和国际交流合作。基于人才培养和国际合作在推动长江经济带工业绿色发展过程中的重要支撑作用，《指导意见》明确提出组织实施绿色制造人才培养计划，加大专业技术人才、经营管理人才的培养力度，完善从研发、转化、生产到管理的人才培养体系。同时强调，依托长江经济带的产业和区位优势，加强国际合作与交流，鼓励采用境外投资、工程承包、技术合作、装备出口等方式，推动绿色制造和绿色服务率先走出去。

五是加大宣传力度。为给长江经济带工业绿色发展营造良好的社会氛围，《指导意见》提出要加大绿色理念的传播力度，充分发挥媒体、教育培训机构、行业协会、产业联盟、绿色公益组织的作用，开展多层次、多形式的宣传教育活动，积极传播绿色理念，为长江经济带工业绿色发展营造良好社会氛围。

（工信部网站 2017 年 7 月 27 日）

加快推进全面治理　确保长江经济带农业农村面源污染治理取得明显成效

——国家发展改革委农经司负责人就《关于加快推进长江经济带农业面源污染治理的指导意见》答记者问

近日，国家发展改革委、生态环境部、农业农村部、住房城乡建设部、水利部联合印发了《关于加快推进长江经济带农业面源污染治理的指导意见》。为准确理解和全面把握《指导意见》的背景、思路、目标、任务和政策措施，记者采访了国家发展改革委农经司负责人。

（一）出台《指导意见》的背景情况。

推动长江经济带发展，是党中央作出的重大决策，是关系国家发展全局的重大战略。2018 年 4 月，习近平总书记在武汉主持召开深入推动长江经济带发展座谈会时，强调指出新形势下推动长江经济带发展，要正确把握生态环境保护与经济发展的关系，把修复长江生态环境摆在压倒性位置，共抓大保护、不搞大开发，探索出一条协同推进生态优先和绿色发展的新路子。李克强总理对推动长江经济带发展也多次作出重要批示，要求重视生态工程建设，打造绿色生态廊道。5 月 17 日，韩正副总理主持召开推动长江经济带发展领导小组会议，强调以持续改善长江水质为中心，扎实推进水污染治理、水生态修复、水资源保护“三水共治”，更加有力有序有效做好长江生态环境保护工作。2018 年 5 月 25 日，国家发改委何立峰主任主持召开了推动长江经济带发展领导小组办公室会议，明确要求结合乡村振兴战略和农村人居环境整治三年行动方案实施，以严格控制沿江养殖污染为重点，加快推进农业面源污染治理，印发《关于加快推进长江经济带农业面源污染治理的指导意见》。

为指导沿江 11 省（市）加大治理力度，加快推进农业农村面源污染治理，确保到2020年取得明显治理成效，国家发展改革委会同生态环境部、农业农村部、住房城乡建设部、水利部等有关部门，在深入基层调研、反复研究论证的基础上，起草印发了《指导意见》，系统提出了长江经济带农业农村面源污染治理的指导思想、基本原则、治理目标、重点任务、支持政策和保障措施。

（二）长江经济带农业农村面源污染防治面临怎样的形势？

长江经济带河流水系发达，经济和人口相对集中，是重要的粮油、畜禽和水产品等主产区。2016 年，沿江 11 省（市）人口占全国 43%，农林牧渔业生产总值占 41%，粮食、油料、肉类和水产品产量分别占 38%、45%、43% 和 39%，其中稻谷、淡水产品产量占全国的 65%、60% 以上。

近年来，有关部门和沿江省（市）按照"共抓大保护、不搞大开发"的要求，根据中央关于生态文明建设的有关部署，积极开展农业农村面源污染治理，促进绿色发展，取得一定成效，农业源总氮和总磷排放均有所下降。2016 年，沿江 11 省（市）化肥使用量、农药使用量、生猪出栏数分别比 2014 年下降 2%、5% 和 7%。其中，上海市下降幅度达到 10%、16% 和 29%，浙江省下降幅度达到 6%、16% 和 32%。

但是，由于农业总量大、生产生活方式不合理、历史欠账多等原因，长江经济带农业农村面源污染形势仍然严峻。2016 年，沿江 11 省（市）化肥使用量 2134 万吨（折纯量），占全国总量的 36%；耕地单位面积使用量 31.7 千克 / 亩，比全国平均水平高 2.1 千克。农药使用量 71.1 万吨，占全国总量的 41%；农膜用量 84.5 万吨，占全国总量的 33%；生猪出栏超过 3.4 亿头，占全国的一半以上，大量畜禽粪污没有及时处理和利用；水产养殖布局不合理、局部地区环境污染严重；农村垃圾污水治理仅在经济较发达地区得到部分解决。农业农村面源污染仍是长江水体污染的重要来源之一，加快推进长江经济带农业农村面源污染治理，成为改善长江水质、修复长江生态环境、推动长江经济带高质量发展的迫切要求。

（三）农业农村面源污染涉及面广，长江经济带不同地区污染治理的现状和要求也不尽相同，为有效推动治理工作，《指导意见》对此有什么考虑？

《指导意见》以习近平新时代中国特色社会主义思想为指导，牢固树立和践行绿水青山就是金山银山的理念，认真落实深入推动长江经济带发展座谈会精神，根据长江经济带农业农村面源污染的主要构成、特点、现有治理基础、存在的主要问题，结合实施乡村振兴战略和农村人居环境整治三年行动方案，提出了综合性的治理措施。主要考虑有：

一是全面系统谋划，加大治理力度。农业农村面源污染成因复杂，需要统筹考虑农田面源污染、畜禽养殖污染、水产养殖污染、农村生活污染，构建综合配套的治理体系，加快治理步伐。

二是紧扣关键环节，解决主要矛盾。为在有限时间内取得明显治理成效，必须进一步抓住突出问题，聚焦关键地区，实现重点突破。一方面，要将畜禽养殖污染治理作为重中之重；另一方面，要将重要河流湖泊、水环境敏感区等作为重点区域，提出更高治理目标和要求。经济发达地区，也应加快治理进度。同时，严格管控河道范围内的违法种养殖等行为，防止污染物直接排入水体。

三是推动绿色发展，加强源头防控。农业农村排放的主要污染物是氮磷和有机物，利用好了是营养资源，治理的关键是统筹推进资源节约和循环利用。要将转变发展方式、推进绿色发展作为治理工作的主线，把优化种养业布局结构，发展绿色、生态、循环农业融入各项治理任务，着力构建治本之策。

四是落实治理责任，健全工作机制。要建立健全污染防治的责任机制，中央统筹、省负总责、市县落实的工作机制，农业农村面源污染防治的投入、运行和管护机制，以及政府引导、社会参与和公众监督的多元共治机制。

五是完善政策措施，激发内生动力。坚持引导性、激励性措施与强制性、惩罚性措施相结合，增强地方和排污主体治理污染的内在压力和动力。积极解决农业农村面源污染治理资金投入不足、政策支持不够、监测监管能力不强的问题。强化考核督查，对治理工作推进不力、污染问题严重的地区进行问责，对治理成效明显的地区予以激励。完善污染防治标准和法规体系，确保治理工作有法有标可依，并严格执法检查。

（四）长江经济带农业农村面源污染治理的目标要求是什么？

长江经济带农业农村面源污染治理的总体目标是，到 2020 年，农业农村面源污染得到有效治理，种养业布局进一步优化，农业农村废弃物资源化利用水平明显提高，绿色发展取得积极成效，对流域水质的污染显著降低。其中，在农田污染治理方面，主要农作物化肥农药使用量实现负增长，化肥农药利用率提高到40% 以上，测土配方施肥技术覆盖率提高到 90% 以上，病虫害绿色防控覆盖率提高到 30% 以上，专业化统防统治率提高到 40% 以上，农田灌溉水有效利用系数提高到 0.55 以上，秸秆综合利用率提高到 85% 以上，农田残膜回收率提高到80% 以上。在养殖污染治理方面，畜禽养殖污染得到严格控制，畜禽粪污综合利用率提高到 75% 以上，规模养殖场粪污处理设施装备配套率提高到 95% 以上，大型养殖场 2019 年底前达到 100%。水产生态健康养殖水平进一步提升，主产区水产养殖尾水实现有效处理或循环利用。在农村人居环境治理方面，行政村农村人居环境整治实现全覆盖，90% 左右的村庄生活垃圾得到治理，基本完成非正规垃圾堆放点整治，有较好基础的地区农村卫生厕所普及率提高到 85% 左右，农村生活污水治理水平明显提高，乱排乱放得到有效管控。

在上述总体治理目标的基础上，《指导意见》对重点区域，如重要河流湖泊、水环境敏感区和长三角等经济发达地区，进一步提出了更高的治理目标要求。《指导意见》明确提出，将长江干流和重要支流沿线，丹江口库区、南水北调水源及沿线、三峡库区及其上游等重大工程区域，鄱阳湖、洞庭湖、洱海、滇池、巢湖、太湖和千岛湖等汇水区，重要饮用水水源地等敏感区域作为重点治理区域。要求到 2020 年，重点治理区域主要农作物测土配方施肥覆盖率达到 93% 以上，化肥农药使用量比 2015 年减少 3% ~ 5%，鄱阳湖和洞庭湖周边地区化肥农药使用量比 2015 年减少 10% 以上；严格控制畜禽养殖污染，长江干流和重要支流岸线延伸至陆域 200 米范围内基本消除畜禽养殖场（小区），强化规模养殖场粪污处理设施装备建设，基本实现畜禽粪污资源化利用；全面依法清理非法网箱网围养殖；加强农村生活污水排放监管，位于饮用水源保护区的村庄，要全面采用水冲式厕所，建立管网集中收集处置系统，按相关环境质量管理目标实现达标排放。

《指导意见》要求，加快经济发达地区治理进度，力争提前完成治理目标。长三角地区 2019 年底前完成化肥农药减量目标。长三角、长江中上游城市近郊区，要实现农村生活垃圾收运和处置体系全覆盖，完成农村厕所无害化改造，基本实现厕所粪污的有效处理或资源化利用，显著提高农村生活污水治理水平。

（五）为实现上述目标，《指导意见》提出了哪些治理任务？

未来一个时期，要重点推进 5 项主要任务。

一是优化发展空间布局，加大重点地区治理力度。加快划定和建设粮食生产功能区、重要农产品生产保护区，推进特色农产品优势区建设。引导畜牧业向环境容量大的地区转移。尽快出台养殖水域滩涂规划。加强村庄规划管理。强化重点区域污染治理要求，加快经济发达地区治理进度。严格管控河道堤防内农业污染，全面清理整顿在河道堤防内违法违规种养殖行为。

二是综合防控农田面源污染，推动农业绿色发展。推进化肥减施增效，全面推进测土配方施肥，推动有机肥替代化肥。实行农药减量控害，推广农作物病虫害绿色防控技术，大规模开展专业化统防统治。大力开展秸秆肥料化、饲料化、能源化、基料化、原料化利用。加强地膜等废弃物处理利用。控制和净化地表径流，发展节水农业，拦截和消纳农田退水和农村生活污水中各类有机污染物。推行用养结合的耕作模式，在湖南长株潭重金属污染区、贵州云南石漠化区的坡耕地和瘠薄地实行休耕，推动长江流域小麦稻谷低效低质区开展稻油、稻肥等轮作。

三是严格控制畜禽养殖污染，推进粪污资源化利用。促进畜牧业转型升级，大力发展畜禽标准化规模养殖，支持建设粪污贮存处理利用设施，推广清洁养殖工艺，落实畜禽疫病综合防控措施。因地制宜采取就近就地还田、生产有机肥、发展沼气和生物天然气等方式，加大畜禽粪污资源化利用力度。加强养殖污染监管，将规模以上畜禽养殖场纳入重点污染源管理，建立畜禽规模养殖场直联直报信息系统，畜禽养殖大县要将畜禽粪污综合利用率、规模养殖场粪污处理设施装备配套率等目标要求逐一分解落实到规模养殖场，畜禽废弃物治理与资源化利用量纳入污染物减排总量核算。

四是推进水产健康养殖，改善水域生态环境。强化渔业水域生态环境保护，开展养殖水域滩涂环境治理，规范河流、湖泊、水库等天然水域的水产养殖行为，推进水产养殖节水减排，鼓励开展尾水处理等环保设施升级改造。转变水产养殖方式，推行标准化生态健康养殖，发展大水面生态增养殖、工厂化循环水养殖、多品种立体混养及稻田综合种养等养殖模式，推进水产养殖装备现代化、生产管理智能化，加强全价人工配合饲料的研发和推广，强化水生动物疫病防控和监测预警。

五是加快农村人居环境整治，实现村庄干净整洁。全面治理农村生活垃圾，合理选择垃圾收运处理方式，建立村庄保洁制度，开展非正规垃圾堆放点排查整治，扩大垃圾分类制度覆盖范围。大力开展厕所革命，加快普及不同类型的卫生厕所，加快建设卫生公厕。加强农村生活污水治理，积极推动城镇污水管网向周边村庄延伸覆盖。完善建设和管护机制，探索实行农村环保设施市场化建设和运营管理，建立垃圾污水处理设施长效管护机制。

（六）为加快推进长江经济带农业农村面源污染治理，《指导意见》提出了哪些政策措施？

主要有三个方面的政策措施：一是建立多元化投入机制。构建公共财政支持、责任主体自筹和社会资金参与的多元化投入格局。中央有关部门结合现有资金渠道，以中西部地区为重点，支持地方加快农业农村面源污染治理。鼓励地方按规定加强相关渠道资金和项目统筹整合。规模化种养大户、农业企业等排污主体要承担治污主体责任。引导社会资本投向农业废弃物资源化利用、农村垃圾污水治理等领域。二是加大财税支持力度。深入推进农业水价综合改革。完善化肥农药减量、有机肥替代化肥补贴政策。对畜禽水产禁养区关闭搬迁的养殖场，地方政府要给予合理补偿。落实沼气发电上网标杆电价和上网电量全额保障性收购政策，推动符合标准的生物天然气并入城镇燃气管网。鼓励各地将符合条件的施肥机械、水产机械纳入农机购置补贴范围，按规定申请开展植保无人飞机规范应用试点。鼓励地方政府对畜禽养殖废弃物资源化利用装备实行敞开补贴。三是完善用地用电等政策。适当提高规模养殖场粪污资源化利用和有机肥生产积造设施用地占比及规模上限。农村生活垃圾污水收运处理设施，以畜禽养殖废弃物、农作物秸秆为主要原料的规模化生物天然气工程、大型沼气工程、有机肥厂、集中处理中心等，其建设用地纳入土地利用总体规划，在年度用地计划中优先安排。落实畜禽养殖场（小区）污染防治设施运行、水产养殖绿色发展的农业用电政策。

（七）如何保障《指导意见》提出的目标任务得到有效落实?

为完成长江经济带农业农村面源污染治理的目标任务，《指导意见》提出了五个方面的保障措施。一是加强组织领导。健全农业农村面源污染防治工作机制，中央有关部门按照职责分工加强指导和督导检查，各省（市）对本行政区内的治理工作负总责，各市、县要建立工作台账和时间表，落实治理责任，实行挂图作战。二是强化考核督查。农业农村面源污染治理是长江经济带“三水共治”的重要组成部分，将作为沿江省市领导班子和领导干部综合考核评价的重要内容，由推动长江经济带发展领导小组办公室统一组织考核，考核结果报领导小组、国务院办公厅和中央组织部。将农业农村面源污染治理突出问题纳入中央生态环保督察范畴。三是提高监测监管能力。建立完善农业农村面源污染的监测和评价体系，加强对农村饮用水源地、一定规模以上的农村生活污水处理设施出水和畜禽规模养殖场排污口的监测。四是完善污染防治标准和法规体系。制定完善农业生产、农业面源污染监测和治理等标准及技术规范，严格执行《环境保护法》《水污染防治法》《畜禽规模养殖污染防治条例》，完善农业农村面源污染防治方面的法律法规，依法严肃查处违法违规行为。五是加强公众参与和社会监督。加强农业农村面源污染防治的科学普及和舆论宣传，将农业农村环境保护纳入村规民约，鼓励公众对污染农业农村环境的行为进行监督举报，完善农业农村面源污染防治信用约束机制。落实环保领域联合惩戒合作备忘录要求，依法依规对失信主体实施惩戒和限制等约束性措施。

（国家发改委微信公众号 2018 年 11 月 1 日）

挖掘中上游内需潜力　打破行政分割和市场壁垒

——官方解读长江经济带战略意义

《长江经济带发展规划纲要》近日正式印发。记者就长江经济带发展有关问题采访了推动长江经济带发展领导小组办公室负责人。

问：推动长江经济带发展的时代背景和战略意义是什么？

答：推动长江经济带发展，是党中央、国务院主动适应把握引领经济发展新常态，科学谋划中国经济新棋局，作出的既利当前又惠长远的重大决策部署，对于实现“两个一百年”奋斗目标和中华民族伟大复兴的中国梦，具有重大现实意义和深远历史意义。

2013 年 7 月，习近平总书记在武汉调研时指出，长江流域要加强合作，发挥内河航运作用，把全流域打造成黄金水道。2014 年 12 月，习近平总书记作出重要批示，强调长江通道是我国国土空间开发最重要的东西轴线，在区域发展总体格局中具有重要战略地位，建设长江经济带要坚持一盘棋思想，理顺体制机制，加强统筹协调，更好发挥长江黄金水道作用，为全国统筹发展提供新的支撑。2016 年 1 月，习近平总书记在重庆召开推动长江经济带发展座谈会并发表重要讲话，全面深刻阐述了长江经济带发展战略的重大意义、推进思路和重点任务。此后，习近平总书记又多次发表重要讲话，强调推动长江经济带发展必须走生态优先、绿色发展之路，涉及长江的一切经济活动都要以不破坏生态环境为前提，共抓大保护、不搞大开发，共同努力把长江经济带建成生态更优美、交通更顺畅、经济更协调、市场更统一、机制更科学的黄金经济带。李克强总理多次强调，让长江经济带这条“巨龙”舞得更好，关乎当前和长远发展的全局，要结合规划纲要制定，依靠改革创新，实现重点突破，保护好生态环境，将生态工程建设与航道建设、产业转移衔接起来，打造绿色生态廊道，下决心解决长江航运瓶颈问题，充分利用黄金水道航运能力，构筑综合立体交通走廊，带动中上游腹地发展，引导产业由东向西梯度转移，形成新的区域增长极，为中国经济持续健康发展提供有力支撑。张高丽副总理多次主持召开推动长江经济带发展工作会议、专题会议，扎实推进长江经济带发展各项工作。

推动长江经济带发展，有利于走出一条生态优先、绿色发展之路，让中华民族母亲河永葆生机活力，真正使黄金水道产生黄金效益；有利于挖掘中上游广阔腹地蕴含的巨大内需潜力，促进经济增长空间从沿海向沿江内陆拓展，形成上中下游优势互补、协作互动格局，缩小东中西部发展差距；有利于打破行政分割和市场壁垒，推动经济要素有序自由流动、资源高效配置、市场统一融合，促进区域经济协同发展；有利于优化沿江产业结构和城镇化布局，建设陆海双向对外开放新走廊，培育国际经济合作竞争新优势，促进经济提质增效升级。这对于实现“两个一百年”奋斗目标和中华民族伟大复兴的中国梦，具有重大现实意义和深远历史意义。长江经济带覆盖上海、江苏、浙江、安徽、江西、湖北、湖南、重庆、四川、云南、贵州等11省市，面积约205万平方公里，占全国的21%，人口和经济总量均超过全国的40%，生态地位重要、综合实力较强、发展潜力巨大。目前，长江经济带发展面临诸多亟待解决的困难和问题，主要是生态环境状况形势严峻、长江水道存在瓶颈制约、区域发展不平衡问题突出、产业转型升级任务艰巨、区域合作机制尚不健全等。

问：《规划纲要》已经印发实施，请简要说明一下编制过程和主要内容。

答：《规划纲要》是实施长江经济带发展战略的基本遵循。研究编制《规划纲要》的过程，实际上是逐步把思想认识统一到中央决策部署上来的过程，也是深入调研、反复论证、凝聚各方智慧和共识的过程。

为贯彻落实党中央、国务院决策部署，2014年12月底，领导小组办公室会同有关部门和沿江11省市，启动《规划纲要》研究编制工作。在研究起草过程中，深入学习贯彻党中央、国务院领导同志重要批示指示精神，认真落实《国务院关于依托黄金水道推动长江经济带发展的指导意见》，深入开展实地调研和专题研究论证，广泛听取各方面意见，提出了长江经济带发展的总体要求、定位布局、主要任务和保障措施。经反复研究和修改完善，并先后多次征求有关部门和沿江11省市意见，形成《规划纲要》稿。

2016年以来，习近平总书记先后主持召开中央财经领导小组会议、中央政治局常委会议和中央政治局会议，审议研究《规划纲要》并发表重要讲话，进一步明确了长江经济带发展必须坚持生态优先绿色发展的战略定位、推动长江经济带发展的理念、思路和方法。李克强总理主持召开国务院常务会议审议《规划纲要》，强调长江经济带发展要重点保护好生态环境，下决心解决航运瓶颈问题，推进产业有序转移。《规划纲要》起草过程中始终以生态优先、绿色发展为统领，把保护和修复长江生态环境摆在首要位置，在保护生态的条件下推进发展，实现经济发展与资源环境相适应。《规划纲要》从规划背景、总体要求、大力保护长江生态环境、加快构建综合立体交通走廊、创新驱动产业转型升级、积极推进新型城镇化、努力构建全方位开放新格局、创新区域协调发展体制机制、保障措施等方面描绘了长江经济带发展的宏伟蓝图，是推动长江经济带发展重大国家战略的纲领性文件，是当前和今后一个时期指导长江经济带发展工作的基本遵循，是凝聚各方面力量、推动形成长江经济带发展强大合力的行动指南。

问：推动长江经济带发展的总体要求是什么？

答：推动长江经济带发展是一项重大的国家战略，必须全面贯彻党的十八大和十八届三中、四中、五中全会精神，高举中国特色社会主义伟大旗帜，以邓小平理论、“三个代表”重要思想、科学发展观为指导，深入贯彻习近平总书记系列重要讲话精神，按照党中央、国务院战略部署，明确指导思想、基本原则、功能定位和发展目标。

推动长江经济带发展的指导思想是，按照“五位一体”总体布局和“四个全面”战略布局，牢固树立和贯彻落实创新、协调、绿色、开放、共享的发展理念，坚持生态优先、绿色发展，坚持一盘棋思想，理顺体制机制，加强统筹协调，处理好政府与市场、地区与地区、产业转移与生态保护的关系，加快推进供给侧结构性改革，更好发挥长江黄金水道综合效益，着力建设沿江绿色生态廊道，着力构建高质量综合立体交通走廊，着力优化沿江城镇和产业布局，着力推动长江上中下游协调发展，不断提高人民群众生活水平，共抓大保护，不搞大开发，努力形成生态更优美、交通更顺畅、经济更协调、市场更统一、机制更科学的黄金经济带，为全国统筹发展提供新的支撑。

推动长江经济带发展，要遵循5条基本原则。一是江湖和谐、生态文明。建立健全最严格的生态环境保护和水资源管理制度，强化长江全流域生态修复，尊重自然规律及河流演变规律，协调处理好江河湖泊、上中下游、干流支流等关系，保护和改善流域生态服务功能。在保护生态的条件下推进发展，实现经济发展与资源环境相适应，走出一条绿色低碳循环发展的道路。二是改革引领、创新驱动。坚持制度创新、科技创新，推动重点领域和关键环节改革先行先试。健全技术创新市场导向机制，增强市场主体创新能力，促进创新资源综合集成。建设统一开放、竞争有序的现代市场体系，不搞“政策洼地”，不搞“拉郎配”。三是通道支撑、协同发展。充分发挥各地区比较优势，以沿江综合立体交通走廊为支撑，推动各类要素跨区域有序自由流动和优化配置。建立区域联动合作机制，促进产业分工协作和有序转移，防止低水平重复建设。四是陆海统筹、双向开放。深化向东开放，加快向西开放，统筹沿海内陆开放，扩大沿边开放。更好推动“引进来”和“走出去”相结合，更好利用国际国内两个市场、两种资源，构建开放型经济新体制，形成全方位开放新格局。五是统筹规划、整体联动。着眼长远发展，做好顶层设计，加强规划引导，既要有“快思维”、也要有“慢思维”，既要做加法、也要做减法，统筹推进各地区各领域改革和发展。统筹好、引导好、发挥好沿江各地积极性，形成统分结合、整体联动的工作机制。

战略定位是科学有序推动长江经济带发展的重要前提和基本遵循。长江经济带横跨我国地理三大阶梯，资源、环境、交通、产业基础等发展条件差异较大，地区间发展差距明显。我们围绕生态优先、绿色发展的理念，依托长江黄金水道的独特作用，发挥上中下游地区的比较优势，用好海陆东西双向开放的区位资源，统筹江河湖泊丰富多样的生态要素，提出长江经济带的四大战略定位：生态文明建设的先行示范带、引领全国转型发展的创新驱动带、具有全球影响力的内河经济带、东中西互动合作的协调发展带。

推动长江经济带发展的目标是：到 2020 年，生态环境明显改善，水资源得到有效保护和合理利用，河湖、湿地生态功能基本恢复，水质优良（达到或优于Ⅲ类）比例达到 75% 以上，森林覆盖率达到 43%，生态环境保护体制机制进一步完善；长江黄金水道瓶颈制约有效疏畅、功能显著提升，基本建成衔接高效、安全便捷、绿色低碳的综合立体交通走廊；创新驱动取得重大进展，研究与试验发展经费投入强度达到 2.5% 以上，战略性新兴产业形成规模，培育形成一批世界级的企业和产业集群，参与国际竞争的能力显著增强；基本形成陆海统筹、双向开放，与“一带一路”建设深度融合的全方位对外开放新格局；发展的统筹度和整体性、协调性、可持续性进一步增强，基本建立以城市群为主体形态的城镇化战略格局，城镇化率达到 60% 以上，人民生活水平显著提升，现行标准下农村贫困人口实现脱贫；重点领域和关键环节改革取得重要进展，协调统一、运行高效的长江流域管理体制全面建立，统一开放的现代市场体系基本建立；经济发展质量和效益大幅提升，基本形成引领全国经济社会发展的战略支撑带。

到 2030 年，水环境和水生态质量全面改善，生态系统功能显著增强，水脉畅通、功能完备的长江全流域黄金水道全面建成，创新型现代产业体系全面建立，上中下游一体化发展格局全面形成，生态环境更加美好、经济发展更具活力、人民生活更加殷实，在全国经济社会发展中发挥更加重要的示范引领和战略支撑作用。

问：长江经济带涉及省份多，区域面积大，上中下游间经济社会发展很不平衡，请问长江经济带在空间布局上有何考虑？

答：空间布局是落实长江经济带功能定位及各项任务的载体，也是长江经济带规划的重点，经反复研究论证，形成了“生态优先、流域互动、集约发展”的思路，提出了“一轴、两翼、三极、多点”的格局。

“一轴”是指以长江黄金水道为依托，发挥上海、武汉、重庆的核心作用，以沿江主要城镇为节点，构建沿江绿色发展轴。突出生态环境保护，统筹推进综合立体交通走廊建设、产业和城镇布局优化、对内对外开放合作，引导人口经济要素向资源环境承载能力较强的地区集聚，推动经济由沿海溯江而上梯度发展，实现上中下游协调发展。

“两翼”是指发挥长江主轴线的辐射带动作用，向南北两侧腹地延伸拓展，提升南北两翼支撑力。南翼以沪瑞运输通道为依托，北翼以沪蓉运输通道为依托，促进交通互联互通，加强长江重要支流保护，增强省会城市、重要节点城市人口和产业集聚能力，夯实长江经济带的发展基础。

“三极”是指以长江三角洲城市群、长江中游城市群、成渝城市群为主体，发挥辐射带动作用，打造长江经济带三大增长极。长江三角洲城市群。充分发挥上海国际大都市龙头作用，提升南京、杭州、合肥都市区国际化水平，以建设世界级城市群为目标，在科技进步、制度创新、产业升级、绿色发展等方面发挥引领作用，加快形成国际竞争新优势。长江中游城市群。增强武汉、长沙、南昌中心城市功能，促进三大城市组团之间的资源优势互补、产业分工协作、城市互动合作，加强湖泊、湿地和耕地保护，提升城市群综合竞争力和对外开放水平。成渝城市群。提升重庆、成都中心城市功能和国际化水平，发挥双引擎带动和支撑作用，推进资源整合与一体发展，推进经济发展与生态环境相协调。

“多点”是指发挥三大城市群以外地级城市的支撑作用，以资源环境承载力为基础，不断完善城市功能，发展优势产业，建设特色城市，加强与中心城市的经济联系与互动，带动地区经济发展。

问：习近平总书记强调，推动长江经济带发展，必须坚持生态优先、绿色发展，把生态环境保护摆上优先地位。请问《规划纲要》是如何贯彻这一要求的？

答：长江拥有独特的生态系统，是我国重要的生态宝库。目前，沿江工业发展各自为政，沿岸重化工业高密度布局，环境污染隐患日趋增多。长江流域生态环境保护和经济发展的矛盾日益严重，发展的可持续性面临严峻挑战，再按照老路走下去必然是“山穷水尽”。习近平总书记对长江经济带发展多次明确指出，推动长江经济带发展，要从中华民族长远利益考虑，牢固树立和贯彻新发展理念，把修复长江生态环境摆在压倒性位置，在保护的前提下发展，实现经济发展与资源环境相适应。长江经济带发展的基本思路就是生态优先、绿色发展，而不是又鼓励新一轮的大干快上。这是长江经济带战略区别于其他战略的最重要的要求，是制定规划的出发点和立足点。

《规划纲要》明确提出，把保护和修复长江生态环境摆在首要位置，共抓大保护，不搞大开发，全面落实主体功能区规划，明确生态功能分区，划定生态保护红线、水资源开发利用红线和水功能区限制纳污红线，强化水质跨界断面考核，推动协同治理，严格保护一江清水，努力建成上中下游相协调、人与自然相和谐的绿色生态廊道。重点要做好四方面工作：一是保护和改善水环境，重点是严格治理工业污染、严格处置城镇污水垃圾、严格控制农业面源污染、严格防控船舶污染。二是保护和修复水生态，重点是妥善处理江河湖泊关系、强化水生生物多样性保护、加强沿江森林保护和生态修复。三是有效保护和合理利用水资源，重点是加强水源地特别是饮用水源地保护、优化水资源配置、建设节水型社会、建立健全防洪减灾体系。四是有序利用长江岸线资源，重点是合理划分岸线功能、有序利用岸线资源。

长江生态环境保护是一项系统工程，涉及面广，必须打破行政区划界限和壁垒，有效利用市场机制，更好发挥政府作用，加强环境污染联防联控，推动建立地区间、上下游生态补偿机制，加快形成生态环境联防联治、流域管理统筹协调的区域协调发展新机制。一是建立负面清单管理制度。按照全国主体功能区规划要求，建立生态环境硬约束机制，明确各地区环境容量，制定负面清单，强化日常监测和监管，严格落实党政领导干部生态环境损害责任追究问责制度。对不符合要求占用的岸线、河段、土地和布局的产业，必须无条件退出。二是加强环境污染联防联控。完善长江环境污染联防联控机制和预警应急体系，推行环境信息共享，建立健全跨部门、跨区域、跨流域突发环境事件应急响应机制。建立环评会商、联合执法、信息共享、预警应急的区域联动机制，研究建立生态修复、环境保护、绿色发展的指标体系。三是建立长江生态保护补偿机制。通过生态补偿机制等方式，激发沿江省市保护生态环境的内在动力。依托重点生态功能区开展生态补偿示范区建设，实行分类分级的补偿政策。按照“谁受益谁补偿”的原则，探索上中下游开发地区、受益地区与生态保护地区进行横向生态补偿。四是开展生态文明先行示范区建设。全面贯彻大力推进生态文明建设要求，以制度建设为核心任务、以可复制可推广为基本要求，全面推动资源节约、环境保护和生态治理工作，探索人与自然和谐发展有效模式。

问：在《规划纲要》主要任务中，对依托长江黄金水道建设综合立体交通走廊是如何考虑的，需要重点推进的工作有哪些？

答：交通运输体系是国民经济发展的重要基础，对区域经济社会发展具有重要的支撑和引领作用。《规划纲要》明确提出，加快交通基础设施互联互通，是推动长江经济带发展的先手棋。要着力推进长江水脉畅通，把长江全流域打造成黄金水道；统筹铁路、公路、航空、管道建设，率先建成网络化、标准化、智能化的综合立体交通走廊，进一步提高质量和效益，增强对长江经济带发展的战略支撑力。

一是提升黄金水道功能。全面推进干线航道系统化治理，重点解决下游“卡脖子”、中游“梗阻”、上游“瓶颈”问题，进一步提升干线航道通航能力。统筹推进支线航道建设，围绕解决支流“不畅”问题，有序推进航道整治和梯级渠化，形成与长江干线有机衔接的支线网络。加快推进船型标准化，加大相关资金投入力度，拓宽融资渠道，加快长江船型标准化步伐。坚持安全第一，提高客船安全标准，完善危险化学品船舶技术规则和运输管理。积极推广应用节能环保型船舶，加快淘汰低效率高污染老旧船舶。健全智能服务和安全保障系统，加快长江水运预防预控和应急救助能力建设，增强突发事件处置能力，加强国家船舶溢油应急设备库和溢油应急船舶建设。优化整合长江干线渡口渡线，加强渡运安全管理。

二是促进港口合理布局。强化港口分工协作，统筹港口规划布局，优先发展枢纽港口，积极发展重点港口，适度发展一般港口，严格控制港口码头无序建设。鼓励大型港航企业以资本为纽带，采用商业模式整合沿江港口和航运资源。发展现代航运服务，加快上海国际航运中心、武汉长江中游航运中心、重庆长江上游航运中心和南京区域性航运物流中心建设，积极培育高端航运服务业态，大力发展江海联运服务。加强集疏运体系建设，以航运中心和主要港口为重点，加快铁路、高等级公路等与重要港区的连接线建设，提升货物中转能力和效率，有效解决“最后一公里”问题，实现枢纽港与铁路、公路运输衔接互通。

三是完善综合交通网络。围绕建设长江大动脉，加快铁路建设步伐，优先实施消除铁路“卡脖子”工程，形成与黄金水道功能互补、衔接顺畅的快速大能力铁路通道。加快建设高等级广覆盖公路网，有效延伸黄金水道辐射范围。优化航线网络，提高主要城市间航班密度，培育和拓展国际运输航线，积极发展航空快递。深化低空空域管理改革，大力发展通用航空。统筹规划、合理布局油气管网，加快建设主干管道，配套建设输配体系和储备设施，提高原油、成品油管输比例。

四是大力发展联程联运。按照“零距离换乘、无缝化衔接”要求，加快建设全国性综合交通枢纽，有序发展区域性综合交通枢纽，提高综合交通运输体系的运行效率，增强对产业布局的引导和城镇发展的支撑作用。加快发展多式联运，鼓励发展铁水、公水、空铁等多式联运，增加集装箱和大宗散货铁水联运比重，提高公水、空铁联运效率，提升运输服务一体化水平。

问：在强化创新驱动产业转型升级方面，长江经济带发展有哪些考虑，提出了什么举措？

答：创新驱动是推动长江经济带产业转型升级的重要引擎。要牢牢把握全球新一轮科技革命和产业变革机遇，大力实施创新驱动发展战略，着力加强供给侧结构性改革，在改革创新和发展新动能上做“加法”、在淘汰落后过剩产能上做“减法”，加快推进产业转型升级，形成集聚度高、国际竞争力强的现代产业走廊。为此，《规划纲要》提出了一系列举措，主要有：

第一，要增强自主创新能力。一是打造创新示范高地，支持上海加快建设具有全球影响力的科技创新中心，推进全面创新改革试验，形成一批可复制、可推广的改革举措和重大政策。二是强化创新基础平台，加强长江经济带现有国家工程实验室、国家重点实验室、国家工程（技术）研究中心、国家级企业技术中心建设，支持建设国家地方联合创新平台，建立和完善一批创新成果转移转化中心、知识产权运营中心和产业专利联盟。三是集聚人才优势，国家各类人才计划结合长江经济带人才需求予以积极支持，吸引高层次人才创新创业。建立高水平人才双向流动机制，鼓励地方或企业对引进急需紧缺的高层次、高技能人才给予一定的薪酬补贴。四是强化企业技术创新能力，深入实施技术创新工程，整合优势创新资源，打造重点领域产业技术创新联盟，构建服务于区域特色优势产业发展的高水平创新链，开展重大产业关键共性技术、装备和标准的研发攻关。五是营造良好创新创业生态，大力推动大众创业、万众创新，为公众尤其是以大学生为主体的创新力量提供低成本、便利化、全要素的创新创业综合服务平台。完善技术成果转让中介服务体系，加强知识产权保护执法。

第二，要推进产业转型升级。一是推动传统产业整合升级，依托产业基础和龙头企业，整合各类开发区、产业园区，引导生产要素向更具竞争力的地区集聚。积极推动钢铁、石化、有色金属、建材、船舶等产业改造升级，推进去产能、去库存，坚决淘汰落后产能。二是打造产业集群，加快实施“中国制造 2025”，加强重大关键技术攻关、重大技术产业化和应用示范，联合打造电子信息、高端装备、汽车、家电、纺织服装等世界级制造业集群。三是加快推进农业现代化，推动多种形式适度规模经营，提升现代农业和特色农业发展水平，促进农村一二三产业融合发展，提高农业质量效益和竞争力。四是积极发展服务业，优先发展生产性服务业，提升研发设计、金融保险、节能环保、检验检测、电子商务、融资租赁、服务外包、商务咨询、售后服务、人力资源等服务业质量和水平。大力发展教育培训、文化体育、健康养老家政等生活性服务业，推动向精细和高品质转变。五是大力发展现代文化产业，支持现代传媒、数字出版、动漫游戏等文化产业加快发展，推动文化业态创新，促进文化与科技、信息、旅游、体育、金融等产业融合发展，打造一批有鲜明特色的长江文化基地。

第三，要打造核心竞争优势。一是培育和壮大战略性新兴产业，构建制造业创新体系，提升关键系统及装备研制能力，加快发展高端装备制造、新一代信息技术、节能环保、生物技术、新材料、新能源等战略性新兴产业。优化战略性新兴产业布局，加快区域特色产业基地建设。二是推进新一代信息基础设施建设，加快“宽带中国”战略实施，实施沿江城市宽带提速工程，持续推进城镇光纤到户和农村光纤入户，提升宽带用户网络普及水平和接入能力，加快 4G 移动宽带网络建设。三是促进信息化与产业融合发展，实施“互联网＋”行动计划，构建先进高端制造业体系，推进智慧城市建设，开展电子商务进农村综合示范试点。

第四，要引导产业有序转移。一是突出产业转移重点，下游地区积极引导资源加工型、劳动密集型产业和以内需为主的资金、技术密集型产业加快向中上游地区转移。中上游地区要立足当地资源环境承载能力，因地制宜承接相关产业，促进产业价值链的整体提升。严格禁止污染型产业、企业向中上游地区转移。二是建设承接产业转移平台。推进国家级承接产业转移示范区建设，促进产业集中布局、集聚发展。积极利用扶贫帮扶和对口支援等区域合作机制，建立产业转移合作平台。鼓励社会资本积极参与承接产业转移园区建设和管理。三是创新产业转移方式。积极探索多种形式的产业转移合作模式，鼓励上海、江苏、浙江到中上游地区共建产业园区，发展“飞地经济”，共同拓展市场和发展空间，实现利益共享。

问：长江经济带规划建设过程中，如何推进新型城镇化进程？

答：推进新型城镇化是长江经济带发展的重要任务之一，长江上中下游城镇化水平和质量差别很大，推进新型城镇化不能搞“一刀切”，而是要大中小结合、东中西联动。《规划纲要》围绕提高城镇化质量这个目标，提出了优化城镇化空间格局、推进农业转移人口市民化、加强新型城市建设、统筹城乡发展等重点内容。

第一，优化城镇化空间格局。一是要抓住城市群这个重点，以长江为地域纽带和集聚轴线，以长江三角洲城市群为龙头，以长江中游和成渝城市群为支撑，以黔中和滇中两个区域性城市群为补充，以沿江大中小城市和小城镇为依托，形成区域联动、结构合理、集约高效、绿色低碳的新型城镇化格局。二是要促进各类城市协调发展，发挥上海、武汉、重庆等超大城市和南京、杭州、成都等特大城市引领作用，发挥合肥、南昌、长沙、贵阳、昆明等大城市对地区发展的核心带动作用，加快发展中小城市和特色小城镇，培育一批基础条件好、发展潜力大的小城镇。三是要强化城市交通建设，加强城际铁路、市域（郊）铁路建设，形成与新型城镇化布局相匹配的城市群交通网络，实现城市群内中心城市之间、中心城市与周边城市之间 1—2 小时通达。按照公共交通优先的理念，加快发展城市轨道交通、快速公交等大容量公共交通，鼓励绿色出行。

第二，推进农业转移人口市民化。一是要拓宽进城落户渠道。一方面因地施策，根据上中下游城镇综合承载能力和发展潜力，促进有能力在城镇稳定就业和生活的农业转移人口举家进城落户；另一方面因城施策，实施差别化落户政策，超大城市和特大城市要建立完善积分落户制度，统筹推进外来人口落户和控制城市人口规模，其他城市要努力实现符合条件的农业转移人口自由落户。二是创新农业转移人口市民化模式。坚持异地城镇化与就地城镇化相结合，健全有利于人口合理流动的体制机制，统筹推进技术扩散、产业扩散、公共服务扩散、就业扩大四个同步，促进人口流动、产业转移。

第三，加强新型城市建设。一是要提升城市特色品质，将生态文明理念全面融入城市发展，合理确定城市功能布局和空间形态，促进城市发展与山脉水系相融合。推进人文城市建设，延续城市历史文脉，注重保护民族文化风格和传统风貌。二是要增强城市综合承载能力，增强城市经济、基础设施、公共服务和资源环境的承载能力，建设和谐宜居、充满活力的新型城市。三是要创新城市规划管理，统筹规划、建设、管理三大环节，合理确定城市规模、开发边界和开发强度，有效化解各种“城市病”，促进城市发展由规模扩张向内涵提升转变。控制特大城市人口和空间过度扩张，推动特大城市部分功能向周边疏解、产业向中上游转移。

第四，统筹城乡发展。一是要推进美丽乡村建设，加强农村道路、供水、垃圾、污水等设施建设和环境治理保护，做好乡村规划，突出建筑风格，体现特色、传承文化，扶持建设一批具有历史、地域、民族特点的特色旅游村镇。二是要加大扶贫开发力度，深入推进集中连片特困地区扶贫攻坚，加快交通、水利、能源等设施建设，加强生态保护和基本公共服务建设，扶持特色产业发展。以革命老区、原中央苏区为重点，加快老区开发建设步伐。加强跨区域扶贫协作，引导下游企业参与中上游贫困地区扶贫开发。三是要提高农村居民生活水平，实施积极的就业政策，鼓励以创业带就业，加强上中下游产业合作，创造更多就业岗位。推动公共服务供给方式多元化，大力改善农村公共服务条件，努力实现基本公共服务全覆盖。

问：如何构建长江经济带东西双向、海陆统筹的对外开放新格局？

答：要立足上中下游地区对外开放的不同基础和优势，因地制宜提升开放型经济发展水平。一是发挥上海及长江三角洲地区的引领作用。加快复制推广上海自贸试验区改革创新经验。将上海自贸试验区打造成服务贸易创新政策先行区。鼓励上海及长三角地区重点发展高端产业、高增值环节和总部经济，加快培育以技术、品牌、质量和服务为核心的竞争新优势，率先打造开放型经济升级版。推动长三角与中上游地区共同构建航运、加工贸易和金融合作链条。率先构建引领跨境电子商务和国际贸易发展的规则体系。二是将云南建设成为面向南亚东南亚的辐射中心。加快推进与周边基础设施互联互通及跨境运输便利化。以昆明为中心构建面向南亚东南亚的进出口集散网络，促进加工贸易、保税物流、跨境电子商务等业务发展。加快云南沿边金融综合改革试验区发展，推进相关重点开发开放试验区建设。三是加快内陆开放型经济高地建设。推动区域互动合作和产业集聚发展，打造重庆西部开发开放重要支撑和成都、武汉、长沙、南昌、合肥等内陆开放型经济高地。完善中上游口岸支点布局，支持在国际铁路货物运输沿线主要站点和重要内河港口合理设立直接办理货物进出境手续的查验场所，支持内陆航空口岸增开国际客货运航线、航班。

问：长江经济带在推进一体化市场体系建设方面有哪些想法和措施？

答：主要从以下三个方面着手建设和完善：一是统一市场准入制度。进一步简政放权，清理阻碍要素合理流动的地方性政策法规，清除市场壁垒，实施统一的市场准入制度和标准，推动劳动力、资本、技术等要素跨区域流动和优化配置。建立公平开放透明的市场规则，推动上海、重庆等地率先开展负面清单管理制度试点。加强市场监管合作，建立区域间市场准入和质量、资质互认制度。研究建立务实、高效的区域标准化协作机制。二是促进基础设施共建共享。统筹基础设施规划建设，加强省际之间沟通协调，做好设计方案、技术标准和建设时序衔接，打破区域分隔和行业垄断，逐步消除区域运输服务标准差距，构建统一开放有序的运输市场。加快物流体制改革，推进江海联运、铁水联运、公水联运有效衔接，大力发展直达运输，规范收费行为，降低物流成本。三是加快完善投融资体制。推动政府和社会资本合作（PPP）建设基础设施、公用事业等领域项目。鼓励地方研究设立长江经济带产业投资基金和创业投资基金，鼓励保险等资金进入具有稳定收益的投资领域。鼓励跨省区共同发起设立城际铁路、环境治理等投资基金，按照市场规则规范化运作。探索创新金融产品，鼓励开展融资租赁服务，支持长江船型标准化建设。

问：长江经济带区域发展不平衡问题突出，尤其地区间基本公共服务水平差距明显。如何通过长江经济带发展规划的实施，补齐短板，提升区域内基本公共服务整体水平？

答：推进基本公共服务合作发展，是长江经济带区域协调发展的重要内容。区域内基本公共服务合作发展的关键，在于创新体制机制。在基本公共服务的各个领域都应考虑创新合作协调发展的体制机制问题。《规划纲要》在这方面也有不少表述，主要精神体现在：一是加快教育合作发展。加快发展现代职业教育，适应上中下游劳动力转移流动的趋势，加强跨区域职业教育合作，建设一批跨区域职业教育集团。鼓励具备条件的普通本科高校向应用型转变。加强农民工职业技术培训，完善统一规范的劳动用工和跨区域培训教育等工作机制。加强高等教育跨区域合作，联合开展协同创新，联合推进学科建设。二是推进公共文化协同发展。加大跨地区公共文化资源整合力度，提升公共文化发展水平。弘扬长江流域特色文化，加强历史文化名城名镇名村、非物质文化遗产保护，改造设施落后的图书馆、艺术馆、博物馆等，推进数字图书馆、数字档案馆、数字博物馆等协同开发和共享。三是加强医疗卫生联动协作。鼓励医疗水平发达地区医院跨行政区划开办分院、合作办医。发展互联网远程医疗和各具特色的健康服务产业。建立跨区域双向转诊和同级医疗机构检查结果互认制度。建立区域互联互通的医疗卫生信息平台。通过合作共建、对口支援、远程医疗等措施，提升基层、贫困地区医疗卫生服务能力和水平。强化对传染病、慢性病、寄生虫病、地方病、职业病和出生缺陷等疾病的联检、联防、联控，加强计划生育服务与管理协作。深化医药卫生体制改革，发挥江苏、安徽试点省作用，促进地区间经验借鉴和分享。四是完善区域社会保障体系。加大基本养老保险、基本医疗保险等社会保险关系转移接续政策的落实力度。采取积极措施，实现养老保险在省市、地区间的顺畅衔接。完善基本医疗保险管理措施，推进区域医疗服务有效衔接和医保跨省结算。

建立社会保险参保信息共享机制。

问：下一步，将采取哪些措施，确保《规划纲要》确定的各项任务落到实处？

答：推动长江经济带发展是一项宏大的系统工程，各有关省市和部门要强化责任，积极作为，搞好配合，狠抓落实，切实把长江保护好利用好，把长江经济带建设好发展好，确保各项任务落到实处。

一是加强组织领导。推动长江经济带发展领导小组统一指导和统筹协调长江经济带发展战略实施，协调跨地区跨部门重大事项，督促检查重要工作的落实情况。沿江11省市是推动长江经济带发展的主体，要切实加强领导，完善工作机制，找准战略定位，抓好各项任务的落实。各有关部门要发挥指导和协调作用，按照职能分工，制定配套政策，完善相关规章，及时帮助解决工作中存在的问题。

二是做好规划衔接。依据《规划纲要》，加快制定生态环境保护、岸线资源利用等专项规划，沿江11省市制定本地区的实施规划，经领导小组审议后实施。现有涉及沿江地区发展的各类区域规划和行业规划要做好与本规划纲要的衔接，对不符合要求的相关内容及时进行修改调整。

三是推动重点工作。领导小组办公室会同沿江11省市和有关部门，抓紧制定重点任务三年滚动计划，研究提出各领域具体任务，协调推进重点任务落实。按照“成熟一项、推出一项”的原则，每年开工建设一批事关长江经济带发展的重大项目，率先在保护沿江生态环境、发挥黄金水道优势、促进产业有序转移等重点领域取得突破性进展。

四是统筹加强流域管理。切实做好流域统筹协调、相互配合、部分职能和任务整合等工作，加强水资源、水环境、岸线、航运等方面的监督管理，加大执法力度，严厉查处违法排污、岸线乱占、“黑码头”、非法采砂等问题。研究论证并尽早提出长江流域统一监督管理新体制。

五是强化法律保障。深入贯彻全面依法治国战略部署，建立健全长江经济带生态环境保护法律体系，规范和约束各类利用自然资源的行为，使长江生态环境保护有更严格的法律保障。

六是抓好督查评估。领导小组办公室会同有关部门定期对重大事项和重点工程进行动态跟踪，对规划目标开展监测分析，及时总结规划实施情况。对规划实施情况进行科学客观评估，提出规划实施情况的意见建议。

七是加强宣传引导。深入宣传生态优先、绿色发展理念，全面解读战略定位和重点任务，合理引导社会预期。尊重基层首创精神，总结推广各地好经验、好做法。充分调动广大群众的积极性、主动性和创造性，群策群力、共建共享，共同推动长江经济带发展。

（新华网 2016 年 9 月 11 日）

国家发改委宏观经济研究院副院长解读《长江经济带发展规划纲要》

杨 楠

2014年9月，国务院发布了《关于依托黄金水道推动长江经济带发展的指导意见》，有关长江经济带的区域经济规划和发展战略得以正式确立；2016年3月25日，中共中央政治局召开会议审议通过了《长江经济带发展规划纲要》，《纲要》现已正式印发。长江经济带再次成为经济界的一个热点话题。

《纲要》有哪些重要内容？规划中的经济带发展蓝图是怎样的？国家发改委宏观经济研究院副院长吴晓华对《纲要》进行了解读。

中国网：我们首先从概念入手。长江一直在那里，长江流域的人口和经济在全国占重要地位也一直是个事实，那么提出“长江经济带”这样一个概念和战略，它的目的何在？在您这样参与制定和研究规划的专家心目中，所谓的“长江经济带”应该是个什么样子？需要有哪些重要元素才能成为一个真正的“带”呢？

吴晓华：通过对长江经济带的研究，我们感觉到，长江经济带首先是三个带。

第一，它是一条自然生态带。西起喜马拉雅山，向东汇入东海，沿途6000多公里，其中能行船的干线达到2800多公里，横穿中国东中西三大地带，辐射连接中国的南北方。整个区域面积在205万平方公里，占全国的20%左右，九省两市加起来，11个省市，人口比例在全国占41%～42%左右的份额。它是个自然生态屏障。

第二，它是一条经济之带。大家知道，沿江是条产业密集带，也是城镇密集带、人口密集带，它的经济总量占到全国的40%以上，2015年大概42%左右。我们很多的重化工产业、电子信息产业、装备制造产业都集中在长江流域，更主要的沿江下游有个发达的以上海为龙头的长江三角洲就在长江经济带上，所以，它是一条经济带。

第三，它是一条文化之带。长江是中华民族的“母亲河”，中华民族发源于长江，也是中华民族发展的支撑带，几千年来从上游到下游一直形成各具特色的长江文化，长江文化底蕴非常深厚。所以，我们在规划里也充分考虑到文化长江的问题。

从生态、经济、文化三个角度，看到长江形成这样的格局。以后要制定什么样的发展蓝图，打造什么样的长江经济带呢？《纲要》提出了五个方面。

第一，生态更优美，要把生态长江做好。

第二，交通更顺畅，长江有 2800 公里的主航道，一定要发挥长江的黄金水道作用，让它更顺畅。

第三，经济更协调，把长江上中下游产业更好地协调、分工发展起来，还有左右岸、干支流问题，让产业联合协同起来，让经济更协调。

第四，市场更统一，就是要打破地区和行政的分割，在长江经济带率先形成全国统一的大市场。

第五，机制更科学，无论从区域管理体制，还是产业发展机制、生态环境治理方面，要形成适合市场在资源中起决定性作用和更好发挥政府作用这样社会主义市场经济体制的总要求的区域发展联动机制。

总的来说，我们要打造一个生态更优美、交通更顺畅、经济更协调、市场更统一、机制更科学的黄金发展带。大概的蓝图就是这样。

中国网：《纲要》也提出了总体要求和空间布局上的安排，请您给大家介绍一下。

吴晓华：《长江经济带发展规划纲要》的总体要求一句话：“生态优先，绿色发展；共抓大保护，不搞大开发”。当然，我们还要按照全国发展的一般性要求，要适应中国经济进入新常态的特点，要以供给则结构性改革为主线，全面贯彻“五大”新的发展理念——创新、协调、绿色、开放、共享这样的发展理念，做好加减法，就是在改革创新和发展新动能上做好加法，在淘汰落后过剩产能上做好减法，使长江经济带的资源配置更有效率，使长江经济发展得更有活力。这是总体要求。空间布局上，规划主要提出来四个层面的规划布局：一轴、两带、三极、多点。

一轴，长江经济主航道主带2800多公里，主要依靠沿江主要城市把它串起来。所以，长江实际是个“珍珠带”，一连串优秀大中型城市在沿江布局。把这个主带发展好，依靠黄金水道的作用把它串起来。

两翼，就是长江的南翼和北翼。南翼主要是沪瑞运输通道，就是上海到瑞丽的交通大通道，现在沪昆（上海—昆明）高铁已经开通，准备下一步延伸到瑞丽。北翼主要是沪蓉（上海成都）运输通道，准备在长江的北翼、北岸再规划一条长江运输大通道，通过这条大通道把北翼发展起来。现在长江经济带存在的一个问题，南边发展比较快，北翼发展比较慢一点；南边比较发达，北边落后一点，南翼现在的通道好一点，北翼落后一点。下一步的重点是把北翼打通，实现两翼发展。

三极，主要是以上海为中心的长江三角洲城市群，以武汉为中心的长江中游城市群，以成都、重庆为中心的长江上游的成渝城市群，把这三个重点城市群发展好，成为长江经济带增长极。

多点，除了以上，还有100多个地级市和中小城市，把整个长江经济带2500公里布局好，当然还有产业布局、生态环境布局等专项布局要做好。

中国网：您刚才提到产业布局问题，就不得不说到优化产业布局的问题。目前长江经济带目前的产业布局是怎样的？存在哪些问题？又该如何改进？特别克服产业同质化、产业升级方面，《纲要》提出了哪些具体措施？

吴晓华：长江经济带覆盖中国东中西部三个地区，经济总量已经占了40%以上。所以，长江经济产业带发展现状实际是中国经济发展现状的缩影，它存在的很多问题在全国层面上都有普遍性。

第一，现在中国所有的主要产业在长江经济带上都有布局。但重点是电子信息产业、装备制造产业、家电、汽车和纺织服装产业，这五大产业也是中国现在要打造的世界级产业集群，主要分布在沿江地区。

第二，沿江地区重点产业和一些新兴战略性产业也主要布局在长江沿线，这些产业发展起来对中国经济将形成重大的支撑作用。

但长江经济带布局也存在一些问题，主要是同质化问题、产业低端化问题。所以，下一步长江经济带面临的就是克服同质化，怎样转型升级的问题。

长江经济带产业转型升级需要做的事很多。

第一，我们要把产业做好整合，要把所有的产业集中到各类开发园区里，特别是沿江这几十个国家级经济技术开发区，高新技术开发区和各个省内的工业园区，把企业往园区集中，要集聚发展。

第二，我们要打造一些创新平台，要利用上海张江高新技术开发区等一系列国家级创新区、自主创新示范区带动沿江产业从低端向中高端发展。

第三，做好产业的转移。之所以把它提到这样的高度，希望下游长三角地区的发展带动中上游、中西部地区的发展，这也是中国下一步经济发展的希望、潜力所在。长江经济带开发强度已经很高了，但还有庞大的中西部地区，这些地方的发展还有不足。通过我们这样的产业转移带动中上游地区发展，保持中国经济继续中高速增长，迈向中高端水平。

中国网：产业转移是当中非常重要的一个问题，我们也知道，长江沿岸经济发展水平是从东到西递减的趋势。那么想请问《纲要》对于产业转移是怎么样规划的，转移什么？怎么样来转移呢？

吴晓华：产业转移是我们发展长江经济带的一个重要任务，到底转移哪些产业？从哪儿向哪儿转？转移主要是三大类产业，即资源密集型产业、劳动密集型产业、以技术为主的资金密集型产业，包括纺织、服装、钢铁、电子、石化等，通过我们有序引导不断从下游往上游、中游转移。中国产业转移很大的背景是，现在长三角很多企业特别是外商投资企业都直接往东南亚转移，实际我们在研究这个问题过程中也发现一个世界经济的一般规律。一般世界经济是从沿江、沿海开始发展的，然后通过大江大河和内陆交通干线顺江而上，这是梯度发展理论。

这次《长江经济带发展规划纲要》要很好地把梯度发展用好，推动产业由下游往中游、上游不断地梯级转移。当然，也可以蛙跳式转移，也有从下游直接往上游转移的，产业转移的形态是多样的，我们在这方面做了粗略的规划，因为产业转移本质上是市场行为。所以，一定要注重产业转移中的基本原则。

第一，要发挥好市场力量，在这个基础上得搞好政府的引导作用。

第二，要注意不搞“拉郎配”和“政策洼地”。所谓拉郎配就是强行从这个企业转移到那个企业，现实证明这是一个不成功的模式，不成功的做法；也不能搞政策洼地，好像给哪块新的优惠政策来吸引下游的产业到哪儿去，这样破坏了市场经济公平竞争的原则。所以，既然我们要让市场起决定性作用，这两点就要特别注意。

如何做好产业转移？

第一，要打造好转移的平台。现在我们也在皖江产业转移示范区陆续建立了6个国家级产业转移示范平台，还有丹江口库区、三峡库区这样对口帮扶的一些产业平台，“2+6”产业转移平台，把这些平台集中精力建设好、规划好、发展好，使产业转移更加有序。

第二，要创新产业转移的方式。要鼓励下游的开发区直接到中上游地区建立开发区，发展所谓的“飞地经济”，通过下游的资金、技术管理直接带动中上游发展，帮助中上游地区办好产业园区，带动双方的共同发展。

第三，要严格转移标准。产业转移过程中不能搞污染转移，不能搞低水平的重复建设，不能加剧环境风险的存在。

所以，做好产业转移大方向就要做好这三方面的工作。

中国网：长江经济带中各省市的经济社会发展水平差异是很大的，如果让这11个省市在一起合作，就好像几个大人和几个小孩还有几个老人在一起合力做事，应该说困难不小。那么，在推动各地合作、协调发展方面，需要把握哪些原则或规律呢？

吴晓华：区域协调发展是《长江经济带规划发展纲要》要解决的重要问题。长江经济带现在无论在产业、社会发展、公共服务上都很分散，标准也不统一，没发挥好1+1>2的总体效益。在规划过程中也是注重塑造上中下游、左右岸、干支流的发展模式。发展的层级差是很大的，现在上游人均GDP只是下游的40%，中游是下游的50%、60%。

我们如何下好经济发展、产业布局这盘大棋？要发挥各个方面的积极性，中央层面要发挥好统筹协调的作用。国家层面上成立了长江经济带领导小组，成立了领导小组办公室，专门负责解决长江经济带发展中的重大战略问题，包括重大项目、重大工程以及重大的年度计划。长江经济带自然形成了下游、中游、上游。下游以上海为中心，中游以武汉为中心，上游以成都与重庆为中心，把上中下游三个区域的层面建立好协调机制。

长江下游机制协调得挺好，中游武汉、长沙等省会城市为中心也建立了协调机制，以成都与重庆为中心的上游也建立了协调机制，这样区域层面的协调也在搞，协调得很好。长江 11 个省市是长江经济带发展主体，这是很明确的，要调动好沿江城市共抓大保护、不搞大开发外在的约束机制和内在的激励机制。

中国网：长江经济带中的长江，并不只是一个地理概念，它还有个重要功能，就是水运通道，俗称“大动脉”。但是在公路、高铁运输越来越发达的今天，长江的水运功能还有多大作用呢？我们想知道长江的运输功能在整个流域地区占多大比重？

吴晓华：很多网友和读者也都怀疑，为什么在国家高速铁路网、高速公路、飞机航空快速发展的今天我们再次强调了长江的水运功能，发挥黄金水道作用呢？这主要是因为水运的特点，水运的运量大，运价低，排放低，是个绿色的运输方式。这样三个特点决定了水运在中国综合运输体系中仍然占有重要地位，尤其是沿江。长江经济带长江干道运输量每年在 22 亿吨左右，长江经济带的运输量占全国运输量的 40%。长江经济带这 40% 的运量中 60% 通过水运实现的。所以，在长江经济带，水运是第一个运输方式的选择，很多东西我们希望通过水运来解决。长江这样一个 2800 公里能通航的河流，在一个国家境内只有中国有，所以我们称它为“黄金水道”，水运的地位提得很高。这次在长江经济带规划里首先要解决好长江的水运问题，就是提升长江黄金水道的功能，使它的运量更大，运价更低，运输能更持续地发展、绿色地发展下去。

中国网：长江的水运功能受到了多方面的制约，想请您给大家介绍一下，具体是哪些制约因素？并且这次《规划纲要》当中对于消除这些因素，依托长江水运发展综合运输体系又提出了什么样的新举措呢？

吴晓华：长江水运它还有巨大的潜能发挥，现在受到制约的因素很多，目前归纳起来，第一就是航道受影响。就是下游现在是“卡脖子”，下游航道仍然不够深，大船进不了南京；中游是个肠梗阻，武汉荆江河段这块是个肠梗阻；上游是个瓶颈，上游航道的等级更低。整个长江高等级航道通过线只有10%左右。下一步要全面地提升下游、中游、上游的航道水平标准。所以，我们这个规划纲要提出要达到1.2万公里高等级航道，就是要把航道打通，就是血脉要打通，要把血管做宽、做深。问题也是它的任务，我们要把航道整治好。

第二，建设好港口和码头。现在我们的港口和码头运输不畅，一是码头的重复建设、无序建设也很严重。下一步要把码头、港口的规划建设好。二是重点港口要打造航运中心，以上海为中心的长江下游国际航运中心，以武汉港为中心的长江中游航运中心，以重庆港为中心的长江上游航运中心，以南京港为中心的区域性航运物流枢纽中心。长江的特点是江海连运，更要搞好。所以，我们还要搞好长三角的江海联运工程——江苏的通州湾江海联运功能，打造一个“3+1+2”港口运输体系，通过港口吞吐能力提高整个长江经济带的运输能力。

第三，要把岸线组织规划好。现在岸线无序开发得很厉害，我们要做好长江岸线资源的保护利用专项规划，提高长江水运能力；还有船的问题，现在船型很杂，规模偏小，船体的污染排放也偏重。所以，下一步我们要做好船型的标准规划工作。要重点研发和推广两个船型：一是三峡船型，现在长江三峡固坝能力严重不够，也是个卡脖子的工程，解决长江三峡卡脖子的重要工程是推行三峡船型，让船型标准化；二是江海直达船型，让海船直接能进长江，江船能直接进海，这样就减少运输的环节。

通过这一系列工程，提高整个长江的水运功能，也使长江真正发挥出黄金水道效应。

中国网：这是长江的水运功能。其实长江还有另外一个很重要的功能就是水利。当然，长江也会导致水灾，在科学用水和防治水灾方面，《纲要》是怎样规划的呢？

吴晓华：这个问题提得非常好。2016 年 6、7 月份，大家都知道，长江中下游地区出现了特大洪涝灾害，很多地方受灾很严重。前段时间我还专门去长江中部三个省区做了灾后重建的有关调研工作，也切身感受到长江水利问题在长江经济带发展中非常重要的位置。

长江水利的问题实际相当于水资源的合理调配问题。首先，我们要搞好长江水资源的合理调配，长江现在之所以出现这些问题，很大的问题是现在江湖关系紧张。所以，江湖之人要谋江湖之事。

第一，江湖中的各类湖——洞庭湖、鄱阳湖，还有库，三峡库区和上游各类库区，江和库的关系紧张是造成现在长江水利水害转化的一个重要因素。我们要增强水资源的综合调配能力，水库群的综合调度，加强水资源的管理。

第二，要恢复长江水资源的涵养能力，就是要搞好长江的湿地保护。长江沿岸很多湖泊消失了，湖泊消失的同时，洪水的调节能力就减弱了。所以，一定要搞好生态修复功能，把湿地修复好。

第三，要搞好一些重大的水利工程，通过工程来调水，把水利作用发挥更大，水灾降得更低，《纲要》做了一系列的重大项目布局和规划。随着《纲要》提出的这些重大项目、工程的实施，长江水利作用会进一步发挥出来，长江的水害会越来越小。

中国网：其实在《纲要》发布之后，很多媒体都将报道的焦点集中在环境保护这块，认为《纲要》是将环境保护置于压倒性的位置，您如何看待这一点？您认为，长江经济带在环境当中有着怎么样的特殊性呢？

吴晓华：长江经济带的生态保护问题这次提到一个压倒性的位置，也就是说这个《纲要》把它作为第一任务提出来，而且明确提出把长江经济带打造成生态文明建设的先行示范区，战略定位上把它定为生态文明的先行示范区，把生态地位提升到前所未有的高度。我认为，这也是非常有现实针对性的，也适应我们国家现在的一些战略发展的需要。

如何做好长江生态保护、绿色发展问题？现在全国都需要绿色发展，都需要环境保护，具体到长江经济带，我们感觉到，也是《纲要》里强调的，首先要做好水的文章，保护好母亲河，一江清水永续发展下去。如何保护好一江清水，就要做好“三水”文章：水污染的治理，水生态的修复，水资源的保护。

长江经济带现在遇到的首要问题，在水的问题上就是水污染严重。《纲要》强调，重点把水污染治理好。第一，水污染治理好现在重要的问题是要治理好长江的工业污染问题，沿江工业排放要全部实行更高标准的达标排放。这要加强环境执法。

第二，农业的面源污染。长江经济带沿江地区也是我国农业高度发展的地区，这个地区农药化肥使用量也是很大的。经常会感觉到长江经济带水体恶化、蓝藻暴发问题，这都和水体的富氧化程度提高有关系，化肥、农药直接进入水体的太多。所以，要下大力气加大农业面源污染治理的投入。

第三，沿江的生活污水排放治理问题，《纲要》提出一个非常硬的指标是到2020年，沿江城镇生活污水和垃圾要全收集、全处理，不能直接排到江里、湖里去。通过这样的水污染综合治理，首先把这个环境恶化的趋势给遏制住。

更主要的是通过水生态的修复。发挥水利一定要把长江沿江湿地功能发挥好，森林资源恢复好，沿江绿化工作要做好，还要保护沿江的生物多样性。长江经济带现在生物物种减少得厉害。所以，长江经济带生物物种多样性要提到极高的高度来重视和保护好。

总的来说，我们要把岸线按照生产功能、生活功能、生态功能来更好地做好布局和规划，使岸线更好地发挥它的生态功能、水源涵养功能、固碳排氧的功能，这样的水污染防治工作要做好。这是第一位的。

第二位是水生态的恢复问题。

第三位是水资源的保护。我们实行严格的水资源保护，首先是长江饮用水水资源保护问题，一定要让沿江人民放心地喝上干净的水，满足人民的基本需求。我们在长江经济带建设中一定要以这个为重要抓手，做好长江经济带环境治理工作。

中国网：污染防治就是环境保护当中非常重要的一个部分。我们也知道，长江流经11个省市，污染物很容易随着水体从一个地方流到另外一个地方，出现上游污染下游受害的情况，所以，污染防治也会面临特别多的困难。与此同时，我们又知道，其实水污染的防治涉及环保、农业、水利、交通等多个部门，协调起来是非常困难的。那么在污染防治和生态建设方面应该如何理顺各地与各部门的关系，做好区域联动，形成合力呢？

吴晓华：现在体制不顺是造成长江污染严重的一个重要原因，我们不但要在工程上治污，更要在体制改革上治污。体制改革一是要协调中央与地方的关系，二是要协调中央与各个部门之间的关系，三是要协调地方与地方之间的关系。

关于中央与地方的关系，现在一定要把责任明确到地方，地方现在是长江经济带保护的主体责任，一定要落实这个问题。

关于中央与部门的关系，现在是“九龙治江”，环境保护部、水利部、农业部、交通运输部在长江环境保护上、水污染治理上都有相应的职责。要进一步把中央这几个部门整合好，功能要归集好，《纲要》强调要建立好协调机制。

关于地方与地方的关系，地方一定要严格环境问责，一定要完成好这个主体责任。地方层面就是上中下游的问题、左右岸的问题、干支流的问题。现在长江上干流的水体质量好于支流，长江很大的问题是支流污染，支流污染很大程度上是偷排放造成的，不达标排放造成的。所以，下一步的关键是环境的严格执法。当然，我们还要搞好污染防治地区和污染产生地区、污染受益地区的利益分配，就是生态补偿机制的建立。

生态补偿机制的建立，一是中央和地方纵向的生态补偿机制；二是地方与地方之间横向的生态补偿机制。通过两个生态补偿机制来激发地方保护环境的积极性。还要通过市场化手段，通过“水污染防治基金”来支持引导地方重视环境保护工作。还要通过一些 PPP 工程，政府与私营企业更好地合作，建设好一些环境污染防治的重大工程。通过多种手段集聚各方力量，特别是发挥好政府的力量和市场的力量，共同把长江污染防治这篇大文章做好，目的就是保护好一江清水。

中国网：其实不仅是上中下游的污染程度不同，长江流域人口密集，上中下游城镇化水平和质量也是差别很大的。《纲要》在推进新型城镇化进程的问题上做了怎样的安排呢？

吴晓华：长江经济带城市化水平其实是落后于全国城市化水平的，主要是因为上游水平比较低，下游水平高，差别比较大。总体来说，城镇人口现在占全国40% 以上，总人口也很大。

长江经济带沿江地区怎么做好城镇化，尤其是新型城镇化？我们认为，第一个任务是要发挥好城市群的作用，要以城市群为主体形态推进城市化，在长江经济带形成大中小城市协同发展的城市化格局。在城市群形态中，《纲要》里把长江经济带规划成“三大两小”城市群。“三大”城市群就是沿江三极——长三角城市群、长江中游城市群和长江上游成渝城市群；“两小”就是贵州黔中城市群和昆明滇中城市群。这样“三大两小”城市群形态整体推进长江经济带的发展。

第二个任务，要落实好农民工的市民化问题，就是农业人口转移的市民化，一定要把财政转移资金和建立用地指标、各地接纳农民工市民化数量结合起来，要通过户籍制度改革、财政预算体制改革等一系列体制改革，包括土地管理制度的改革，做好农民工市民化这篇文章。要做好城市群内交通方式、公共服务方式，因为城市群的半径越来越大了，要搞好城市群内部公共服务一体化的问题。

第三个任务，要做好三大城市群之间的关系。要做好三大城市群之间的内在联系，要通过沿江高铁的建设、沿江航空线路的布局，来使沿江三个城市群的联系更加密切起来。

当然，我们还要通过公共服务的一体化推动沿江城市群的一体化。

中国网：现在我们看到规划是已经做好了，怎么样把《规划纲要》确定的各项任务落到实处，中央是否提出了一些办法和具体的规定呢？

吴晓华：规划得再好，关键在于落实。中央领导强调一分部署，九分落实。如何落实好这个规划非常关键。在落实好《纲要》过程中也需要做很多工作。

第一，要加强组织领导工作。在中央层面已经成立了推动长江经济带发展领导小组，在国家发改委也成立了领导小组办公室。要把领导小组及其办公室运行机制建立得更加完善一点，领导小组及其办公室要及时处理好、部署好长江经济带发展的重大问题、重大工程、重大项目。我们还要制订年度发展计划，加强统筹协调能力。当然，沿江包括中游地区、下游地区也要建立协调机制，区域层面协调机制也要建立起来，这样在领导层面、组织层面把这个工作做好。

第二，要突出抓好重点工作，每年年度工作重点，三年工作重点现在都要明确，各个部门要做什么，地方各个省市要做什么，根据《纲要》把任务逐个分解，让各个地方和部门承担落实主体责任。

第三，依法治江。现在提出全面“依法治国”，长江经济带发展也必须体现全国依法治江、依法执政的思想。主要需要解决好三个层面问题，《纲要》提出：一是要制订新的法律，抓紧制订长江保护法，这是新的法律，也是当务之急，现在抓紧调研长江保护法研究制订工作，尽快把长江保护法提交到全国人大讨论。二是修改法，当务之急是修改水法和航道法，这两个法很多地方已经不适应长江经济带协调发展的需要，实践中暴露出很多问题。所以，要应时而动、应势而动，把这两个法修改好。三是还要执行好环境保护法、水污染防治法、森林法的一系列和长江相关的法律，共同依法治江，覆盖整个长江经济带。

第四，要搞好督察评估。长江经济带领导小组办公室每年要对长江经济带推动情况进行总结评估，还要搞中期考核，落实责任，体现明确的结果导向。长江经济带建设要早出成效，多出成效，使这个《纲要》能真正在中国全面建设小康社会过程中和中华民族伟大复兴过程中发挥应有的作用。

（中国网 2016年9月30日）

读懂长江经济带背后的“美丽中国”

吴澄秋

在中国的经济版图上，存在两大经济带——沿海经济带与长江经济带。在改革开放四十年的历程中，沿海经济带在其启动阶段是中央的决策重心所在，而十八大以来，当改革进入攻坚期和深水区，长江经济带越来越占据重要位置，推动长江经济带发展成为中国的重大战略。2013 年 7 月，习近平总书记在湖北调研时指出，长江流域要加强合作，把全流域打造成黄金水道。2014 年 9 月，国务院发布《关于依托黄金水道推动长江经济带发展的指导意见》。2016 年 1 月 5 日，习近平总书记在于重庆召开的推动长江经济带发展座谈会上强调，推动长江经济带发展必须“走生态优先、绿色发展之路”，“要把修复长江生态环境摆在压倒性位置，共抓大保护，不搞大开发”。十九大以来，当中国特色社会主义进入新时代，长江经济带发展战略在中国的发展战略布局中重要性进一步提升。2018 年 4 月 26 日，习近平总书记在于武汉召开的深入推动长江经济带发展座谈会上发表了重要讲话，他指出，“推动长江经济带发展是党中央作出的重大决策，是关系国家发展全局的重大战略。”本文试图梳理在该讲话中习近平总书记对长江经济带生态文明建设的具体要求，以及这些要求体现出的生态文明思想。

在讲话中，习近平总书记先是强调要“全面把握长江经济带发展的形势和任务”，在肯定成绩的同时指出，“对长江经济带发展战略仍存在一些片面认识”（例如，有的人认为共抓大保护、不搞大开发就是不发展了，而有的人则仍然受到先污染后治理、先破坏后修复的旧观念影响），“生态环境形势依然严峻”，“生态环境协同保护体制机制亟待建立健全”，“流域发展不平衡不协调问题突出”，“有关方面主观能动性有待提高”。然后，习近平总书记指出，在“我国经济已由高速增长阶段转向高质量发展阶段”的新形势下，“推动长江经济带发展，关键是要正确把握整体推进和重点突破、生态环境保护和经济发展、总体谋划和久久为功、破除旧动能和培育新动能、自身发展和协同发展等关系”。最后，习近平总书记强调，要“加大推动长江经济带发展的工作力度”，特别是要“加强组织领导”、“调动各方力量”、“强化体制机制”、“激发内生动力”等。

习近平总书记的这样一个在细致全面的考察与调研的基础上作的重要讲话对长江经济带生态文明建设提出了一系列要求。在发展理念上，要求“辩证看待经济发展和生态环境保护的关系”，在抓生态环境保护上要有主动性和创造性。在行动路径上，要求健全生态环境协同保护体制机制，健全统分结合、整体联动的工作机制，建设市场化、多元化的生态补偿机制，建立生态环境硬约束机制，强化长江保护法治进程。在行动力度上，要求增大长江经济带生态环境保护的资金规模、强化资金安排的统筹程度，提高效率，调动地方投入的积极性，提升政策性金融和开发性金融机构的支持力度，调动企业与社会资本的参与积极性，强化干部与人才方面的支持等。在行动方法上，从生态系统整体性出发，要求整体推进与重点突破相统一；要求整体规划与久久为功相统一，“一张蓝图干到底”；要求破旧与培新相统一，推动发展动力转换；要求从长江流域系统性出发，努力实现区域协调发展“一盘棋”；要求强化责任，“把生态环境破坏的外部成本内部化，激励和倒逼企业自发推动转型升级”等。

以上梳理的对长江经济带生态文明建设的具体要求体现了习近平一以贯之的有关生态文明建设的思想，特别是以下几点。

第一，“绿水青山就是金山银山”。2005 年 8 月 15 日，时任浙江省委书记的习近平在浙江安吉余村调研时首次提出“绿水青山就是金山银山”的思想。其后，他在《浙江日报》“之江新语”栏目中发表短评，指出，“生态环境优势转化为生态农业、生态工业、生态旅游等生态经济的优势，那么绿水青山也就变成了金山银山。”对于经济发展活动中的企业与个人而言，生态环境一般具有外部性，优美的生态环境能带来正的外部性，而经济发展也能让生态环境的经济价值和人文价值提升。例如，西湖优美的环境对杭州的经济发展起到巨大的促进作用，而杭州的经济发展也让西湖美景的价值提升。所以，生态环境保护与经济发展是可以相互促进的，关键是两者如何转化。认为不搞大开发就是不发展和先发展再治理的观念都是错误的。

第二，“‘看不见的手’和‘看得见的手’都要用好。”2014 年 5 月 26 日，习近平在十八届中共中央政治局第十五次集体学习时指出，“在市场作用和政府作用的问题上，要讲辩证法、两点论，‘看不见的手’和‘看得见的手’都要用好，努力形成市场作用和政府作用有机统一、相互补充、相互协调、相互促进的格局，推动经济社会持续健康发展。”虽然该思想是就经济建设工作提出来的，但是习近平在深入推动长江经济带发展座谈会上的讲话表明，这一原则也适用于长江经济带生态文明建设。经济学上的科斯定理认为，只要产权是明确的，并且交易费用为零或很小，那么无论初始的产权被赋予谁，市场最终的均衡结果是有效率的，能实现帕累托最优。虽然这是一种理想的状态，但是该定理为市场机制解决环境污染等外部性问题提供一定的理论支撑。在习近平深入推动长江经济带发展座谈会上的讲话中，他强调要建设“市场化、多元化的生态补偿机制”，要“把生态环境破坏的外部成本内部化”，要“探索政府主导、企业和社会各界参与、市场化运作、可持续的生态产品价值实现路径”，要“清除市场壁垒，推动劳动力、资本、技术等要素跨区域自由流动和优化配置”。这些都是运用市场这只“看不见的手”的举措。同时，习近平总书记也强调要发挥推动长江经济带发展领导小组的统一指导、统筹协调、督促检查考核等职能以及 11 省市党委和政府的领导作用。由是观之，两个手都要用，而且都要用好。事实上，我们不能幻想完全自由放任能解决长江经济带的重复建设、环境污染、生态退化等问题。

第三，生态环境保护的“红线”思想。2016 年 6 月 1 日，在中共中央政治局第四十一次集体学习时，习近平总书记强调，加快构建生态功能保障基线、环境质量安全底线、自然资源利用上线三大红线。习近平在有关长江经济带发展的两次讲话中都强调“共抓大保护，不搞大开发”以及“生态优先、绿色发展”等原则，就是因为经济发展的规模强度不能超过环境的承载能力。不仅如此，长江沿江分布着五大钢铁基地（上海、武 汉、攀枝花、马鞍山与重庆），七大炼油厂（上海、南京、安庆、九江、岳阳、荆门和武汉）以及上海、南京、仪征等地的石油化工基地，沿江化工产量占全国的将近一半。长江沿岸重化工业高密度布局已经形成较严重的生态隐患和环境风险。长江经济带万元国内生产总值用水量为 85.93 立方米，高于全国平均水平的 84.44 立方米，万元工业增加值用水量为 72.32 立方米，比全国平均水平的 48.51 立方米高得多，废水排放总量与排放强度以及废水中有害有毒物质含量长期位于高位。因此，习近平在深入推动长江经济带发展座谈会上讲话时强调，要“抓紧完成长江经济带生态保护红线、永久基本农田、城镇开发边界三条控制线划定工作”，“建立负面清单管理制度”等，还强调要激励和倒逼企业腾退落后产能、促使其转型升级。绿色发展战略是长江经济带发展的必然选择，而只有政府树立起生态环境保护的硬约束，绿色发展才能实现。

第四，生态文明建设的整体、协同思想。2013 年 11 月 9 日，在关于《中共中央关于全面深化改革若干重大问题的决定》的说明中，习近平总书记指出，“山水林田湖是一个生命共同体。”2017 年 7 月 19 日，中央全面深化改革领导小组第三十七次会议审议通过的《建立国家公园体制总体方案》强调，“山水林田湖草是一个生命共同体。”习近平总书记在 4 月 26 日的讲话中再次强调这一点。基于生态系统的整体性特点，生态环境保护要强调整体性和统筹协调。同时，由于长江经济带的东中西部发展条件差异大，发展阶段不同，更需要在中央层面的统筹和在地方层面的协同。习近平总书记讲话中提到要树立“一盘棋”思想、“一张蓝图干到底”，也讲到“要鼓励支持各类企业、社会组织参与长江经济带发展”，这些都体现出与生态系统的特点和长江经济带的客观条件相适应的以“整体性治理”为特征的整体、协同思想。

总之，习近平总书记在深入推动长江经济带发展座谈会上发表的重要讲话蕴含着深刻的生态文明建设思想。这些思想在实践中发挥指导作用并不断发展，将有助于中国经济实现高质量的发展，进而有助于实现“美丽中国”的目标。

（中国日报网 2018 年 8 月 3 日）

深入推进长江经济带绿色协同发展

常纪文

习近平总书记在深入推动长江经济带发展座谈会上强调，新形势下推动长江经济带发展，关键是要正确把握整体推进和重点突破、生态环境保护和经济发展、总体谋划和久久为功、破除旧动能和培育新动能、自我发展和协同发展的关系。这是对长江经济带绿色协同发展的基本要求。深入推进长江经济带绿色协同发展，应加强体制改革、法制建设和机制创新。

一、长江经济带绿色协同发展的体制改革

目前，国家和地方都出台了促进长江经济带绿色发展的综合性措施。例如，湖北率先编制实施了《湖北长江经济带生态保护和绿色发展总体规划》，配套编制实施生态环境保护、综合立体绿色交通走廊建设、产业绿色发展、绿色宜居城镇建设、文化建设等5部专项规划，修改完善了多部规划，力争全面推动长江经济带发展。

那么，如何把长江流域生态系统的整体性、长江流域的系统性和保护措施的综合性相结合，是长江经济带绿色协同发展监管体制改革的关键。习近平总书记强调，长江经济带作为流域经济，涉及水、路、港、岸、产、城和生物、湿地、环境等多个方面，是一个整体，必须全面把握、统筹谋划。行政监管的方式方法若与生态环境的系统性有机契合，则监管绩效可达到最大化。但是，在具体监管中，行政监管具有社会性，一个监管对象的社会属性具有多面性，因此，一个专业的监管体系又难以全部涵盖生态环境的各要素。也就是说，生态环境监管的社会性与生态环境的自然性很难百分之百契合。这就需要加强统筹。为此，笔者认

为，要统筹处理好 5 个关系：

一是山水林田湖草的统筹监管关系。应根据《按流域设置环境监管和行政执法机构试点方案》的要求，按流域设置环境监管和行政执法机构，遵循生态系统整体性系统性及其内在规律，将流域作为管理单元，统筹上下游左右岸，理顺权责，优化流域环境监管和行政执法职能配置，促进流域内山水林田湖草的统筹保护。

二是处理好流域监管整体性和属地监管区域性的关系。流域统筹监管是必要的，但是在转型期，仍然需要继续发挥流域沿岸各行政区域的属地监管作用。如果缺乏属地监管的支撑，流域监管的作用就会虚化。下一步，要厘清流域监管机构和属地监管机构的职责关系。

三是处理好上游、中游和下游的关系，处理好流域对岸行政区域之间的关系，健全流域综合断面考核机制，通过生态补偿、生态损害赔偿、流域生态环境预警、流域生态环境事件应急等措施，促进监管的协同化。

四是处理好生态环境保护中的生产和生活污染监管关系、工业和农业污染监管关系、城市和乡村环境监管关系，确保生态环境监管工作的均衡化。

五是明晰农业农村、水利、能源、自然资源、应急管理、交通运输等部门的监管职责，统筹岸上、岸边与滩涂，统筹水上、水中与水底，正确处理防洪、通航、发电的关系，协调好砂石资源监管、岸堤防洪监管、交通监管、水工程监管、水灾害防治、渔业监管、农业监管、能源监管的关系。基于此，在部门现有职责的基础上，建议建立长江经济带各部门的职责清单。

二、长江经济带绿色协同发展的法制建设

首先，创新立法理念，实行综合立法。要从长江流域山水林田湖草的生态属性和社会属性考虑，将生态文明建设和山水林田湖草一体化保护作为立法基本理念，以改善水资源质量、水环境质量为核心，以维护水生态安全为立法的直接目标，上下联动，打破要素、区域界线，改革监管体制、制度和机制，对整个流域系统实施统一保护和监管，增强长江流域山水林田湖草综合管理的系统性、协同性。

其次，积极开展立法，填补立法空白。在综合性法律制定方面，基于流域管

理的自然特性和流域综合管理的必然趋势，建议制定《流域管理法》作为流域治理的基本法，对流域资源保护和利用、防汛抗洪、生态保护、污染防治等的管理体制、制度、机制作出基本规定，并着重对流域综合监管、流域生态补偿、流域法律责任等方面进行规范。在专门性法律方面，建议积极推动《长江保护法》出台，建立以持续改善长江水质、改善长江水生态、丰富水资源为中心的流域绿色监管模式。如果短期内出台有困难，可先制定《长江流域保护条例》等。

再次，推进立法修改，增强立法时效。修订《水污染防治法》《水法》《水土保持法》《森林法》《农业法》等法律法规时，应在山水林田湖草一体化保护的理念下，做好相关法律条款的衔接工作。例如，在饮用水水源保护方面，建议增加水量和水生态保护的内容，并进一步明确相关部门职责；加快推进长江流域水生态红线管控的法制化。

此外，中共中央、国务院以及流域内各省级党委和政府要联合制定文件，加强各区域绿色协同发展的党政同责法制建设，加强各区域生态文明建设目标评价考核法制建设，通过权力清单建设，增强绿色发展“党政同责”“一岗双责”和失职追责的操作性。

三、长江经济带绿色协同发展的机制创新

一是建立流域内统一的生态信息公开机制。建议按照《关于全面推进政务公开工作的意见》的改革要求，出台《长江经济带政府信息公开办法》，提高长江经济带各地方政府公开信息的范围，如生态环境保护政策和立法、项目审批、环境执法、行政处罚、资源环境承载能力预警、环境污染应急、产业结构布局、招商引资政策等情况，进一步加强长江经济带绿色发展的透明度建设，确保投资者和全社会享有知情权。

二是建立流域内统一的生态环境执法监管与目标考核措施。建议借鉴湖南省政府制定《湖南省行政程序规定》的做法，由国务院试点制定《长江经济带行政程序条例》，统一长江经济带的行政执法尺度、方法和标准，使行政管理和执法监督制度化、规范化和程序化。修改《行政诉讼法》，允许原告就部分抽象性行

政行为提起行政诉讼，确保流域内市场竞争和管理环境的依法、公开、透明；允许流域内的检察机关提起跨行政区域的环境公益诉讼。在《生态环境损害赔偿制度改革方案》的基础上，总结经验，制定《环境损害赔偿法》，进一步提高环境违法成本，倒逼企业遵守环境法律法规，形成尊重环境价值的氛围。按照国务院办公厅印发的《控制污染物排放许可制实施方案》的要求，尽快制定《排污许可证条例》，推行环境保护的综合许可，把许可管理和环评审批、“三同时”自主验收相衔接，成为企业环境管理制度的核心。开展中央和省级环境保护督察“回头看”工作。制定实施细则，开展生态文明建设目标的评价和考核工作，倒逼地方产业优化升级，促进地方绿色发展。

三是建立流域内统一的绿色信用管理体系。按照《关于建立完善守信联合激励和失信联合惩戒制度加快推进社会诚信建设的指导意见》《关于加快推进失信被执行人信用监督、警示和惩戒机制建设的意见》等改革文件的要求，制定《信用管理法》或《信用管理条例》，整合环境保护守法信用、安全生产守法信用等守法信用管理措施，在长江经济带试点开展统一的信用体系建设，建立统一的生产经营者信用管理制度。强化市场主体责任，加大生态环境损害的惩罚性赔偿力度。另外，加强环境影响评价、环境检测等技术服务机构的信用评估，在政府退出的一些监管领域，提升其对企业的专业化服务水平。

此外，还应加强区域生态环境保护协商合作机制建设，加强长江经济带统一的市场竞争机制建设、协同创新机制建设和人才流动激励机制建设。通过机制创新，提升流域内各区域绿色协同发展的能力和水平。

（《中国环境报》2018 年 5 月 22 日）

长江经济带有望引领高质量发展

焦永利

2016年1月，习近平总书记在重庆召开的推动长江经济带发展座谈会上强调，共抓大保护、不搞大开发，努力把长江经济带建设成为生态更优美、交通更顺畅、经济更协调、市场更统一、机制更科学的黄金经济带，探索出一条生态优先、绿色发展新路子。2018年4月，习近平总书记又在第二次长江经济带发展座谈会上指出，推动长江经济带发展是党中央作出的重大决策，是关系国家发展全局的重大战略，对实现“两个一百年”奋斗目标、实现中华民族伟大复兴的中国梦具有重要意义。可见，长江经济带在全国高质量发展中的战略地位愈加突出。未来长江经济带如何发展，用什么样的理念引领发展，采取什么样的路径实现发展，很大程度上就代表着中国的高质量发展道路是否能够开花结果、落地生根。

从我国国土空间格局看，改革开放以来至20世纪末，沿海、沿江地区的开放发展与率先发展构建了“T”字形的国土经济地理格局。进入21世纪，随着西部大开发、中部崛起等重大区域协调发展战略的实施，中国的经济地理格局逐步转变为“菱形”结构，南北向的“北京—广深”线和东西向的“上海—成渝”线构成了南北纵深1800公里、东西横跨1600公里的巨大“十字架”，京津冀、长三角、珠三角、长江中游、成渝等五大城市群分据四方及中间点上，主要城市之间联系密切，构成了中国经济发展的“骨架”。而长江经济带堪称这个发展骨架的脊梁，它横贯东中西而又接南连北，串起了上述五大城市群中的三大城市群，对于未来全国的发展格局与发展质量具有举足轻重的作用。

未来，长江经济带有望成为引领全国高质量发展的一条巨龙，而龙身的摆动方向很大程度上是由龙头来决定的。上海作为长江经济带这条发展巨龙的龙头，肩负着非常重大的责任。如何进一步发挥好龙头作用？可以从“功能支撑、路径示范、资源投入、理念引领”四个方面入手。

第一，提升城市能级，提供功能支撑。上海已经明确了建设卓越全球城市的愿景，这一愿景具有深厚的历史基础和现实支撑。早在浦东开发开放之初，邓小平同志就指出：“为什么我考虑深圳开放？因它对着香港；开放珠海，是因为它对着澳门；开放厦门，因为它对着台湾；开放海南、汕头，因为它们对着东南亚。浦东就不一样了，浦东面对的是太平洋，是欧美，是全世界。”此后， 在 1991 年 2 月 18 日视察上海的讲话中，他又明确提出，“开发浦东，这个影响就大了，不只是浦东的问题，是关系上海发展的问题，是利用上海这个基地发展长江三角洲和长江流域的问题。”可见，浦东开发开放、上海的深化改革，着眼的格局就是联通内外、带动长江流域发展。

这一任务在今天又有了新的内涵与任务。当前，上海已经形成了高水平的对外开放体系，集聚了完善的要素市场和一大批跨国公司总部，海港、空港、口岸具备世界级枢纽和贸易保障能力，跨境投融资等资源配置功能持续提升。未来，上海作为长江经济带和“一带一路”的重要交汇点，需进一步提升国际经济、金融、贸易、航运、科技创新“五个中心”的核心功能，构筑科技创新、全球平台、制度创新、品质生活等领域的新高地，提升全球资源配置能力，代表国家参与国际竞争。上海市委书记李强同志在考察上海文化品牌工作时曾提出一个很有趣味的问题，他说“纽约有百老汇，伦敦有西区，很小的一块地方，却有不可替代的影响力。我们有没有这样的展览、演出，让全世界的人‘打飞的’也要来听、来看？”其实，这样一个问题还可以进一步推广，上海有多少经济、金融、贸易、航运、科技创新等方面的功能和平台是让全世界离不开的？未来只有多构筑这样的功能平台，方能进一步带动长江经济带的发展，并进一步拓展长江经济带作为上海建设卓越全球城市的腹地属性。

第二，总结转型经验，提供路径示范。长江经济带的发展有一些共性任务，上海有条件率先探索路径，然后向其他地区提供路径示范，从而降低整个经济带的试错成本。

在开放型经济体系建设方面，上海依托自贸试验区，对标国际最高标准、最好水平，逐步建立了和国际投资和贸易通行规则相衔接的制度体系，在投资管理、贸易便利化、金融开放和政府监管制度创新方面进展突出，比如，建立以负面清单为核心的外商投资管理制度，推动贸易便利化，口岸货物和船舶申报100%通过“单一窗口”办理等，为构建开放型经济新体制探索了新途径。在国土空间发展方面，上海新一轮总体规划提出了规划建设用地总规模负增长，严格控制城市规模，守住人口规模、建设用地、生态环境、城市安全四条底线，在“缩量”的情况下还要实现高质量发展，这一探索也将对整个经济带的城市群合理结构、城市高效发展提供借鉴。在产业发展方面，上海早在“十一五”和“十二五”时期就启动了结构调整，努力发展“四新”经济，“上海服务”和“上海制造”的效益不断提升，这些都会对中上游地区的发展提供路径上的借鉴。

第三，保护流域生态，加大资源投入。习近平总书记在第二次长江经济带发展座谈会上指出，目前长江经济带“生态环境协同治理较弱，难以有效适应全流域完整性管理的要求”，“区域合作虚多实少，城市群缺乏协同，带动力不足”，“地方投资力度和积极性欠缺，政策性金融和开发性金融机构的支持力度不够”。这些问题的解决既需要中央有关部门加大工作力度，也需要作为龙头的上海的积极参与。具体包括以下几方面：一是加大对中上游的生态转移支付，加大财政支持力度；二是在生态合作上超越长三角城市群范围，积极构建全流域合作平台，探索创新财税体制安排，引入政府间协商议价机制，在生态容量、土地指标等方面开展合作，优化全流域资源配置；三是推动产业协同、绿色发展，引导上海各类人才、技术、资金积极服务中上游发展；四是利用金融优势，积极发展绿色金融，带动企业、社会资本、政策性金融、开发性金融积极投入长江流域生态保护和绿色发展。

第四，奋进时代前列，做好理念引领。《长江经济带发展规划纲要》提出，要“充分发挥上海国际大都市龙头作用，……在科技进步、制度创新、产业升级、绿色发展等方面发挥引领作用。”发挥这些引领作用，根本上就要靠先进的发展理念引领。

从开埠开始，上海海纳百川、兼容并蓄，逐步形成了开放包容的城市气质，在诸多方面始终走在时代前列。未来要更好担当长江经济带的龙头作用，需要实现理念上的新跃迁。一是实现城市发展主导要素的结构跃迁，未来城市竞争的赛道将切换到创新和质量上来，需要对城市发展的动力体系进行系统性再认识。二是实现城市发展动力逻辑的认识跃迁。城市发展的逻辑正在从工业文明时代的“产业—要素—配套”模式，转化为生态文明时代的“良好自然人居环境与公共服务—吸引人才和机构—衍生创新成果与产业”的发展模式，必须将“人—自然—城市—创新”统筹考虑，构建“自然生态、人居生态、创新生态”三大生态体系叠加共振的格局，从而形成一个能够滋养创新的完整系统。三是打通三大生态体系的转化路径。自然生态是人类生存的本底，人居生态是人类活动的密切接触圈层，创新生态是产业结构高端化之后的核心动力，这三者统一于“人的活动”，而以生态资本和优质公共服务提升“地点质量”，涵养人力资本，正在成为全球城市发展的重要趋势。

总之，长江经济带在全国高质量发展中的战略地位愈加突出，在此进程中，上海作为“龙头”，应当积极发挥“功能支撑、路径示范、资源投入、理念引领”四大作用，在引领和服务长江经济带发展的过程中，进一步提升城市能级和核心竞争力，进一步拓展发展腹地的空间纵深，在新时代全国高质量发展的征程中再立新功。

（上观新闻 2018 年 9 月 12 日）

当前推动长江经济带发展面临的困难问题与对策建议

中国浦东干部学院课题组

习近平总书记明确指出“要把修复长江生态环境摆在压倒性位置，共抓大保护，不搞大开发”。这一重要指示精神已经成为长江经济带各省市的思想共识。但如何把思想共识落实到实际行动中，特别是落实到长江经济带110个地级市的具体发展实践中，任务十分艰巨。当前推动长江经济带发展仍面临不少困难问题，急需在改革中加以推进解决。

一、困难问题

（一）经济发展与生态建设之间矛盾尖锐

在生态建设方面，上游生态建设重点区与贫困地区高度契合，除了高原、干热干旱“硬骨头”地区之外，面临无地绿化的尴尬；中下游地区水体污染严重，治理难度越来越大，水污染的治理、水生态的修复、水资源的保护形势极其严峻。在经济发展方面，全域存在产业低端、产能过剩的情况，各地市纷纷整航道修锚地建港口，搞园区引企业办工厂，圈地皮大拆建造城镇……一些地方在承接产业转移时，饥不择食拉项目，高污染的矿产、钢铁、水泥、化工企业密集布局在长江边，部分企业无视长江水环境，污水直排、偷排问题突出，沿线水污染事件多发，水质不断恶化，长江生态系统不时敲响警钟。“黄金水道”作用的发挥与生态保护的巨大压力并存，怎样正确处理好生态建设与经济发展的关系，成为推动长江经济带发展所要解决的核心问题。

（二）同质竞争与松散合作之间博弈凸显

沿江开发往往都是地方政府主导，基本上以省甚至是地市级行政区划为单位，行政色彩浓厚。沿江各地仍然存在着追求GDP的倾向，加上分灶吃饭的财政体制，“诸侯经济”十分明显。从目前各省市出台的有关长江经济带发展的实施意见来看，更强调长江经济带战略实施给本地区发展带来的机遇，更强调如何以此为契机促进区域经济发展，在生态建设与环境治理、完善综合交通体系、产业转型升级、推进城镇化、扩大对外开放等方面，各省市往往共识多、协同少，商议多、行动少。加上现有协调机制缺乏相应激励约束机制，往往协调多、落实少。表现在经济社会发展上，资源同争市场同抢，狭路相逢互不相让，部分地市甚至以牺牲资源和环境为代价，搞政策洼地，进行恶性竞争。

（三）统筹协调与各自为政之间问题突出

长江经济带发展是全流域管理和发展的问题，涉及生态环境保护、综合立体交通走廊、经济协调发展、产业整体布局等多方面，涉及水利部、环保部、住建部、农业部、交通运输部、发改委等管理部门以及沿江11省市。各部门各地方在规划落实中，容易出现选择性执行的倾向，甚至相互矛盾，影响执行效率。在大交通建设上，铁路、公路、港口、航道、岸线、水利、航空、管道等分别由不同部委机构管理，项目建设由不同省市具体实施，各管一段，导致省际之间、同省之间“最后一公里”问题严重，货物中转能力和效率低下。在长江环境保护上，多个部委和沿江省市都有各自职责，但职责缺乏整合、功能缺乏归集，各管各段、各行其是。各省市所处发展阶段、资源禀赋、区位优势等差异较大，都从各自角度思考问题，规划各自为政，建设自行其是。

（四）产业趋同与有序转移之间困难重重

长江经济带9省2市存在相当程度产业同构，制造业结构相似系数超过0.7，最高为上海与重庆的相似系数达到0.89。沿江各省市产业同构化现象严重，经济互补性不强，上中游与下游的产业链未能实现分工、对接，下游地区的发展缺乏资源支撑，上中游地区的发展缺乏资金、技术支持。例如，11省市中将电子信息列为主导产业的有9个，汽车、石化、装备制造列为主导产业的有6个；安徽皖江城市带建设和湖北长江经济带开放开发战略产业定位基本雷同。产业的同构化造成同质化竞争，势必进一步导致低水平重复建设和资源浪费，客观上阻碍了长江经济带一体化进程。

二、原因分析

（一）缺乏协调统一、运行高效的跨区域协调机制

目前，国家层面成立了领导小组，但尚未实体化运转，长江经济带内虽有一些协调组织机构，但大多以协调会议和论坛的形式进行，比较松散，缺乏稳定性、有效性和权威性，未能形成省际层面的合作协商机制。开发战略基本上以省级行政区划为范围，各自为政、恶性竞争，严重影响了长江经济带发展整体工作的推进。

（二）缺乏有效调动、刚性有力的激励约束机制

国家层面尚未建立起对区域内各方行之有效的激励和约束机制。一方面，评价激励机制缺乏，污染防治地区和污染产生地区、污染受益地区的利益分配问题，地方与地方之间横向的生态补偿问题，没有建立起合理的利益分享机制、生态补偿机制，存在“搭便车”的现象，与自己关系不大或更多面向区域整体利益和功能的事，就不做或少做。另一方面，行为约束机制缺乏，对区域内合作行为缺少有效的约束与制衡，区域内恶性竞争、恶意垄断、损人利己的不负责任行为不能及时被禁止，形成“破窗效应”。

（三）缺乏统一开放、公平竞争的一体化市场体系

长江经济带覆盖的11个省市，各级政府一直以来出于保护本地企业、税收、就业的需求，设置了不同的市场规则，市场体系运行的方式和效率大相径庭，形成一道道“门槛”，造成了市场的割裂。人才、资金、技术等要素尚未实现跨地区自由流动，市场在资源配置中的决定性作用未能充分实现，区域内一体化的现代市场体系尚不健全，对引导产业合理布局和有序转移形成了巨大的障碍。

（四）缺乏科学完备、有效管用的法律法规体系

《长江保护法》酝酿多年仍未出台，《水法》和《航道法》已经严重不适应长江经济带协调发展的需要，实践中暴露出很多问题。《环境保护法》、《水污染防治法》、《森林法》等一系列相关法律，在执行中也不够严格。未能在法律和制度上强有力保障各地间的公平竞争与合作，打破地方本位主义，消除地方行

政壁垒。同时，区域内的地方法律法规和制度也未能相互协调，相互冲突。

三、对策建议

（一）形成共识，牢固树立生态优先绿色发展的理念

长江经济带涉及9省2市，历史文化、自然条件、区位优势、资源禀赋、发展阶段各不相同，由不同省市和不同层面共同推进长江经济带发展战略，形成共识、步调一致至关重要。要把思想统一到习近平总书记关于长江经济带发展的重要讲话和指示精神上来，把修复长江生态环境摆在压倒性位置，坚持走生态优先、绿色发展之路，加速实现长江经济带这一“发展主轴”的提档升级。

（二）聚焦重点，明确长江经济带建设的主攻方向

一是抓好生态环境保护修复这一前提和基础。要建立符合长江实际和行之有效的环保制度和修复机制，不断改善流域生态服务功能，促进长江生态环境整体持续好转。要守土尽责，各地、各部门要严格按照主体功能区规划，明确各地区环境容量和开发强度，执行负面清单管理制度，将无序过度开发逐步转向科学理性开发的良性轨道。要联防联控，完善长江环境威胁预警应急体系，建立健全跨部门、跨区域、跨流域突发环境事件应急响应机制，群防群治，高效协同，力争将潜在的环境污染和生态损害消除在萌芽状态。要共建共享，推动建立长江生态保护补偿机制，探索开发受益地区与生态功能区进行横向生态补偿，明确不同地区在长江生态保护中承担的责任和义务，逐步缩小上中下游经济社会发展的较大差距，使经济欠发达地区能够分享环境保护带来的经济效益，坚定生态优先的发展理念不动摇。

二是构建综合立体交通走廊。建议将以黄金水道为支撑的综合立体交通走廊，按照发展区、生态区、一般发展区、禁止发展区的功能进行整体规划，对港口、水路、公路、铁路、机场、管道等基础设施进行优化配置，构建干支统筹、水陆衔接、通江达海的立体交通网络优势。同时，推动实现交通规划、国土规划、产业规划、物流规划、城乡规划、岸线规划等多规合一，及时调整沿江各地生产、生活、生态空间布局，形成最优的开发格局，实现经济发展与环境资源相适应，

促使黄金水道发挥经济效益。

三是大力实施产业转型升级。长江流域严重污染的主要来源是生活污水和工业污水。需深入推进供给侧结构性改革，大力实施产业转型升级，以环保、技术、安全标准控制高污染、高能耗企业准入，加快淘汰落后产能，逐步减少威胁长江生态的风险隐患。要紧紧把握新一轮科技革命和产业变革的趋势，培育低碳经济和循环经济，推广绿色制造和智能制造，发展基于新一代信息技术的新经济模式，努力提高资源能源利用效率，构建可持续的生产方式和产业模式。

（三）保障有力，为长江经济带建设提供坚强支撑

一是强化组织保障。分税制的优势就是保障了国家的财力，不足就是地方和中央存在着事权和财权的博弈，地方和地方之间存在着激烈的竞争。建议由中央统筹全局，高位协调，牵头推进跨行政区域的国家发展战略，提高决策效率，增强执行力度。目前在中央层面已经成立了推动长江经济带发展领导小组，在国家发改委也成立了领导小组办公室，建议尽快完善工作机制，加强总体设计和督查考核，定期研究审议长江经济带建设的年度工作要点、开发政策与专项规划、跨界重点工程项目、建设经费筹措等重大问题。9 省 2 市也要尽快建立有效的协商合作机制，协调解决区域合作中的重大事项，汇集推动发展的强大合力。

二是强化法治保障。抓紧制定出台《长江保护法》，并配套出台或修订长江水资源、岸线、土地利用等专门法律法规，形成完备的涉及长江经济带保护和发展的法律体系，严格规范和约束各类主体开发和利用长江的行为，以物联网、大数据等先进技术对长江流域进行有效的监督管控，出重拳坚决依法打击各类污染行为。建议由全国人大组织长江经济带所属各级人大定期开展对有关法律法规实施情况的监督检查，确保各级各类执法部门依法行政、依法履职，通过区域的共同立法和联合执法有效推动长江经济带协调发展。彻底清理阻碍要素合理流动的地方性政策法规，实施统一的市场准入制度和标准，构建公平公正、竞争有序的区域内一体化现代市场体系。

三是强化资金保障。对长江流域的生态保护和修复、综合立体交通体系建设等，可由领导小组统一规划，统一建设，资金由 9 省 2 市进行统筹。建议由 9 省

2市平均财力以上的省按照一定比例提取，也可以按此方式组建发展基金，撬动各类金融机构参与基础设施建设和污染防治。建议大胆探索长江经济带税收共享机制，有效解决市场统一问题，避免出现区域间比拼优惠政策、大搞“政策洼地”的无序竞争，遵循邓小平同志提出的“先富带动后富”的发展路径。先进发达国家也经历过初期不均衡发展到一定阶段实行均衡发展的战略，值得我们借鉴。

（《新经济导刊》2017年第1期）

长江经济带在做些什么？对内改革、对外开放

李晓丹

1983年，一部名为《话说长江》的纪录片，第一次让长江这条中国第一、世界第三大河流的区域经济价值被充分知晓。1985年，中国生产力经济学会首次提出了“长江产业密集带”这一说法。随着上海浦东建设和长江大开发，1992年中央召开了“长三角及长江沿江地区经济规划会议”，提出发展“长三角及长江沿江地区经济”的战略构想，“长三角及长江沿江地区经济”发展首次上升为国家战略。2014年9月，国务院印发《关于依托黄金水道推动长江经济带发展的指导意见》，明确提出了长江经济带概念。2016年，《长江经济带发展规划纲要》确立了长江经济带“一轴、两翼、三极、多点”的发展新格局。

2017年中国经济增速最高的十大省市中，长江经济带占了7个；在前十五位中，长江经济带占了10个，而且多数城市的人均GDP超过10万元。

毕马威中国副主席龚伟礼表示，长江经济带是依靠长江的带动而自发形成的战略经济带，在30多年的发展过程中，长江经济带的自身潜力和韧性被充分激发出来，现在需要的是更加具有协调性的战略规划。

龚伟礼说，“今年是改革开放40周年，现在回过头来看，长江经济带的发展是真正体现了对内改革、对外开放的政策初衷。”

一个节点

长江经济带的概念提出已有30多年，最初的长江经济带只有7省2市：上海、江苏、浙江、安徽、江西、湖北、湖南、四川、重庆，总面积约148.5万平方公里，占全国的16%。经过发展，作为国家三大区域发展战略之一的长江经济带已扩至

11 个省市：上海、江苏、浙江、安徽、江西、湖北、湖南、重庆、四川、贵州、云南，总面积约 205 万平方公里，占全国的 21%。

2014 年是中国区域经济格局变化之年。这一年，京津冀协同发展规划纲要公布，长江经济带浮出水面。随后的 2016 年，泛珠三角区域合作的指导意见落地；2018 年，粤港澳大湾区如期而至。

对于长江经济带来说，这是一个重要节点。

“2014 年，有了长江经济带这个名字，相对于自然形成的经济带，这个名字背后意味着长江经济带对区域经济的重要作用。”龚伟礼表示，此时的长江经济带已经形成了三个城市群——长三角、中部地区和西部地区，上海、武汉、重庆分别是这个三个城市群的核心城市。

龚伟礼认为，长江经济带的顶层设计出台有着更深层次的原因，中国经济要实现转型升级，必须要有集约高效、绿色低碳、产融结合、城市群分工协作的区域经济布局。

“2014 年区域经济新布局，跟以往的东部带动西部发展模式不同，更加强调均衡发展，虽然国家层面的战略布局，但并没有实施太多干预市场的行政手段。”龚伟礼说。

国家统计局的数据显示，长江经济带生产总值 GDP 已由 2010 年的 17.7 万亿元增长至 2017 年的 37.4 万亿元，占全国经济总量的 47.6%，接近半壁江山，成为中国经济发展的重要支撑带。

此外，长江经济带的人均国内生产总值也快速增加。2017 年长江经济带的人均国内生产总值达 64235 元，长江经济带中有 5 个省市人均 GDP 超过全国平均水平，比 2012 年多 2 个，在原有的上海、浙江和江苏的基础上，又有重庆和湖北两个省份的人均 GDP 超过 59660 元的全国平均水平。

龚伟礼认为，对于长江经济带来说，各个地区之间的定位非常重要，每个地区都要找到自己在长江经济带发展中的位置。

上海、武汉、重庆是三个核心城市，从中国地图上可以看到，这三个城市从东向西依次排开，三个城市群组成了长江经济带。

龚伟礼表示，上海是龙头，而且已经定位非常清楚，对同一城市群中的江苏省、安徽省、浙江省已经产生了非常明显的拉动作用，但是中部和西部城市群的拉动效应就要弱一些，主要就是定位还不够清晰。

“西部城市群中除了重庆，成都的作用也不能忽视。”龚伟礼说。

三个挑战

虽然长江经济带 11 省市的经济总量在国内经济发展中占据重要地位，发挥了中国经济压舱石的作用，但长江经济带内部省市之间的发展并不平衡，从以上海为中心的长江三角洲依次向西，长江流域的各个地区经济发展出现了明显的落差。

从东、中、西三大板块的经济总量对比来看，东部四省市（上海、江苏、浙江、安徽）2017 年经济总量占到 11 个省市的 52%；中部三省市（江西、湖北、湖南）占到 25%；西部四省市（重庆、四川、贵州、云南）仅为 23%。从 11 省市各自的经济发展水平来看，江苏、浙江、安徽、湖南、江西的 GDP 总量排在前列，云南、贵州居后。从人均 GDP 的角度来看，位于长三角的上海、江苏、浙江要远高于第二梯队的安徽、江西、湖北、湖南等省市，人均 GDP 最高的上海是云南的 3.6 倍。

龚伟礼表示，除了各地区之间的经济发展不平衡，长江经济带的城市群目前面临三个共同挑战。

第一个挑战就是，工业化的发展和生态保护之间的矛盾。长江经济带有一个突出特性，长江的沿线上有大型或者特大型的城市，但是每一个城市都在做同一件事情，就是在上游取水，下游排污。龚伟礼表示，改革开放以来经济迅速发展，沿海和沿江地区的化工厂都是临水而建，这成为工业发展的一个特征，一方面是运输便利，另一个则是出于安全的考虑。

近年来，长江经济带的粗放式发展导致资源环境约束日益趋紧，区域性、累积性、复合性环境问题愈加突出。长江经济带产业结构重型化特点突出，重化工产业沿江高度密集布局，长江沿江省市化工产量约占全国的 46%，资源消耗和污染排放强度高。

这些沿江的重化工产业园区和企业使长江部分支流污染严重，污染事故频发，部分饮用水水源地也存在安全隐患，废水排放量逐年增加。另外农业水源也面临很大的污染威胁，农药、化肥等污染性要素投入仍在高位运行，近五年农药施用强度由 0.018 吨 / 公顷略微下降到 0.017 吨 / 公顷，化肥施用强度由 0.504 吨 / 公顷上升到 0.507 吨 / 公顷，区域水环境治理面临着较大挑战。

实际上，中国的城市群发展的污染问题与产业升级之间也有着密切联系。

“城市群发展起来，生态环保问题就受到重视，中国的产业升级路径跟城市群发展的格局有着密切联系，上海、苏州、杭州的制造业内迁也是受到环保的巨大影响。”龚伟礼说。

第二个挑战是，各个地方的产业布局怎样并未真正形成错位、互补的格局。基本上每个城市都在说，我们要建成金融中心、服务业中心、高端制造业中心，几乎每一个地方都要开发云，挖掘大数据，同质化太严重了。

第三个挑战是，城市的扩张浪费过多资源。”龚伟礼表示，目前的越来越大的城市在资源使用上不是集约有效的，资源在扩张中被大量浪费掉了，工业化发展、城镇化进程都没有错，但是这些过程中出现的问题一定要重视，要及时解决。

五个趋势

《长江经济带发展规划纲要》围绕提高城镇化质量这个目标，提出了四个方面的措施：一是优化城镇化空间格局，以长江为地域纽带和集聚轴线，形成区域联动、结构合理、集约高效、绿色低碳的新型城镇化格局。二是推进农业转移人口市民化，拓宽进城落户渠道，促进人口流动、产业转移。三是加强新型城市建设，提升城市特色品质，促进城市发展与山脉水系相融合。四是统筹城乡发展。加强农村道路、供水、垃圾、污水等设施建设和环境治理保护，加大扶贫开发力度，提高居民生活水平。

在长江经济带发展的过程中，不仅物力资源大量消耗，人力资源也存在浪费。例如，中部地区的一个城市，不同的区都在大力争取同一个企业落户，有的甚至为了争夺大企业落户，给出了超出合理范围的优惠条件。

“还有一个现象也很类似，到地方去调研，会发现每个城市的经济简介上，都会突出有多少跨国公司在这里设厂，实际上放在这里的只是某个部件的生产厂，但就是这么一个小工厂却可以拿到很多优惠政策。这种情况在20年前的沿海东部地区出现过，现在又在中西部地区出现了。”龚伟礼说。

顶层设计之下的长江经济带，新的变化也在发生。

龚伟礼表示，长江经济带的发展已经呈现了五个趋势：一是生态优先、绿色发展；二是加强科研投入、推动创新；三是发挥各地区的产业比较优势，建立一体化大市场；四是建设现代化新型城镇体系；五是打造对外开放的新高地。

在对外开放方面，长江经济带沿线有着较大的差异。其中，长江三角洲地区的上海、江苏、浙江等地无论是利用外资、对外投资还是进出口，在全国都起到很好的引领作用。但长江沿线的内陆地区，之前在对外开放方面优势并不明显。

长江经济带的沿江各省市要充分把握住自贸区建设、长江经济带与“一带一路”建设深度融合的机遇，不断扩大开放，推动“引进来”和“走出去”相促进，用国际化发展解决自身转型升级遇到的问题。

考虑到长江经济带沿江省市对外开放的基础和优势不同，要提升开放型经济发展水平，因地制宜十分重要。

从目前沿江各省市的规划、安排来看，加大开放力度基本已成共识。龚伟礼建议，上海可以考虑与长江经济带沿线的内陆省市建立协作机制，在人才、技术、资金、项目等领域开展交流合作，促进各地区开放型经济的协同发展；就重庆、成都、武汉等城市而言，应充分利用自贸区这一平台，不断优化营商环境，吸引更多外商前来投资，打造内陆开放型经济高地，推动形成新的增长极。

龚伟礼说，“长三角的阿里，大湾区的腾讯，还有京津冀的百度，格局已经形成，企业会自然生长，而且长出了更多的‘新苗’。高新科技产业最终还需经过市场历练，足够的市场空间和适当的政策干预，可以更好地平衡区域内经济发展，要避免‘拔苗助长’。”

（《经济观察报》2018年8月23日）

实施新型城镇化推进长江经济带建设

肖金成　黄征学

按照空间邻近、经济发展水平相似的标准，长江经济带大致可划分为上游、中游和下游三个区域，上游包括三省一市，分别为四川、贵州、云南、重庆，中游包括三个省，分别是湖北、湖南、江西，下游包括三省一市，分别为江苏、浙江、安徽、上海。

一、长江经济带城镇化水平和空间布局特征

长江“黄金水道”是贯穿整个长江流域经济社会发展的重要脉络，历史上以江兴城、以江兴市、以江兴业，无不与长江息息相关。在此过程中，逐步形成目前的空间布局与特征。

（一）城镇化水平沿流域自上而下逐渐提高

沿江九省二市城镇化水平与长江流域呈现反梯度关系，即长江下游省市城镇化水平最高，达到67.0%，高于全国平均水平14.4个百分点，长江中游省市城镇化水平只有48.5%，低于全国平均水平4.1个百分点，低于下游18.5个百分点。长江上游城镇化水平最低，仅有47.8%，低于全国平均水平4.8个百分点，低于下游19.2个百分点，低于中游0.7个百分点。分省来看，2012年，长江经济带下游的上海市、江苏省和浙江省城镇化率分别为89.3%、63.0%和63.2%，均高于全国52.6%的平均水平；长江中游的安徽省、江西省、湖北省和湖南省城镇化率分别为46.5%、47.5%、53.5%和46.7%，仅湖北省比全国平均水平略高，其余都低于全国平均水平；长江上游的重庆市、四川省、贵州省和云南省城镇化率分别为57.0%、43.5%、34.4%和39.3%，除重庆市外，四川省、贵州省和云南省城

镇化率不仅明显低于全国平均水平，也低于中游四省的平均水平。

（二）各区域城镇化推进的动力不同

城镇化最为关键的力量来自进城的农村外出人口。农村外出人口分为省内流动和跨省流动，这两种流动形式反映了流入目的地城镇化动力的强弱，跨省流动人口比重越高说明城镇化动力越大。根据“六普”数据，长江经济带下游三省市城镇跨省流入人口占其全部农业转移人口的52.1%以上，中游四省跨省流动人口比重为9.1%，而上游四省市比重为13.9%。由此可见，下游三省市城镇化过程中人口吸引力远高于中游和上游，而且本身城镇化水平比较高，能够转移出来的农村人口基本都已转出，城市规模继续扩大必须依靠外省人口流入。

城镇化是由工业化拉动的，城市规模扩张的力量源泉是产业集聚，但不同时期推动城镇化的产业部门是不同的。初期，城镇化由工业部门的增长带动，后期则由服务业规模扩张来引领。长江经济带各区域发展阶段有所差异，上海已经进入后工业化时代，浙江、江苏处于工业化后期，长江中游还处于工业化中期，而上游处于工业化初中期阶段，发展阶段的差异决定了城镇化动力的差异。下游城镇化已经开始由服务业主导，而中游和上游仍处于工业增长拉动阶段。

（三）流域上下游城镇化模式差异化明显

长江经济带横贯东中西三大地带，处于不同发展阶段。长江下游的上海市和江苏省经济发达，是人口净流入省市，新型城镇化的重点是农业转移人口市民化。如上海市2013年6月开始实施的《上海市居住证管理办法》变过去“指标管理”和“条件管理”为“积分管理”，并根据不同的积分，为持证者提供梯度化的公共服务。长江中上游七省市作为人口净流出地区，新型城镇化的重点是近郊或远郊农业转移人口的市民化。如重庆和成都统筹城乡发展试点中出现的地票交易制度和城乡建设用地指标交易制度，均是以宅基地换住房、以承包地换保障为核心，解决近郊或远郊农业转移人口市民化。

（四）三大城市群与五核多极的城镇体系基本形成

长江经济带是理论界最早提出“T”字型国土空间开发格局中重要的横轴，也是国家“十二五”规划中提出“三纵两横”空间开发格局中重要的横轴。经济要素持续向长江经济带集中，初步形成了长三角、长江中游和川渝三大城市群。2000年以来，三大城市群集聚经济要素的态势仍在持续，GDP占九省二市的比重由2000年的69.3%上升到2012年的74.76%。2012年，长三角、长江中游、川渝城市群GDP分别占长江经济带GDP的41.17%、19.05%和14.54%。随着社会主义市场经济的逐步建立，经济活动开始向区位条件优越的特定区域集聚，特大城市、大城市日益成为经济活动的主要平台，长江经济带初步形成以上海、南京、武汉、重庆、成都为核心，以苏州、无锡、合肥、芜湖、安庆、南昌、九江、宜昌、襄阳、长沙、岳阳、泸州、宜宾、贵阳、遵义、昆明等为重点的"五核多极"发展格局。2012年，"五核"GDP占长江经济带的比重高达23.64%。从2005年开始，长江经济带内其他区域性中心城市发展明显加快，使得"五核"的经济比重相对下降。数据显示，"五核"GDP占长江经济带的比重也由2005年最高点的24.0%逐年下降到2012年的23.64%。

二、长江经济带城镇化与空间布局方面存在的主要问题

长江经济带横贯我国东中西三大地带，由于经济发展条件和发展水平的差异，面临的问题比较复杂，可归结为以下几类。

（一）上海以及苏南地区人口流入压力较大，资源环境超载的矛盾日益突出

上海市是我国最大的城市，土地面积为6340平方公里，大致与日本东京的面积（6451平方公里）相当，是纽约的7倍（945平方公里）。根据第六次全国人口普查数据，上海常住人口达到2302万（其中崇明县70万人），与第五次人口普查数据比较，10年增加628万人，平均每年增加63万人，其中外省55万，相当于一个中等城市的人口。平均每平方公里3631人，人口密度已经很高。中心城区的人口密度达到每平方公里2.42万人，远远超过东京每平方公里1.45万人和纽约1.05万人的水平。土地开发利用强度过高，达到17%，远远超出8%的世界平均水平。苏南地区是江苏省最为发达的地区，包括南京、无锡、常州、苏州和镇江五个市，面积2.8万平方公里，2012年常住人口3302万。南京市市辖区人口达到552万，无锡、常州、苏州均超过200万，镇江超过100万，都进入

了大城市行列。城镇化水平超过 70%，城市人口达到 2200 万，是全国城乡居民收入差距最小的地区之一（2.09∶1），人口密度达到 1173 人 / 平方公里。

苏南地区是人口流入比较多的地区，根据第六次人口普查和第五次人口普查数据，平均每年增加 95 万人，其中南京市平均每年增加 17 万人，无锡市平均每年增加 12 万人，常州市平均每年增加 8 万人，苏州市每年增加 36 万人，镇江市平均每年增加 22 万人。

根据城镇化进程的 S 型曲线，当城镇化水平超过 70% 时，城市发展进入成熟期，特大和大城市的人口逐渐向中小城市转移。但是，由于上海及苏南地区经济发展水平高，工资水平高，仍在吸引人口流入，这必将加剧已经十分紧张的人口与资源环境之间的矛盾。

（二）武汉、重庆、成都存在首位度过高、人口过度向大都市集中的问题

武汉市是长江中游重镇，具有较大的人口规模。2012 年，武汉市市辖区人口 555 万，远远高于湖北其他城市市辖区人口，其他区域性中心城市襄樊市 225 万、宜昌市 125 万、荆州市 113 万、鄂州市 109 万。武汉市的首位度为 2.3。2012 年，武汉市常住人口为 1012 万人，比 2000 年多 245 万人，平均每年增加人口 20 万人。

重庆市 1997 年成为直辖市后，下辖万州市、涪陵市、黔江市撤市设区，其区域中心地位受到削弱，经济要素向中心城区快速流动。2012 年，主城 9 区（包括渝中区、南岸区、江北区、渝北区、九龙坡区、沙坪坝区、北碚区、巴南区、大渡口区）土地面积 5476 平方公里，常住人口 795 万人，比 2000 年的 615.76 万人增加 179.24 万人，平均每年增加 14.94 万人。2012 年，重庆市常住人口 2945 万，其中一小时经济圈常住人口为 1837.14 万人，占全市常住人口的 62.4%。万州区被称为重庆市第二大城市，2012 年常住人口仅为 158.31 万，为重庆主城区的五分之一。

成都市是四川省省会，也具有一城独大的典型特征。2012 年，成都市辖区人口 670 万，远远高于四川省内其他市辖区的人口，如南充市 194 万、遂宁市 152 万、自贡市 150 万、泸州市 147 万、内江市 142 万、绵阳市 123 万。2012 年，成都市人口 1417.78 万，城镇化率 68.4%，城镇化已达到较高的水平。

（三）大量地级城市规模偏小，吸引集聚人口能力不足

地级城市是我国今后吸纳人口的主要载体，也是连接省会城市和县城的主要桥梁。由于各地级城市形成原因不同，市辖区的面积和人口还不能真正反映地级市的大小，比如撤县设区和撤市设区往往使市辖区面积和人口迅速扩大，但不完全是真正意义上的城镇人口。

根据每平方公里建成区面积人口达到1万人为标准，一个地级城市的建成区面积应达到100平方公里，才能使城市人口达到100万，就可以使地级城市形成自然集聚人口和产业的基础。同时，根据我国的基本国情，长江经济带的地级市人口应该达到400万及以上，其中建成区人口超过100万为佳。根据这样一个判别标准，长江经济带还有大量的地级城市达不到这样的标准，进而分流不了省会城市人口过度集中的压力。

长江经济带只有25个城市的建成区面积超过100平方公里，其他地级城市建成区面积均小于100平方公里。这些城市具有较大的发展空间，是承载人口的主要载体。由于吸纳能力较小，不足以吸引区域内农村人口的进入，导致全省人口奔省城、全国人口奔上海的局面，造成大量的人口候鸟式迁徙。

（四）农业转移人口转为市民存在制度障碍、成本障碍和文化障碍

农业转移人口是最有条件、最有可能转为城市居民的人口，且农业转移人口转化为市民后，继而将整个家庭从农村转移到城市，存在放大效应。对于城市来说，将极大地扩大消费需求，进一步发挥消费对经济增长的拉动作用。

长江经济带是我国人口分布比较密集的地区，存在着大量的农业转移人口，尤其是安徽、江西、湖北、湖南、四川、贵州是我国农业转移人口的主体区域，每个省转移人口规模都在1000万以上，重庆市转移人口规模在800万以上。转出地存在留守儿童和留守妇女的问题，将来会出现留守老人的问题。

尽管国家和有关省市出台了一系列政策措施促进农业转移人口市民化，比如，2000年我国全面放开了县以下城镇的落户限制；2011年全面放开了农民进入中小城市的落户限制；2012年放开地级市户籍，部分大城市和特大城市户籍管理也在松动，但农业转移人口转化为市民仍困难重重。主要有以下原因：一是发达

地区存在较高的入户门槛。2010年至2012年，广东省通过积分入户的大约为“农民工”总量的百分之一，73.7%的积分入户者具有职称或者严苛的职业资格。可见积分制度是一项较为严格的制度，大量农业转移人口很难逾越。二是农业转移人口转入城市存在较高的转入成本。据测算，“农民工”成为市民所需的公共支出成本总共约13万元，包括随迁子女教育成本、医疗保障成本、养老保险成本、民政部门的其他社会保障支出、社会管理费用和保障性住房支出。三是城市房价日益高涨，2012年长江经济带的房价收入比从高至低为：上海12.4、江西8.1、四川8.0、湖北8.0、云南7.2、重庆7.0、安徽6.9、江苏6.7、湖南6.1。对于低收入和就业不稳定的农业转移人口来说，房价收入比实际更高。此外，四川、贵州和云南省是我国少数民族聚居地区，少数民族特有的文化决定了其城镇化需要一个漫长的过程。

（五）县城人口集聚的稳定性较差，城市群内城市之间尚未形成实质意义上的分工合作

县城及县级市所辖街道（以下统称为县城）直接面向农村，成为农民进城的第一选择。但是，由于县城处于生产要素流动的末端，处于社会商品流动的末端，功能不完善，交通不方便，产业基础薄弱，导致县城规模普遍偏小，难以吸纳人口；即使已居住在县城的人口，也不太稳定，流动性大。

目前长江经济带形成了长三角城市群、长江中游城市群、成渝城市群等几大城市群，除长三角城市群之外，其他城市群的成熟度比较低，主要表现在：一是城市之间互联互通的水平比较低，除了长三角城市群内已经形成高速公路网之外，其他城市群还没有实现互联互通。二是城市之间对要素的竞争仍比较激烈，人口等生产要素向省会城市集中，省会城市成为区域经济的抽水机，导致“一城独大”。三是没有建立沟通合作的机制，城市之间没有实现有效分工协作。

三、长江经济带推进城镇化的基本思路

围绕打造中国经济升级版支撑带的发展目标，坚持以人为本、合理布局、四化同步、环境优先的原则，以农业转移人口市民化为首要任务，以提高城市综合

承载力为支撑，正确处理城市发展与资源环境承载力的关系，充分发挥城市对经济要素的集聚作用和对农村的辐射带动作用，形成以城市群为主体形态、大中小城市和小城镇协调发展的空间格局，走一条资源节约、环境友好、经济繁荣、社会和谐的城镇化道路。

（一）积极推进农业转移人口市民化

加快推进农业转移人口和城市居民基本公共服务均等化。把长江上游地区居住在深山区、石山区等生态极度脆弱地方的农村居民吸引下来，就近或到中下游城市从事二、三产业，尽快改变他们的贫困状态，并积极推进农业转移人口市民化。率先开展户籍制度改革，打破“二元”户籍制度，实现城市居民和外来人口基本公共服务全覆盖。

长江上游地区是重要的生态屏障，生态环境比较脆弱，居住人口众多，保护环境成为重中之重。必须坚持生态保护与污染防治并举、经济建设与环境保护并重的原则，把减少上游地区农村人口作为推进城镇化的重点，尽可能吸引他们就近到城镇就业或转移到中下游地区。要根据资源和环境承载力，合理确定上游地区城市规模，支持有条件的城市加快发展，提高对农村转移人口的吸纳能力。

长江中上游的省市及安徽省跨省（市）流入的人口数量少，农业转移人口市民化应以地级市为基本单元，以县域内农村转移人口市民化为突破口，加快推行城乡基本公共服务均等化。对于众多现阶段还不能放开城乡户籍的特大城市，则可根据城市公共服务资源情况，依据农业转移人口在城市就业和居住的稳定性，给予相应的待遇和服务，并根据城市经济发展速度，不断提高公共服务水平，逐步缩小与市民之间的差距。重点将城镇户籍居民享有的基本公共服务向农业转移人口延伸和覆盖，并将满足一定条件的农业转移人口转为城市居民。

（二）发挥城市群的集聚力和辐射力

随着城市之间经济联系越来越紧密，城市的功能也逐步细分，城市与城市之间只有加强合作、整合功能，才能保持强有力的国内外市场竞争力。我国人多地少且适宜人口大规模集聚发展的国土资源较少的现实，决定了我国城镇化道路是紧凑型、集约化和高密度的，城市群因此成为我国城镇化的主体形态。围绕长江沿岸的上海、南京、武汉、重庆、成都等超大城市，初步形成了长三角城市群、长江中游城市群和成渝城市群。这三大城市群已成为农业转移人口集中流入的地区，其经济技术发展水平也比沿江其他地区明显高出一个层次，是带动整个长江流域经济发展的核心区域。要继续发挥城市群的带动和辐射作用，加强城市群内各城市的分工协作和优势互补，增强城市群的整体竞争力。要加强城市群的科学规划，建立城市群的区域合作机制，鼓励和支持城市群内大中城市进一步做大做强、中小城市提升产业功能、小城镇增强公共服务功能，以增强城市群区域的产业集聚能力和人口承载能力。

（三）积极促进城市群之外区域性中心城市的发展

地级市的土地面积一般一万到三万平方公里，人口 300 万至 500 万人。其中心城区的人口约 50 万 ~ 100 万人，是地级行政区的区域性中心城市。加快区域性中心城市发展，已成为推进城镇化的现实选择。长江经济带内的地级以上城市，大都具备培育成为区域性中心城市的基础。长江经济带内共有 125 个地级以上城市，处于长三角城市群、长江中游城市群、成渝城市群内的城市有 56 个，其余都在城市群之外。这些城市基本都远离我国经济增长中心和特大城市，担负着带动周边地区发展的重任。需要在进一步壮大区域性中心城市规模的基础上，不断完善城市功能，建设新型城市，提升城市辐射带动能力，引领区域经济发展。

（四）增强城市产业支撑

党的十八大提出了“坚持走中国特色新型工业化、信息化、城镇化、农业现代化道路”，要求“促进工业化、信息化、城镇化、农业现代化同步发展”。实现“四化”同步发展是我国加快转变发展方式，全面建成小康社会的新课题、新任务。应从战略和全局的高度把握工业化、信息化、城镇化、农业现代化的内在联系，探索“四化”联动的规律和模式。推动信息化和工业化深度融合，工业化和城镇化良性互动，城镇化和农业现代化相互协调。实现产城互动、产城一体、产城融合和“四化”同步发展。

按照产业集聚、资源节约、生态环保的原则，积极推动区域产业分工和协同发展，引导企业向园区、园区向城镇集中，带动农村人口向城镇转移。鼓励和支持产业集群的培育，构建带动能力强的产业链，大力发展生产性服务业，提高产业的根植性。增强支撑城市发展的产业集聚能力。进一步加大开发区和产业园区的支持力度，提高园区对产业的吸纳能力。

推进产业发展规划与城市总体规划、土地利用总体规划相衔接，鼓励和支持特大城市、大城市规划建设重点产业集中区，实现产业与城市发展相互依托、同步建设，逐步向外转移主城区的部分功能，实现产城融合、产城一体。不断完善城市市政、公用等配套功能，优先建设城市基础设施，以及学校、医院和其他商业、金融服务业。中小城市的园区建设，要依托现有城市基础，适当进行功能分区，实现功能共享。

（五）通过三大城市群辐射带动三大经济区

经济区是社会地域分工发展到一定阶段后形成的一种空间组织形式。随着长江经济带的开发，三大城市群的腹地将向外拓展，逐步形成经济联系日益紧密的长三角经济区、长江中游经济区和长江上游经济区。其中长三角经济区以长三角城市群为依托，包括上海市、江苏省、浙江省、安徽省，辐射江西省的上饶、景德镇、鹰潭等地区。该经济区自然禀赋优良、经济基础雄厚、城镇体系合理、科教文化发达，已成为全国基础设施最完善、经济实力最雄厚、整体竞争力最强的地区之一。但苏北地区、浙南地区和安徽、江西相邻地区的经济实力相对较弱，要通过统一规划、加强合作、基础设施对接等举措，实现经济区共同发展的目标。长江中游经济区以长江中游城市群为依托，包括湖北省、湖南省、江西省。该经济区要在加快提升长江中游城市群实力的基础上，做大做强宜昌、襄阳、恩施、怀化、吉首等区域性中心城市，辐射带动区域经济发展。长江上游经济区以成渝城市群为依托，包括重庆市、四川省、云南省和贵州省。该经济区要发挥长江黄金水道的作用，吸引要素在沿江城市布局，加快港口城市发展。同时，要高度重视生态保护工作，切实采取措施治理石漠化，维护长江上游流域生态安全。

四、推进长江经济带城镇化的政策建议

长江经济带城镇化涉及农业转移人口市民化、空间布局优化、城市群的发展、

城镇体系的完善等方方面面的内容，需要根据总体思路，对农业转移人口、城市群协调发展机制、增长极的培育等多方面的政策进行系统设计。

（一）建立健全合作机制，实现城市群内部一体化发展

建立健全合作机制。鼓励和支持长江经济带三大城市群建立市长联席会议制度，定期和不定期协商解决区域内的重大问题，积极推进交通、旅游、工业、农业、生态、科技人才、投资等方面的合作；下设若干个委员会作为政策的执行机构，定期召开会议、沟通信息，及时反映区域内发展中面临的问题，提出解决办法。进一步培育发展和规范管理社会组织，在行业协会中引入竞争机制，允许“一业多会”，允许按产业链各环节、经营方式和服务类型设立行业协会，允许跨地域组建、合并组建和分拆组建等。同时，建立和完善委托授权机制、合作联动机制、征询机制、监督指导机制等制度措施，促进行业协会的有效运转，充分发挥行业协会的桥梁纽带作用。借鉴广东省推进珠三角区域一体化的评价方法，建立跟踪评估制度，对各种一体化发展要素进行针对性的监测、检查、统计、分析、评价，提出进一步修改、发展和完善的建议；建立违约惩罚制度，对违约的地方政府采取减少合作项目、取消某种优惠、向社会公布评估结果或启动内部民意压力等间接措施给予一定惩罚。

（二）妥善处理农业转移人口市民化过程中的土地问题

处理好农业转移人口市民化进程中土地问题的政策导向是，确保农业转移人口的土地权益，并构建城乡之间土地平等交易制度。首先，在完成农民宅基地使用权确权的基础上，尽快完成农民耕地使用权确权登记颁证工作，使“农民工”享受到农村土地最充分的使用权和收益权，这是使“农民工”即使进城务工也能得到土地各种收益的基础。其次，建立耕地流转和宅基地及住房转让的服务机构，包括对所退出宅基地进行整理以及开发经营等，从而为建设用地指标增减挂钩和交易奠定基础。其三，完善城乡土地增减挂钩的约束机制，包括复垦资金或耕地保护资金，并加强对于土地收益用途的监督和管理。其四，加快建立城乡统一的建设用地市场，为城乡建设用地指标市场化交易提供基础。建立统一有序的土地市场，以公开规范的方式转让土地使用权。

（三）促进农业转移人口在城镇稳定就业和获取合理的报酬

城镇化质量高低关键在于城市能否为进城农民提供充分的就业机会。首先，长江下游地区在加快产业结构调整升级步伐的同时，要加大对“农民工”培训的力度，使之获得日益提高的生存技能。其次，长江中上游地区要继续重视发展劳动密集型产业和服务业，为农业转移人口提供更多就近就业机会。其三，积极支持中小企业，特别是小微企业的发展，使之成为就业致富的“蓄水池”。其四，长江中上游地区要加快建立非正规就业管理和服务体系，在场地、税收、人才培训等多方面给予扶持，促进非正规就业或灵活就业。

（四）有重点、有选择地培育新的增长极

首先，释放沿江两岸城市发展潜力。沿江 23 个城市，有些发展基础较好，水资源承载能力高，建议有重点地选择若干个城市，采取加大政府投入、下放审批权限、支持基础设施建设等方式培育新的经济增长极，促进长江经济带均衡化发展。其次，培育三大城市群内新的经济增长极。长江中游城市群和成渝城市群内“一城独大”的问题比较突出，要从完善城镇体系的角度，选择若干个城市，采取调整行政区划、创新管理模式、制定优惠政策等方式，支持经济增长极的发展。其三，在长江上游地区选择具有区域带动作用的县城作为经济增长极进行培育，集聚产业和人口，使之成为区域经济的中心。

（五）支持建制镇发挥农村地区服务中心的作用

长江中游多数是平原地区，农村数量多，农民人口多，长江上游多数是山区丘陵，居住分散。小城镇尤其是建制镇具有农村地区的经济中心、文化中心功能，具有带动农村、支持农业、服务农民的作用。富裕起来的农民可选择到城镇居住，外出务工回乡的“农民工”也会选择到家乡附近的城镇居住。因此，建制镇也是城镇化的重要载体。长江经济带的规划和建设要重视建制镇的规划、建设和管理，支持建制镇的发展，加强建制镇的服务功能和对人口的吸纳能力。

（《长江大学学报（社会科学版）》2018 年第 1 期）

第三部分
地方创新

勇当长江经济带生态大保护排头兵

——上海积极推动长江经济带保护与发展纪实

李治国

推动长江经济带发展，核心是走生态优先、绿色发展之路。如今，上海正把生态环境保护摆在重要位置，大力加强生态修复和环境综合治理，努力保证一江碧水在“最后一公里”的清澈；同时，作为长江经济带的“龙头”，上海正主动融入长江经济带建设，积极探索可复制、可推广的改革经验，争取率先在改革开放、创新发展、交通设施和生态环保等重点领域取得突破性进展，为长江经济带发展作出新贡献。

长期以来，长江经济带被誉为中国经济的“金腰带”。从区位上看，上海位于长江的最末端，既是长江受污染时的“受害者”，也是长江生态改善的直接受益者。作为长江经济带上最发达、配置资源能力最强的国际化大都市，上海更要成为长江生态保护、流域绿色发展的推动者和贡献者。

“龙头”作用还需凸显

作为长江经济带的“龙头”，在新一轮发展中，上海一直将绿色发展作为出发点。

记者在上海杨浦区看到，从怀德路到丹东路550米岸线沿江地块，作为杨浦南段滨江公共空间一期示范段，已经成为市民休闲的好去处。杨浦滨江投资开发公司规划发展部部长张洪新表示，杨浦区一方面统一编制了沿岸公共空间和产业发展规划，另一方面通过创新思路和办法突破瓶颈，加快土地岸线码头空间释放。

为了进一步推动绿色发展，上海日前审议通过了《崇明区总体规划暨土地利用总体规划（2017—2035）》，要把崇明打造成长江经济带生态大保护的标杆和典范。按照《规划》，预计至2035年，崇明将基本建成长江生态环境大保护的示范区、国家生态文明发展的先行区。

“上海作为‘龙头’城市，应该推动经济由沿海溯江而上梯度发展。”上海社会科学院副院长张兆安表示，“上海可以通过服务辐射长江经济带上的多个城市，比如可以利用国际航运中心建设平台，发挥长江黄金水道的作用，通过港口合作、水运合作，创造更多可复制可推广的做法和经验”。

“资源环境矛盾突出等问题，同样也是上海必须面对的严峻命题之一。目前，上海全市的开发强度已经达到了46%，这在国际上也是非常高的水平了！”上海市政府发展研究中心党组成员、副主任严军说，近年来上海划定了长江岸线的生态红线，在环境治理和生态改善上做了很多工作。未来，上海还要在有限的国土空间里巧做生态“加减法”，成为长江经济带绿色发展的表率。上海市委常委会扩大会议也表示，上海将在5个方面持续发力，与兄弟省份共同探索长江经济带“生态优先、绿色发展”的新路子。

首先是推动生态环境治理合作，落实最严格的水资源管理制度，推动建立地区间、上下游生态补偿机制，加快形成生态环境联防联治、流域管理统筹协调的区域协作机制；其次要推动区域产业创新合作，建立重大科技创新资源共享机制，联合开展重大产业关键技术攻关，积极探索多种形式的产业合作模式；第三是要推动黄金水道建设，逐步实现航道统一规划、船舶统一设计、建设统一标准、服务管理统一模式，促进长江经济带运输资源有效配置和集约利用；第四是要推动一体化市场体系建设，简政放权，清除壁垒，推动资源要素跨区域流动和优化配置，建立区域间市场准入和质量、资质互认制度；第五是要深入推动长三角一体化发展，并以此为突破口增强对长江流域和全国的辐射服务功能。

多方联动治江管水

在上海浦东，记者注意到，沿江的人行步道已经全部建成贯通。“未来黄浦江东岸沿线将以‘城市生活与滨江空间交织互动’为核心理念，把浦东独有的连续性高桩码头改成亲水平台，从滨江向内分别铺设漫步道、跑步道、骑行道 3 种通道，交织的慢行通道为人们带来多样的慢行体验。”黄浦江东岸开发投资有限公司贯通办主任孙强说。

近年来，随着上海环保三年行动计划等的推进，上海水环境实现持续改善。记者从上海市环保局获悉，上海按照严于全国的要求治理水污染，完成建成区截污纳管攻坚战，苏州河、中心城骨干河道整治和郊区“万河整治”全面实施，上海全市主要河道基本消除黑臭，淀山湖及周边水系水质明显改善，富营养化呈下降趋势。这些水域环境改善，直接影响长江的水体水质，避免长江在入海前遭遇新的污染。

不可否认，上海水资源利用和保护还存在着一些问题。比如，上海存在水源地安全保障能力的短板，城乡供水水质有待进一步提升；受上游边界来水水质、本地未纳管污染源和雨天入河污染物的影响，城乡河道水环境质量与目标要求也有一定差距等。

因此，在“十三五”期间，上海将进一步提高水安全保障，优化水资源配置，改善水环境面貌。一方面将建设和完善水源地保护体系，加强水源地保护力度；另一方面将加快推进污水治理和河湖水系综合整治，改善河道水环境质量。

治水是个系统工程，既要治好河中之水，也要管好河上之事。“经济发展不能给长江留下污染。”上海市交通委副主任张林表示，作为国际航运中心，上海依托长江黄金水道发展航运业的同时，对推动减少航运业的污染责无旁贷。

比如，宝山区的邮轮产业近年来发展迅猛，但也带来了一定的环境压力。据估算，一艘邮轮排放的大气污染物相当于 2200 辆汽车。“新兴产业绝不能制造新的污染！为此，我们在码头建设了全世界最大的邮轮岸基供电系统。”上海吴淞口国际邮轮港发展有限公司董事长王友农说，今后，邮轮靠泊后，绿色能源将彻底取代传统燃油，真正实现零排放。按照计划，洋山港、外高桥港等核心港区将在明年实现岸电系统全覆盖，停靠船舶的排污将大幅下降。

上海“十三五”规划纲要提出，到 2020 年，上海将明显改善水环境质量，基本消除黑臭水体；有效改善空气质量，优良率达到 80% 左右；增加绿色生态空间，生态用地面积达到3500平方公里……这些数字目标，都将成为未来长江流域生态环境改善的组成部分。

为保证一江碧水顺利汇入大海，宝山区还将着重提升水环境质量：加强水源地保护，全面关停清拆水源保护区内的工业污染源；加快推进河网水系综合治理，改善区内河道水质，提升河道生态功能；至2020年，地表水环境质量得到有效改善，实施骨干河道综合整治10公里，骨干河道疏浚55公里，完成生态修复与景观河道建设25公里；全面消除重污染河道，主要镇级以上河道水质明显改善，基本消除劣V类水体，主要镇级以上河道水环境功能区达标率力争达60%。

（《经济日报》2018年8月13日）

江苏沿江各市推进长江经济带发展

发源于“世界屋脊”的长江，气势磅礴绵延6300余公里。作为中华民族的母亲河，长江经济带的发展事关国家重大区域发展战略。2018年4月24日至25日，习近平总书记深入实地了解长江经济带发展战略实施情况。26日下午，总书记在武汉主持召开深入推动长江经济带发展座谈会并发表重要讲话，包括江苏在内的长江经济带相关省市的负责同志参加会议。

坐拥400多公里长江岸线的江苏，如何在新时代重新认识和定位长江？如何高水平融入并推进长江经济带发展？4月28日，江苏省委召开领导干部会议，传达学习习近平总书记在深入推动长江经济带发展座谈会上的重要讲话精神，研究部署贯彻落实工作。

5月2日，江苏省委书记娄勤俭率沿江八市市委书记和省政府及有关部门负责同志，就深入落实长江经济带发展战略进行专题调研。“北京西路瞭望”注意到，这是娄勤俭到任江苏以来，最为“豪华”的调研阵容，足以见其高度重视落实总书记重要讲话精神和对全省长江经济带发展的看重。

调研中，娄勤俭强调，落实好长江经济带发展战略，一定要把思想统一到习近平总书记关于长江经济带发展的重要讲话和“共抓大保护、不搞大开发”上来，认真贯彻落实新发展理念，着力探索生态优先、绿色发展的新路，推动全省高质量发展，万众一心唱好新时代的长江之歌。

新时代的长江之歌在这里唱响

江苏长江经济带包括南京、扬州、镇江、苏州、无锡、常州、南通、泰州（江苏沿江八市），是“长三角城市群”中城市数量最多的区域。

在调研中，娄勤俭通过沿江实地察看，发现问题，研究对策，提出了“抓住机遇、推动转型”“创新驱动、高质量发展”“进一步强化系统性思维”等3点要求，以推动江苏长江经济带高质量发展走在前列。

“北京西路瞭望”注意到，早在4月23日，江苏省委召开专题会议，听取全省实施长江经济带发展战略情况汇报，研究进一步做好全省长江经济带建设工作。专题会议第二日，全省即刻行动！4月24日起，全省对沿江八市开展为期一个月的共抓大保护交叉互查环保联合执法专项行动。年内，沿江8市存在的34个长江取水水源地环境问题也将全部整治到位。

近年来，江苏省委、省政府系统谋划沿江地区环境污染防治、生态保护修复等各项工作，陆续出台了长江经济带《生态环境保护实施规划》等多个专项规划，开展长江经济带污染专项执法行动。

预防和治理并重。为建设生态更加优美的长江经济带，江苏将把“三线一单”（生态保护红线、环境质量底线、资源利用上线，环境准入负面清单）作为“规矩”“禁区”。在划定省级和国家级生态红线区域基础上，按照生态环境部安排，相关部门正抓紧编制江苏省长江经济带“三线一单”，以环境质量目标测定区域污染物排放总量限值，实现以提高环境质量为核心的环境管理转型，从生态环保角度为产业发展提前划好框、定好规则，规范开发行为，推进形成绿色发展格局。

推动长江经济带绿色发展，关键是要处理好绿水青山和金山银山的关系。长江是货运量位居全球内河第一的黄金水道，承担了沿江地区85%的煤炭、铁矿石以及中上游地区90%的外贸货运量。5月8日，长江南京以下12.5米深水航道二期工程正式试运行，对国内外船舶开放航行。作为《长江经济带发展规划纲要》确定的重大项目，深水航道的贯通，意味着长江经济带综合立体交通走廊建设取得重大进展。今后，依托长江黄金水道，江苏全省可统筹推进水运、铁路、公路、航空、管道等各种运输方式，加快多式联运发展和综合交通枢纽建设，打造高效畅通的长江综合立体交通走廊，推动长江经济带发展。

沿江各市以实际行动共唱长江之歌

发展是永恒的命题。在联动和融合发展的同时，江苏沿江各市也正积极以实际行动同唱新时代长江之歌——

苏州：高标准高质量建设长江生态屏障

近日，苏州市委领导率沿江三市及有关部门负责同志，就落实长江经济带发展战略进行专题调研。周乃翔一行在张家港双山客运码头登船，沿江顺流而下，实地察看张家港、常熟、太仓三地长江岸线资源利用、生态环境保护以及产业布局现状，详细了解沿江化工企业整治提升、非法码头清理、自然岸坡恢复、入江河流水质等情况。

市委领导在调研中强调，对照省委、省政府的最新要求，进一步提高政治站位、统一思想认识、强化使命担当，坚持系统思维，突出问题导向，严格落实属地责任，全面调查摸清底数，深入细致制定保护方案，健全源头防控和整改巩固机制，深入推进"263"专项行动，高标准高质量建设长江生态屏障。要深刻认识推动长江经济带发展为苏州加快转型升级创造的宝贵机遇，着力推进沿江地区产业结构和布局调整，构建创新绿色循环低碳发展的沿江产业体系，为推动长江经济带生态优先、绿色发展作出更大贡献。

南京：树立"一盘棋"思想

4 月 10 日，《南京市长江岸线保护办法》正式实施，这是全国第一部聚焦长江岸线保护的地方性法规，力求通过法制化的倒逼，来提高保护标准的提升、保护责任的落实、保护工作的推进，真正把习近平总书记的要求落到实处。

5 月 4 日，南京市委常委会会议指出，全市上下要牢牢把握"五个关系"和"共抓大保护、不搞大开发"的总基调，以高度的政治责任感使命感和强烈的危机感紧迫感，切实把保护和修复长江生态环境摆在压倒性位置来抓。要紧紧围绕高质量发展要求，系统谋划南京推动长江经济带发展的目标任务，坚持在发展中保护、在保护中发展，统筹抓好环境污染治理、落后产能淘汰、产业布局调整、经济转型升级、城市规划建设等重点工作，真正实现腾笼换鸟、提质增效。要树立"一盘棋"思想，加强与兄弟城市的协调联动，坚决把中央和省委有关部署落到实处。

记者发现，南京作为长江中下游地区夹江而设的城市之一，拥有 197 公里长的长江岸线，占江苏省内长江岸线总长的 28%，长江生态保护一直是重要责任之一。在取缔沿江27处非法码头的基础上，为贯彻落实长江经济带“共抓大保护、不搞大开发”精神，南京市目前正通过严控污染、生态修复等方式，全面加强长江岸线保护。

扬州：高度重视对自然生态区和水源地的保护

去年，扬州市发改委下达了《推动长江经济带发展重点任务分工方案的通知》，其中生态环境保护被放在首要位置，当年任务数为各项任务中最多的15项，包括治水、治污、生态修复、岸线合理利用等多个方面。修复长江生态环境成为摆在压倒性位置的一项重要工作。

4月30日，扬州市委书记谢正义一行开展长江经济带扬州段建设调研，并召开现场工作会议。在行程2个多小时内，谢正义对长江扬州段的沿岸生态环境和发展建设情况进行了详细调研，并询问了长江两岸港口布局、船厂生产运营、水上安全监管情况。谢正义再次要求，相关部门要加快长江岸线资源整合和产业调整步伐，高度重视对自然生态区和水源地的保护。

南通：争当三个“先锋”

4月27日，南通市委书记陆志鹏赴开沙岛、长青沙调研时指出，要认真贯彻落实习近平总书记在深入推动长江经济带发展座谈会上的重要讲话精神，坚持共抓大保护、不搞大开发，保护好南通市在长江中的这块宝贵岛屿资源，走好生态优先、绿色发展之路。

5月3日至4日，省委书记娄勤俭在南通调研时强调，进入新时代，踏上新征程，南通发展正进入加速期、关键期，要认清优势和责任，争当全省解放思想跨越赶超的先锋。要把握新时代发展的核心任务，争当全省高质量发展的先锋。要营造良好政治生态，争当新时代全省干事创业的先锋。陆志鹏表示，娄书记提出南通要努力成为江苏沿海崛起的龙头，争当三个“先锋”，既是鼓励，更是鞭策，将按照省委要求，凝心聚力，压实责任，狠抓落实，决不辜负省委对南通的期望。

泰州：推动高质量发展上展现更大作为

4月30日，泰州市委市政府召开会议，传达学习习近平总书记在深入推动长江经济带发展座谈会上的重要讲话精神，贯彻省委最新部署要求，研究贯彻落实工作。会议指出，泰州拥有96.3公里的长江岸线，是长江经济带的重要组成部分。要更加深刻理解“共抓大保护、不搞大开发”的重要内涵，把总书记关于推动长江经济带发展需要正确把握的“五个关系”切实执行好，更加自觉地扛起责任，在推动长江经济带泰州段高质量发展上展现更大作为。

当天上午，泰州市委书记韩立明一行在高港码头登上轮船，实地察看高港、泰兴、靖江三地长江沿岸生态环境和发展建设情况，听取岸线资源规划利用、沿线产业布局和码头设置、环境问题整治等情况汇报。

长江之歌不能只在“岸线”唱

5月2日调研时，娄勤俭特别强调，推动长江经济带生态优先、绿色发展，不仅仅是对沿江地区的要求，必须落实到省域全境。

唯有正确把握整体推进和重点突破的关系，才能将大局要求和本地实际结合起来，以确保流域内各地区经济、社会发展和环境保护工作的整体推进。

“共抓大保护，不搞大开发，需要全省各地统筹发展。”南京大学长江产经研究院研究员陈柳认为，特别是沿江八市，应打破不同区域行政藩篱束缚，统筹规划，根据自然禀赋，差异化发展，实现大区域内异质同构发展，打造开放的长江经济带发展生态链。陈柳还认为，长江流域横贯东西，自然资源禀赋多种多样，地处长江中下游的江苏地区，经济相对活跃，要避免把长江经济带战略仅仅看作“岸线发展”，而应该紧紧抓住契机，系统谋划符合江苏特色的发展新路子，构建省域整体发展新机制，推动全省高质量发展。

（《交汇点》2018年5月10日）

浙江省高质量参与长江经济带建设

张丽玮

浙江地处长江三角洲南翼，西连安徽、江西，北接上海、江苏，是长江三角洲城市中承上启下的重要纽带。长江经济带各省市既相对独立，又是一个有机的整体。推动长江经济带发展是党中央的重大区域发展战略。

作为长三角的重要组成部分，浙江有独特的优势和功能可以发挥。主动作为融入长江经济带，既可以更好地促进浙江转型发展，也是浙江在新时期应该自觉承担的战略使命。浙江省始终把长江经济带发展战略思想战略任务贯穿到各项工作之中，高质量参与推动长江经济带发展。

近年来，宁波舟山港成为全球首个年货物吞吐量超10亿吨大港，舟山江海联运服务中心建设迅猛发展，浙江自由贸易试验区建设如火如荼……浙江高质量参与长江经济带建设成果丰硕。

站在新时代的新起点，依托长江黄金水道优势，浙江迎来新的发展机遇：最严格的生态保护制度呼之欲出，义甬舟开放大通道蓄势待发，江海联运交运体系内畅外联，产业有序梯度转移……

作为长江经济带建设的重要参与者，浙江正以“绿水青山就是金山银山”理念为指引，扛起“共抓大保护”的责任担当，以更高质量、更高水平参与长江经济带建设。

共饮一江水，携手同发展。主动融入长江经济带的浙江，与沿江地区携手并肩，开放合作、共赢发展，一同描绘盛世大江。

顶层设计 整体规划

如果把长江经济带比作一条即将腾飞的巨龙，位于长三角南翼的浙江，将起到画龙点睛的作用，浙江岸长水深，可建万吨级以上泊位的深水岸线 290.4 公里，10 万吨级以上泊位的深水岸线 105.8 公里。

早在 2003 年，浙江省委提出的“八八战略”就明确要求“进一步发挥浙江的区位优势，主动接轨上海、积极参与长江三角洲地区交流与合作，不断提高对内对外开放水平”。

跳出浙江发展浙江，是浙江经济发展的必然要求，也是浙江在高起点上实现更大发展的战略选择。近年来，浙江省对照国家对浙江的定位要求和浙江省自身发展需要，谋划形成了参与长江经济带建设“中长期规划 + 三年行动方案 + 年度推进计划”的整体推进体系。

为落实党中央、国务院《长江经济带发展规划纲要》，2017 年 9 月，浙江省编制印发了《浙江省长江经济带发展实施规划》。规划近期至 2020 年，远期展望到 2030 年，明确了浙江参与长江经济带建设的四大战略定位、“两核两带三区”的空间布局，以及发展目标和主要任务举措。

2016 年印发的《浙江省参与长江经济带建设实施方案（2016—2018 年）》，部署了近三年浙江省推动长江经济带发展的主要工作任务，明确了具体任务分工。根据实施规划和三年行动方案确定的目标任务，我省每年制订实施年度工作要点，明确当年需要重点推进的各项工作任务，并积极督促抓好落实。

江海联运 画龙点睛

安徽马鞍山，2018 年 4 月 9 日 15 时许。随着一声汽笛鸣响，满载着 2 万吨铁矿砂的中国首艘 2 万吨级江海联运直达船——“江海直达 1”号靠泊安徽马鞍山马钢港务原料总厂码头，完成首航。

这一刻，舟山人等了许久。“江海直达船是舟山江海联运服务中心建设的重要载体，是解决江海联运瓶颈、提升长江黄金水道运输效率的关键工具。”舟山市港航管理局负责人表示。

连接长江，走向大洋，浙江在融入长江经济带中下好先手棋。近年来，浙江主动建设舟山江海联运服务中心，着力为长江经济带“画龙点睛”，打造21世纪海上丝绸之路的战略支点。

位于长江入海口附近的浙江，处在中国海岸线的黄金中点位置，具备通江达海的区位优势，这使浙江在长江经济带的陆海联动、江海联运中发挥着独特而重要的作用。

把长江内河水运与沿海港口的国际海运结合起来。舟山去年建成的2万吨级江海直达船，是国内第一艘针对特定海域、特定航线、特定船型的江海联运直达船。一系列举措为舟山江海联运服务中心建设打下了基础。

“不要忘记了，浙江还有一个宁波舟山港，全球首个货物吞吐量达10亿吨的大港。”江苏长江经济带研究院院长成长春说，长江沿线省市所需的铁矿砂、原油等大宗商品有相当大一部分是通过宁波舟山港转运。

长江经济带上，点缀着许多并不靠海靠江却是重要商品物流基地、辐射四海连通内外的“无水港”，如义乌。作为江海联运的重要中转节点，宁波舟山港近年来一直积极参与长江经济带“无水港”建设布局和长江黄金水道沿线码头合资合作，带动港口与沿江腹地联动发展。

有形的铁路和无形的海关便利政策相互配合，让宁波舟山港的腹地深入到了内陆，已覆盖全国14个省、35个市。

浙江上下正在全力推进的大湾区大花园大通道大都市区，无不与长江经济带建设密切相关。

浙江省发改委印发的《2018年浙江省参与长江经济带建设工作要点》强调，要把修复长江流域生态环境摆在压倒性位置，以推动大湾区大花园大通道大都市区建设为重点，立足长三角、面向全流域，更高质量、更高水平参与长江经济带建设。

浙江省发改委相关负责人表示，浙江省大湾区处在中国沿海和长江经济带这个T字型的黄金交汇处，地理位置非常独特同时极具优势，发展空间巨大，发展机遇难得。

根据已编制完成的《长三角地区一体化发展三年行动计划(2018—2020年)》，浙江省在大湾区建设交通方面谋划的重点是，构建“两个三角形”高速、高铁双回路，实现杭州湾经济区“1小时交通圈”。

落实“共抓大保护、不搞大开发”重要指示精神，浙江省编制发布浙江省生态保护红线，制定实施大花园建设行动计划，加快落实长江经济带生态环境保护规划浙江省实施方案，加强长三角空气、水污染联防联治，持续实施新安江流域跨省补偿机制。

事实上，从“五水共治”到治土治气，浙江在污染防治、生态修复等方面走在前列。参与长江经济带建设，生态优先、绿色发展仍然是首要原则。

2016年发布的《浙江省参与长江经济带建设实施方案》提出，要建立健全最严格的生态环境保护和水资源管理制度，注重生态屏障共建、共抓大保护，不搞大开发，协同打造绿色生态廊道。

近年来，浙江省在长江口海域环境保护和综合治理、长江支线航道水环境治理和水资源保护、长三角空气污染联防联控等方面持续发力。海上“一打三整治”专项行动，大力实施蓝色海湾整治行动；“十百千万治水大行动”，提速建设“百项千亿防洪排涝工程”，全面实施水污染防治行动计划；推进大气重污染企业关停搬迁，加大清洁能源开发力度等。

产业集群 浙商先行

进一步发挥沿江各省市资源禀赋和发展优势，这将在未来不断优化长江经济带的产业布局和发展水平，促进区内产业从中低端向中高端转型。

长江经济带，沿江几百个大中小城市。这条黄金水道串起经济“珍珠链”，嗅觉灵敏的浙商，早已在长江沿岸布局。

在长江沿岸各省市，都活跃着浙商的身影；在长江经济带上，来自浙江的资金、商品、技术、人才等要素热流涌动。

这是一曲主动融入、协同发展的“长江协奏曲”——

在一批标杆性浙商“飞地经济”项目的引领下，越来越多的浙江企业参与到长江经济带发展建设中。据不完全统计，目前，长江经济带沿线已有数十万浙商组团“淘金”，加速形成区域间优势互补。

以浙商为依托，浙江省积极有序推动与长江中上游地区的产业合作，按照生态经济的要求高水平建设一批产业平台；充分发挥电子商务、信息经济等优势，积极在长江经济带形成一系列产业生产链、服务价值链，优化升级经济带产业形态。

当前，浙江正加大新经济培育力度，抓好数字经济“一号工程”，同时加大印染、化工等传统产业改造力度。以数字经济为引领加快经济转型升级，浙江正在成为推动长江经济带转型发展的一股重要力量！

（《浙商杂志》 2018 年 5 月 10 日）

为长江经济带发展“画龙点睛”

——浙江高质量参与长江经济带建设纪实

黄平　徐燕飞

万里长江，滚滚东逝。地处长三角南翼的浙江，是长江经济带上的重要一环。浙江省委书记车俊说，要牢固树立“一盘棋”思想，高质量参与长江经济带发展。从长三角到长江经济带，浙江主动对接、积极融入，坚持生态优先、绿色发展，发挥优势、协同发展，改革引领、创新发展，为长江经济带发展起到了“画龙点睛”的战略支撑作用。

激活全社会“生态自觉”

参与长江经济带建设，生态优先、绿色发展是首要原则。

每年夏季，浙江丽水市遂昌县茶树坪村都会迎来大量游客。“以前靠砍树卖钱过日子，如今家家户户开起了农家乐。”据茶树坪村党支部书记黄久富介绍，2008年，村里依托3万亩杜鹃林，指导农户开办农家乐、卖农产品、开展农事体验，并实行统一管理，带领村民在家门口吃上“生态饭”——人均收入比原来翻了两三番。

在对生态的执着坚守中，丽水这个曾经的“后发地区”，不但实现生态环境指数连续14年居浙江省第一，还以去年农村常住居民人均可支配收入18072元、同比增长9.8%的增速连续第9年领跑全省。

把生态优势转化为发展优势，让绿水青山转化为金山银山——浙江将其列为融入长江经济带战略的必要举措之一。

思路一变天地宽。2013年起，浙江打出一套以“治水”为突破口的转型升级组合拳，并创新推出“河长制”，形成强大的五级联动机制。如今，环顾浙江大地，江湖容颜蝶变，河川日新月异。数据显示，浙江累计消除垃圾河6500公里、黑臭河5100公里，全面消除劣V类水质断面；省控断面Ⅰ类至Ⅲ类水质占82.4%，较2013年上升18.6个百分点。在国家首次“水十条”考核中，浙江名列第一。

杭州市拱墅区十字港河曾因截污不到位、市政管网不配套、河道属于“断头河”等原因，一度成为“黑臭河”。通过源头截污、河道驳坎、生态治理等一系列治水组合拳，十字港河变身“水下森林”，成为附近群众健身休闲的首选地。

金华市浦江县的翠湖，由于周边无序开办了大量工业企业，污水直排入湖，成了人人避之的“垃圾湖”。整治期间，翠湖关停取缔流域内养殖场17家、废塑料加工点38家、水晶加工企业1400家，累计拆除违章建筑8.3万平方米，清除河道垃圾280吨。如今，翠湖草木葱郁、风景如画。

治污为主，水岸同治。“十二五”期间，浙江省完成了铅蓄电池、电镀、印染、制革等六大重污染高耗能行业整治，共关停淘汰企业2250家，搬迁或原地提升3490家；开展22个特色小行业整治，完成整治企业近万家。

发展理念转变的同时，发展路径更显强劲。从浙北的水乡古镇到浙南的田园乡村，从浙西的秀丽山水到浙东的海岛渔家，一幅“绿水逶迤去，青山相向开”的动人画卷在浙江大地徐徐展开。2017年，浙江旅游总产值突破1万亿元，产业增加值同比增长超11%，占地区生产总值比重约7.5%。

打造全流域“黄金水道”

长江历来被称为“黄金水道”。如何让“黄金水道”产生“黄金效益”，一直备受关注。

浙江位于长江入海口附近，处在中国海岸线的中点位置。浙江人明白，通江达海的区位优势，使浙江在长江经济带的陆海联动、江海联运中发挥出独特作用。于是，浙江以义甬舟大通道为主轴，构建以水陆空多式联运为支撑、绿色智能安全为特征的集疏运体系。

在宁波舟山港穿山港区，巨轮穿梭，吊机林立，气势恢宏。“宁波与舟山港口的资源不断整合，1+1>2，双线飘红已势不可挡！”作为一名从业20多年的海港老兵，北仑第三集装箱有限公司副总经理徐伟武难掩自豪。

10多年来，宁波、舟山两港一体化合作不断加深——宁波港专注发展集装箱，舟山港集中做大做强大宗散货，齐头并进。2017年，宁波舟山港成为全球首个年货物吞吐量超10亿吨的大港，已连续9年位居世界第一。

跳出浙江发展浙江，充分利用好国际国内两个市场、两种资源。

2018年4月5日，全国首艘2万吨级江海直达船从宁波舟山港起航，并于4月9日抵达长江沿岸马鞍山港，标志着我国江海联运迈出历史性一步。该船由舟山江海联运服务中心设计制造，它的投用将打破江海联运中的瓶颈，大大提升长江干线的航运能力。

据了解，舟山江海联运服务中心以宁波舟山港为依托，地处我国南北海运大通道与长江黄金水道的T字形交汇地带。其境内7条国际航线中，有6条经过舟山，是长江经济带江海联运的重要枢纽，也是我国与21世纪海上丝绸之路沿线国家经贸往来和开放合作的重要前沿。

“今后，舟山江海联运服务中心的建设将实现四大功能定位、三大功能片区，推进六大重点任务举措，努力打造长江经济带的‘龙头龙眼’和‘21世纪海上丝绸之路’的战略支点，基本建成通江达海、功能健全、服务高效的现代化江海联运服务体系。”浙江省副省长高兴夫说。

而距离宁波、舟山港300公里之外，以“小商品”起家的义乌，如今已是拥有雄厚货源基地的国际商贸城。义乌、宁波、舟山三地，在“义甬舟大通道”的串联下，对内辐射长江经济带，对外辐射“一带一路”，建立起“买全球、卖全球”的贸易格局。

“以前，我们要去宁波北仑港区提空箱，到义乌装满货后再通过公路或铁路将集装箱运往港区。现在，可以直接在义乌提还集装箱，不但节省一半时间，还能省下油耗等各种经济成本。”义乌市国联物流总经理薛国联介绍。

构建全要素创新高地

依托黄金水道，浙江为自身转型升级争取了一个广阔的战略腹地，开拓大市场，打开大空间，优化资源要素配置，实现产业和要素的梯度转移。

嘉兴斯达半导体股份有限公司成立于2005年，经过多年自主研发，该企业一跃成为国内IGBT领域产销最大、技术领先的专业研制和生产企业。2018年一季度，企业实现了53%的快速增长。

斯达半导体只是嘉兴科技城焕发科技创新活力的一个缩影。在嘉兴科技城，不少企业的技术或产品填补了国内空白，成为行业的领军企业、隐形冠军。

全球单一地区最大的压缩机研发制造企业——加西贝拉压缩机有限公司，代表了“中国制造第一方阵”水平，成为世界冰箱的“心脏”；闻泰通讯公司则成为全国最大的手机ODM公司。2018年一季度，嘉兴科技城高新技术产业增长率达7%。

在嘉兴科技城强劲的科研实力背后，是一批有着过硬自主创新能力的平台。近年来，嘉兴科技城先后引进了浙江清华长三角研究院、浙江中科院应用技术研究院两大平台，并创建多个省市重点实验室、研究所、工程中心等。目前，浙江清华长三角研究院已累计引进400多名海外高层次人才落户创业，孵化了600余家高科技企业。

创新正改变着浙江经济的基因。实施数字经济发展“一号工程”，推进“互联网+”“企业上云”以及大数据产业培育等行动，打造之江实验室、杭州城西科创大走廊、国家自主创新示范区等高能级创新平台……以培育数字经济新产业为重点，浙江大力推动经济高质量发展。

据统计，2017年，浙江省以新产业、新业态、新模式为特征的“三新经济”对经济增长的贡献率达到37.1%。

（《经济日报》 2018年8月15日）

着力构建水清岸绿产业优美丽长江经济带

李锦斌

推动长江经济带发展，是以习近平同志为核心的党中央作出的重大战略决策。我们坚持以习近平新时代中国特色社会主义思想为指引，贯彻总书记“把好山好水保护好”的指示要求，坚持“共抓大保护、不搞大开发”，全面打造水清岸绿产业优美丽长江（安徽）经济带，着力构筑长江流域重要生态屏障和重要经济增长极，积极为推动长江经济带高质量发展作出安徽贡献。

坚持对标对表，切实增强全面打造美丽长江（安徽）经济带的政治自觉。打造美丽长江（安徽）经济带是牵动发展全局的大事要事。强化看齐意识。我们从坚定“两个维护”的高度，通过召开省委常委会、深改组会议、全省深入推动长江经济带生态优先绿色发展工作会议等形式，深入学习贯彻习近平生态文明思想和总书记在深入推动长江经济带发展座谈会上的讲话精神，切实增强推动长江经济带发展的责任担当。强化高位推动。安徽省省委、省政府主要负责同志担任省环境保护委员会主任和省推动长江经济带发展领导小组组长，与有关方面同志一起，采取“四不两直”的方式，从八百里长江安徽段最上游同马大堤起点到最下游驷马山江苏交界处，深入沿江五市开展千里踏查检查督查，多次就巢湖新一轮综合治理开展实地调研和现场办公，总结推广新安江流域生态补偿机制建设经验。强化规划引领。制定实施《安徽省推动长江经济带发展实施规划》《巢湖综合治理绿色发展总体规划》，出台《关于全面打造水清岸绿产业优美丽长江（安徽）经济带的实施意见》，进一步明确时间表、路线图、任务书。

坚持调绿调优，积极探索全面打造美丽长江（安徽）经济带的科学路径。我们努力走出生产发展、生活富裕、生态良好的“三生共赢”之路。把生态优先作为首要任务。深入开展“三河一湖一园一区”生态文明示范创建，谋划实施一批重大生态保护和修复工程。全面推行河（湖）长制，设立河（湖）长52687名。在全国率先开展林长制改革，设立林长50358名，以林长制促进“林长治”。2018年上半年，全省空气平均优良天数比例为64.6%，同比上升7.1个百分点。把系统治理作为科学方法。持续抓好中央环保督察反馈问题整改，开展长江环境污染突出问题专项整治，严厉打击长江安徽段非法转移、倾倒固废污染环境违法犯罪，统筹推进铁腕治矿、重拳治砂、从严治岸、科技治超、精准治污。长江干流安徽段以Ⅱ类水质为主，总体水质优，主要支流总体水质良好。把绿色发展作为根本出路。着力下好创新先手棋，加快推进“四个一”创新主平台和新时代“一室一中心”建设。统筹推进“三重一创”建设，加快打造新能源汽车、新型显示、集成电路、机器人等24个战略性新兴产业基地，培育建设智能语音等世界级先进制造业集群。着力打造内陆开放新高地，加强与“一带一路”沿线国家产能合作，推动长三角更高质量一体化发展，成功举办首届世界制造业大会。2018年上半年，安徽省全省经济主要指标增幅高于全国、好于预期、位次靠前，生产总值增长8.3%，战略性新兴产业产值增长18.8%，单位地区生产总值能耗、单位工业增加值能耗分别下降4.99%和5.1%，高质量发展迈出了坚实步伐。

坚持抓主抓重，系统部署全面打造美丽长江（安徽）经济带的攻坚行动。我们以改善生态环境质量为主线，科学划定1公里、5公里、15公里三道生态防线，扎实开展七大重点行动。一是着眼推进生态空间管控，在“禁新建”上见行动。沿江1公里范围严禁新建项目，沿江5公里范围严控新建化工项目，沿江15公里范围严把各类项目准入门槛。二是着眼推进旧动能腾退化解，在“减存量”上见行动。整治“散乱污”企业，2018年年底前干流沿岸1公里范围内实现关闭企业场地人清、设备清、垃圾清、土地清。三是着眼推进生态防控网络构建，在“关污源”上见行动。管住入河口、港口、船舶排污，不让一滴污水直入长江。四是着眼推进产业转型升级，在“进园区”上见行动。沿江1公里范围内的所有企业和项目、5公里范围内难以就地改造达标的重化工企业和项目全部依法搬入合规园区，15公里范围内的新建项目及化工项目全部入园。五是着眼推进生态保护修复，在“建新绿”上见行动。大规模开展长江干流两岸绿化，加强自然湿地修复和综合整治。六是着眼推进环境污染治理，在“纳统管”上见行动。将园区工业污水和生活污水全部纳入统一污水管网，实行统一管理、不留死角。七是着眼推进区域协同发展，在“强机制”上见行动。加强规划编制、交通建设、环境保护、市场机制对接，协力将长江经济带打造成有机融合的高效经济体。

坚持压紧压实，着力构建全面打造美丽长江（安徽）经济带的责任链条。我们必须以钉钉子精神，脚踏实地抓好任务落实，积小胜为大胜。健全责任体系，建立污染防治联防联控机制，强化省直各部门、各市县生态环保责任。推进真督实察，建立突出环境问题省市县三级领导包保整改责任制，加强跟踪督办。严格追责问责，落实环境保护“党政同责、一岗双责、失责追究”，认真执行信息强制性披露、环境损害严惩重罚等制度，以最严格制度、最严密法治守护好绿水青山。

（《经济日报》2018 年 8 月 9 日）

呵护一江碧水　守卫一方净土

——江西积极推进长江经济带保护与发展纪实

赖永峰　刘兴

奔腾的长江在湖北接纳汉水后，折向东南进入江西。在这里，长江迎来了我国第一大淡水湖——鄱阳湖，每年经鄱阳湖流入长江的水量超过了黄河、淮河、海河水量的总和，对维系长江中下游地区乃至全国生态安全意义重大。

近年来，江西始终秉承“生态优先、绿色发展”的理念，坚持在保护中发展、在发展中升级，统筹推进九江长江、鄱阳湖及源头地区生态保护，进一步筑牢长江中下游生态安全屏障，努力实现全流域生态与经济协调发展。

“全流域”保护长江生态系统

江西把保护和修复长江生态环境摆在压倒性位置，坚持共抓大保护、不搞大开发，突出生态环境保护作为发展战略实施的重中之重，全省上下形成了生态优先、绿色发展共识。

在千年瓷都景德镇昌江、南昌赣江赣东大堤、九江彭泽县长江沿岸，一条条风光带充满诗情画意，与层次分明的江滩相映成趣。通过修复流域水生态，原有的水土流失、饮用水保护等一系列问题迎刃而解，这些地方也成为市民休闲娱乐的好去处。近年来，江西牢固树立“一盘棋”思想，强化山水林田湖草“生命共同体”理念，全流域、全方位推进生态保护与修复，着力打造“外表美”与“内在美”相统一的长江“最美岸线”。

为确保送入长江的每一滴水都是清澈的，江西坚持问题导向，在保卫蓝天上攻坚，深入实施大气污染防治行动计划，持续开展城市“四尘三烟三气”专项治理，让“江西蓝”成为一种常态；在呵护碧水上攻坚，开展“清河行动”，对全省“五河两岸一湖一江”全流域整治，深入实施工业污染、农业面源污染、水污染等综合整治行动，全面消灭劣Ⅴ类和Ⅴ类水；在守卫净土上攻坚，加强固体废弃物处置，加快推行城乡一体化生活垃圾分类处理和垃圾无害化处理，扎实开展土壤污染治理与修复、矿山地质环境综合治理，为子孙后代留下一方净土……

如今，江西沿江生态环境正在发生令人欣喜的变化，被称为“水中大熊猫”的长江江豚种群数量 2017 年以来在鄱阳湖骤增近一倍，对水质变化极为敏感、绝迹 20 余年的颌针鱼在上游的乐安河重现，江西全流域三类以上水质保持在 80% 以上。

“全体系”构建生态文明制度

2018 年 7 月 27 日，江西正式发布《江西省生态保护红线》，进一步优化生态保护结构，并充分考虑区域或流域生态系统完整性，生态保护红线划定与周边相邻省份湖南、湖北等相衔接，以助力构建生态保护红线全国“一张图”。

江西把推进长江经济带保护与建设国家生态文明试验区有机结合，坚持用“生态制度”为“绿色发展”引路，把健全生态制度作为引领绿色发展的重要抓手，努力形成具有江西特色、系统完整的生态文明制度体系。

建立“源头严控”机制。积极推进省域空间规划编制、“多规合一”试点、自然资源统一确权登记等工作，划定永久基本农田 3693 万亩，基本建立了最严格的管控制度。完成资源环境承载能力监测预警机制基础评价，重点生态功能区产业准入“负面清单”全部出台。

完善“过程严管”机制。在全国率先建立覆盖最广、规格最高、体系最完备的五级河长制，在全国率先实行全流域生态补偿，两年来共筹集分配流域生态补偿资金 47.81 亿元。加快环保机构监测监察执法垂管改革、赣江流域环境监管和行政执法机构试点、赣江新区城乡环境保护监管执法试点。

强化“后果严惩”机制。在全国率先建立生态文明建设评价指标体系，实施自然资源资产离任审计制度，出台党政领导干部生态环境损害责任追究实施细则，突出领导干部资源消耗、环境保护、化解产能过剩等指标考核。

“全方位”提升绿色发展水平

在保护中发展，在发展中升级。江西把“生态优先、绿色发展”理念融入产业升级、通道建设、开放合作、城乡发展等重点领域，体现在经济社会发展各方面和全过程，倒逼产业转型升级，让新动能尽快成长为“主力军”。

南昌紧紧扭住创新驱动的“牛鼻子”，在“育”上做文章，聚焦电子信息、汽车与新能源汽车、航空制造、生物医药等前沿性、优势性、战略性新兴支柱产业，推动战略性新兴产业成为南昌产业发展的新支柱、新引擎。

九江加快建设区域航运中心，推动特色优势转化为产业优势和竞争优势，推进新兴产业倍增、传统产业转型、新动能培育“三大工程”，全力打造万亿元临港经济带。

赣州大力推动稀土和钨、家具等传统产业升级，建设中国稀金谷、现代家居城，打造新能源汽车科技城、青峰药谷、赣粤电子信息产业带，加速绿色发展步伐。

当前，新动能、新产业、新业态正成为推动江西高质量发展的澎湃动力。与此同时，江西加快传统产业改造升级，采用新技术、新业态开展传统产业优化升级专项行动，驱动产业由“重”变“轻”、由“黑”变“绿”。2017年，六大高耗能行业单位能耗同比下降2.81%。2018年1月份至5月份，全省工业技改投资增长43%。

江西正全力构筑长江中下游生态安全屏障，让“生态美”永驻赣鄱大地，让“城乡美”装点幸福家园，让“生活美”成为良好风尚。

（《经济日报》2018年8月7日）

演绎长江绿色发展“辩证法”

——湖北坚定走长江生态环境修复保护之路纪实

郑明桥

地处长江之“腰”，境内长江干线长达1061公里，坐拥最长长江岸线的湖北，坚决贯彻落实习近平总书记的指示，牢固树立新发展理念，把握好发展与保护的辩证关系，做好生态修复、环境保护、绿色发展“三篇大文章”，奏响了新时代的“长江之歌”。

用好绿色“指挥棒”

确保一江清水东流、一库净水北送、农产品优质安全，湖北使命特殊；抓好长江经济带生态保护与绿色发展，湖北责任如山。“共抓大保护，不搞大开发”，“绿水青山就是金山银山”，湖北在打响一场污染防治攻坚战的同时，也在思想上打响了一场树立新理念的攻坚战。

“做好长江大保护‘辩证法’，处理好发展与保护、当前与长远、加法与减法、治标与治本的关系。”湖北省委书记蒋超良说，必须坚持新发展理念，将抓好长江大保护，作为确保子孙后代永续发展的千年大计，坚决摒弃以牺牲环境换取一时的经济增长，将修复长江生态放在压倒性位置。

有什么样的发展观，就有什么样的路径选择！

保护长江，规划先行。湖北在沿江省市率先编制实施长江经济带生态保护和绿色发展总体规划，从源头上立起生态优先的规矩。全省约四分之一的国土面积被纳入生态保护红线管理，长江干流及主要支流岸线1公里内严禁新建重化工及造纸行业项目。长江大保护，既要有“快思维”，也要有“慢思维”。对科学利用水资源、优化产业布局、统筹港口岸线资源和安排一些重大投资项目，湖北坚持规划“留白”理念，从长计议，绝不让今天的发展成为明天的包袱。

湖北还建立了绿色 GDP 考评体系，坚决纠正把 GDP 增长与环保相对立的倾向；严格落实“党政同责、一岗双责”，强化各级领导干部环保责任；全面推行河（湖）长制，全省 4230 条河流、755 个湖泊都有了河（湖）长。

“强调保护，不是不要发展。而是要在坚持生态保护的前提下，追求科学、有序的高质量发展。”湖北省省长王晓东说，湖北要坚定不移地走生态优先、绿色发展之路，把长江真正建设成生态廊道，“坚决防止把长江搞窄了、搞浅了、搞臭了”。

打出治本“组合拳”

2018 年 1 月，武汉长江跨区断面水质考核奖惩和生态补偿机制正式实施，此举是武汉作为长江经济带特大城市，在长江武汉段水质优良情况下的全国首创。长江科学院副院长陈进说，跨区断面水质考核办法牵住了“牛鼻子”，牵动了沿线政府汇聚更多的力量参与长江大保护。

在城市污水处理的建设领域，武汉更是屡屡创下之“最”。全国一次性建成的最大的城市污水处理厂在青山北湖边悄然长大。北湖污水处理厂建成投运后，可日均处理生活污水 80 万吨。

武汉的探索只是湖北瞄准生态“痛点”，治山治水治企治人，打出标本兼治“组合拳”的一个缩影。

清理水源地安全隐患过程中，黄石市成立了专项整治指挥部，25 天就拆除了 15 家非法码头泊位和 2 处厂房，紧接着又关停 3 家码头、1 家工业企业，以雷霆手段完成整治任务。多年劣Ⅴ类水质的天门河，实施重拳整治，沿线 200 多家养殖场已关停，100 多处围网全部拆除，目前水质达到地表水Ⅲ类标准。

生态环境是面向未来的最大竞争力，必须穿“新鞋”，走“绿道”，坚定实施大保护大整治大修复。2018 年起，湖北强力攻坚“厕所革命”、精准灭荒、乡镇生活污水处理、城乡垃圾无害化处理等 4 大生态工程。

探路高质量发展

曾靠山吃山。鄂东小城赤壁，曾拥有矿山采石企业43家，但滚滚财富的代价，是山体的累累伤痕。曾靠水吃水。鱼米之乡洪湖，大湖水面围网养殖，曾让洪湖不见“浪打浪”，只见“竿连竿”。

怎么办？走绿色高质量发展之路成为湖北沿江地市的共同选择。

还是赤壁，当地政府刮骨疗毒，坚决关闭不符合生态环保要求的矿山，如今只有1家通过验收，恢复生产。还是洪湖，15.5万亩围网，已全部拆除。

财路，真的由此断了吗？赤壁市没了小采石场的收入，但高新技术企业数量逐年递增，赵李桥砖茶获批非遗，可见绿色与发展不是对立关系。洪湖湿地自然保护区管理局局长朱俊华畅想，未来的洪湖，一池清水连天碧，会给当地百姓增加旅游收入，绿色与发展可以共赢。

在生态环境容量上过“紧日子”，倒逼湖北各地向改革要红利，坚持减法、加法一起做，加速产业腾笼换鸟，努力实现大保护下的高质量发展。

市场之手，鼓荡绿色新风。围绕水污染治理、水生态保护、水资源利用，湖北初步建立总投资1.14万亿元的项目库，助力长江大保护；湖北“碳市”交易量、交易额全国第一，现代“卖碳翁”以市场手段减排增效。

流域共治，撑起绿色“保护伞”。面对穿城而过的清江水，宜昌市、恩施州健全流域生态环保责任机制，创新出“跨县市水质交接”制度，让每个河段的环保接力棒都能接得好、跑得快。

绿水青山，就是金山银山，这样的意识正影响着湖北的沿江城市、企业。荆州启动“一城三区、一区多园”建设，计划到2020年，先导区规模以上高新技术产业增加值占全市的80%以上；黄冈的晨鸣造纸项目也在不久前重新设计了方案，增加了数十亿元的环保投资。

沐浴着长江经济带发展战略实施的春光，一幅巨大的长江岸线生态优美画卷，正在湖北铺展延伸。

（《经济日报》2018年4月29日）

湖北推动长江经济带绿色发展十大战略落地

胡志喜　王山海

湖北，位于长江中游，是长江干线流经最长的省份，素有“龙腰”之称。长江经济带的发展，对于湖北，意义非凡。

日前，湖北省发布“长江经济带绿色发展十大战略性举措”：加快发展绿色产业、构建综合立体绿色交通走廊、推进绿色宜居城镇建设、实施园区循环发展引领行动、开展绿色发展示范、探索“两山”理念实现路径、建设长江国际黄金旅游带核心区、大力发展绿色金融、支持绿色交易平台发展以及倡导绿色生活方式和消费模式。

长江经济带发展与自然资源管理密切相关。如何在“生态优先、绿色发展”前提下，推动“十大战略性举措”落到实处？记者采访了湖北省国土资源厅规划处有关负责人。

注重规划融合，构建“大保护”空间格局

按照“十大战略性举措”要求，湖北将推进绿色宜居城镇建设。而编制实施湖北省长江经济带国土空间规划，正是这一战略的重要内容。

“十大战略举措中，以规划引领最为重要。”湖北厅规划处负责人说。目前，《湖北省国土空间规划（2016—2035 年）》已启动编制，其总体思路是“一带多点促全面”。一带，即长江经济带生态保护、绿色发展；多点，即构建国土空间保护开发新格局，严格生态环境保护硬约束，加强资源生态基础保障等 3 个关键点；全面，即深化国土资源节约集约示范省创建，全面推进资源节约与高效利用，推动湖北全域发展绿色转型升级。

为了筑牢长江经济带生态安全屏障，规划明确了沿江绿色发展区范围，并

创新提出了范围内各项目标指标及空间管控要求。

更为重要的是注重“规划融合”。结合土地利用总体规划调整完善，有效对接水利、环境保护、城乡建设等相关规划，将长江、自然保护区等重点保护范围纳入土地利用总体规划禁止建设区。结合第三轮矿产资源规划修编，将已确定范围的自然保护区划定为禁止勘查、开采区，严禁在禁止区内新设探矿权、采矿权。先后发布《湖北省国土资源“十三五”规划》《湖北省矿产资源总体规划（2016—2020年）》《湖北省土地整治规划（2016—2020年）》《湖北省地质灾害防治“十三五”规划》和《湖北省矿山地质环境恢复和综合治理规划（2017—2025）》，启动村级土地利用规划编制工作，从自然资源领域不同层面、不同职能，合力构建长江经济带“大保护”空间格局。

以生态安全为底线，严格生态保护硬约束

要牢牢守住长江经济带生态安全底线，就必须把好用地用矿关口，打造推动长江经济带绿色发展的绿色交易市场体系。

为此，湖北严控长江经济带新增建设项目占用优质耕地、河道滩地、优质林地等，严控地灾高发地区、蓄滞洪区、采矿采空区、土壤污染地带等区域城镇开发。同时，实行差别化的供地政策，对高能耗、重污染、高地耗、产能过剩的项目严格建设用地预审、选址等前置把关程序，严把准入门槛，“关、改、搬”长江流域一公里内化工企业。

在矿产资源开发利用方面，对磷矿等优势矿产资源实行年度开采总量控制，探索设立矿业权准入正、负面清单，将磷矿总数控制在80个以内，清理退出各类自然保护区内矿业权50宗，从源头上有效降低长江“总磷”污染。实施净矿业权出让，出让前严格实施环评、林地占用、水土保持、征地拆迁等风险论证评估。

针对“建设绿色宜居城镇”这一战略还提出优化城市公共绿地布局，构建完整连贯的城市绿地系统，湖北将加强耕地保护，充分发挥耕地的生态功能。为此，湖北对优质耕地实行特殊保护政策，全面划定5883万亩永久基本农田，拓展城市绿色空间，形成城市扩展刚性约束的实体边界。

以综合服务为支撑，加强自然资源生态基础保障

舍得眼前利，换得一江绿。在“共抓大保护，不搞大开发”的战略指引下，修复长江生态环境也是湖北的一项重任。

湖北积极开展矿山复绿和地质环境恢复治理，推进生态系统治理修复。今年上半年，已投入中央财政、省级财政资金33亿元，完成长江流域“三区两线”237个矿山2.7万亩复绿工程。

此外，继续努力探索“土地整治+”模式，统筹山水林田湖草系统治理。据介绍，“十二五”以来湖北省累计投资91亿元，对长江流域重要水利工程沿线实施水土治理“抢救工程”和“移土培肥工程”，抢救优质耕地剥离搬运沃土835万立方米，治理水土流失面积170多万亩；实施51个特色土地整治试点项目，打造了以宜昌、恩施为典型的“田园综合体”和美丽乡村“五小示范区”。

为了进一步提升长江经济带战略新兴资源保障能力，湖北省开展“金土地”工程地球化学调查，摸清了面积6157平方公里的“家底”，涉及9县市40个乡镇。实施矿产资源绿色勘查，制定绿色勘查技术标准，优选5个项目开展首批示范试点；累计查明宜昌地区页岩气资源储量11.68万亿立方米，新发现石墨矿床达到大型规模。

同时，该省积极开展自然资源资产统一确权登记，制定《湖北省自然资源统一确权登记试点实施方案》，推进宜都市水流确权登记国家试点工作，编制自然资源资产报告。

针对长江横贯全省、江河湖泊众多、地质条件脆弱的省情，湖北地灾防治工作开展“四位一体，网格化管理”模式。完成59个县地质灾害详查，建成64个高标准“十有县”、1个省级和10个市级地质环境监测保护站。争取23亿资金，实施五峰县城和巴东黄土坡整体因灾搬迁，解除2万人所受地灾威胁。40个省级重点挂牌督办点和三峡库区、丹江口库区实现连续15年零死亡。

（中国产业经济信息网 2018年9月3日）

一江碧水出潇湘　脱胎换骨产业新

——湖南深入推动长江经济带发展纪实

邓晶琎　曹娴　黄婷婷

一、将 163 公里长江岸线建成美丽风景线

长江宛如一条巨龙，托起中国最具发展潜力的经济带。3 年前的 1 月 5 日，习近平总书记在重庆召开的推动长江经济带发展座谈会上发表重要讲话，为长江经济带发展“定向定调”：“当前和今后相当长一个时期，要把修复长江生态环境摆在压倒性位置，共抓大保护，不搞大开发。”

3 年来，居长江腹地的湖南，坚定不移贯彻落实习近平总书记重要讲话精神，牢固树立新发展理念，以“共抓大保护，不搞大开发”为总遵循，积极对接长江经济带发展战略。

从雪山东流入海，从远古流淌至今。长江，在湖南“独宠”岳阳，入华容出临湘，蜿蜒 163 公里。

2018 年 4 月 25 日，习近平总书记来到岳阳市，实地了解湖南推进长江经济带发展战略实施情况，叮嘱湖南“共抓大保护，不搞大开发”。

牢记嘱托，不辱使命。湖南坚决贯彻落实习近平总书记在深入推动长江经济带发展座谈会和岳阳视察时的重要讲话精神，以壮士断腕的决心、坚如磐石的定力、久久为功的韧劲，坚定不移走生态优先、绿色发展之路。

如今，湖南全面打响了长江岸线整治的持久战，誓将 163 公里长江岸线建成美丽风景线。

（一）以壮士断腕的决心打破“坛坛罐罐”——关停 39 个砂石码头、42 个

码头泊位

新年伊始，在洞庭湖与长江交汇的三江口区域，有着430米岸线的天欣码头，一片宁静。砂石堆积、飞尘乱舞的景象荡然无存，岸边停靠的船舶不见了，只见江水清清、滩涂平整。

这是自2018年5月开展长江岸线湖南段专项整治行动以来，“啃”下的一块“硬骨头”。

多年来，湖南持续推进长江岸线保护，仅2017年便一举取缔了长江岸线湖南段的39个砂石码头。同时对党员干部参与砂石经营进行严厉查处，共查处29人，其中有4名为处级干部。

可在大力整治下，长江岸线湖南段码头仍存在资源割据分散、利用率不高、经营主体多、产能低下等诸多顽疾，岸线生态环境亟待修复。

要根治沉疴，必须拿出铁的手腕！

2018年5月2日，湖南召开长江岸线整治专题会议明确，要以习近平总书记视察岳阳为重大契机和强大动力，推进长江岸线整治。省委书记杜家毫的讲话掷地有声：以壮士断腕的决心和超常规的举措，推进长江岸线湖南段专项整治！

岳阳市迅速启动了长江岸线湖南段港口码头专项整治行动，对不符合环保要求、未经审批擅自建设的，该整治的整治、该关闭的关闭，坚决打破“坛坛罐罐”！

关停第一难，当属位于城陵矶新港区的天欣码头。该码头设备多，其中有3台价值昂贵的重型吊车，于2017年才安装投入运营。企业不少职工担心，码头关停会造成很大损失；加之企业也不愿中断正常生产经营，最初对拆除并不支持。

“我们主动为企业找好了设备暂存地和临时生产点，并谋划了未来可持续发展的出路。”湖南城陵矶新港区管委会主任王文华介绍，一个个具体行动、一项项工作落地，最终赢得了企业职工的信任和理解，天欣码头按期拆除。

国企充分发挥了模范带头作用——

岳阳华能电厂专门成立了“党员突击队”，由6名党员组成，全力推进华能码头的关停；

泰格林纸下属的岳纸码头，是这次企业中涉及拆除面积最大的一家，却最早开展整治行动，不到一个月完成拆除。

2018 年 6 月底，岳阳市按计划全面完成码头关停任务，关停 42 个码头泊位，退出岸线 7302 米。

（二）以坚如磐石的定力筑牢“绿色长城”——对沿线长江大堤实施造林绿化工程

2018 年初冬，华容县东山镇白洋村段长江防洪大堤内侧，一批刚刚种植的女贞树苗在寒风中顽强地生长着 。

至此，长江岸线华容段首期面积 200 亩的大堤绿化造林，全部完成。到了春天，大堤的生态连锁植草砖空隙里，就会冒出点点绿芽，逐渐成长为一条“绿色长城”。

作为长江入湘的第一站，华容县拥有 32.72 公里长江岸线。随着近年来砂石码头、砂石堆场等陆续被拆除，岸线生态环境逐步得到改善。

2018 年 10 月以来，华容县启动了岸线提质复绿工程，选种符合防汛保安要求的桂花、栾树、银杏、女贞、枫树等树种 3.4 万株，共造林绿化面积 1250 亩。

“这是一件功在当代，利在千秋的大事！”华容县林业局负责人介绍，长江岸线复绿工程可遏制水土流失，恢复生态原貌；更可增强蓄水能力，调蓄洪峰。

长江湖南段，从华容县五马口到临湘市铁山咀，途经 5 个县市区、8 个堤垸。自 2018 年起，对全线 163 公里的长江大堤实施造林绿化工程，计划于 2020 年底前完成。

期间，长江大堤外滩的裸露滩头、大堤内垸的宜林地，将植树种草；对沿长江可视范围内的宜林地、矿区和裸露山体进行复绿，促使岸线生态功能基本恢复。

“以前的长江堤岸脏乱差，现在干净了，还种了绿草，等春天再来看，肯定很漂亮。”深冬的早晨，站在君山长江大堤，76 岁的老人陈洪干看着整洁有序的江滩，激动地说。

筑牢生态屏障，守护一江碧水。2017 年以来，岳阳市创新生态护岸，全力建设、有序恢复长江岸线绿色生态环境，以坚如磐石的定力筑牢“绿色长城”，把最好的岸线还给大自然，受到了水利部、长江委的充分肯定。

一幅“水清、岸绿、滩净、景美”的生态画卷，正在长江堤岸内外徐徐展开。

（三）以久久为功的韧劲实现“凤凰涅槃”——岳阳港进行高起点重新规划

“今年，我们的业务会更多，我要继续努力奋斗！”元旦假期，在城陵矶新港集装箱堆场，从业20余年的场桥司机马永涛，仍在忙碌地操作吊车。

在马永涛的身后，一艘靠岸的货船正在用岸电接电。

2017年11月，湖南首个港口岸电在城陵矶港投运。“油改电”后，每年2000余艘停靠城陵矶港的船舶正逐步取消柴油发电，转而使用清洁岸电。

“2020年前，将新建13套低压港口岸电系统。”国网岳阳供电公司副总经理姜坤山说，按此规划，城陵矶新港每年减少二氧化碳排放量920吨，基本杜绝柴油泄露对港口水体的污染。

以“绿”换“金”，湖南港口发展喜讯不断——

2018年12月，湖南省港务集团全新启航，将实现全省港口资源的全面整合。

2018年，城陵矶新港集装箱吞吐量再创新高，首次突破50万标箱，同比增长18.98%，远超同处长江中游的九江港和宜昌港。

岳阳港高起点重新规划，深入推进绿色、循环、低碳发展。

根据新《岳阳港总体规划》，岳阳港将科学利用港口岸线资源，按照城市总体规划和功能要求合理调整码头功能、退出部分沿江岸线，促进港城功能衔接、协调发展。

大江流日夜，慷慨歌未央。湖南正以久久为功的韧劲，实现163公里岸线“凤凰涅槃”，还“一湖四水”安澜，一江清水东流。

二、一江碧水出潇湘

“挥毫当得江山助，不到潇湘岂有诗。”潇湘的诗意，蕴涵在水中。大大小小5000多条河流，汇聚湘、资、沅、澧“四水”，“四水”流向洞庭，奔向长江。

2016年1月5日，习近平总书记在重庆主持召开推动长江经济带发展座谈会并发表重要讲话强调，坚定不移走生态优先、绿色发展之路，让中华民族母亲河永葆生机活力。

3 年来，湖南牢记习近平总书记嘱托，坚定不移地走“共抓大保护。不搞大开发”的生态优先、绿色发展之路，全面开展环境保护、污染防治、生态修复，用实际行动守护好一江碧水。

（一）守护一江碧水，一抓到底、久久为功

2018 年 12 月 30 日，株洲冶炼集团股份有限公司最后一座运行中的冶炼炉，拉闸、断电。随着炉窑内最后一滴铅锌液被抽干，株洲清水塘老工业区 261 家企业实现全面关停退出。

这是省“一号重点工程”——湘江保护与治理取得的标志性成果，也是湖南近年持续打响生态环保攻坚战，书写“守护好一江碧水”答卷的注解。

2018 年 4 月 25 日，围绕推动长江经济带发展这一重大战略，习近平总书记来到岳阳考察，勉励湖南坚持共抓大保护、不搞大开发，继续做好长江生态环境保护和修复工作，守护好一江碧水。

5 月 11 日召开的省委十一届五次全体会议，审议通过《坚持生态优先绿色发展 深入实施长江经济带发展战略 大力推动湖南高质量发展的决议》。

6 月 13 日召开的全省生态环境保护大会，对贯彻落实习近平总书记“守护好一江碧水”、实施长江经济带发展战略进行再动员、再部署。

为还一江清水，湖南一直在努力。

在湘江保护和治理委员会 2016 年第二次全体会议上，省委书记、省人大常委会主任杜家毫强调，这项工作要一以贯之、一抓到底、久久为功。

湘江曾经的污染触目惊心，2013 年启动的省“一号重点工程”，是一场持续的攻坚战。如今，主战场从湘江向“一湖四水”纵深推进，第二个三年行动计划顺利收官。

2017 年 10 月 30 日，省长、省总河长许达哲签署的第 1 号总河长令印发，要求全省各地全面开展河长巡河行动。此后一年多里，共下发 5 道省级总河长令。巡河不走过场，“僵尸船”全面清理，河湖“四乱”得到遏制，以河长制促“河长治”。2018 年底，在五级河长制基础上，全面建立湖长制。

作为“长江之肾”，洞庭湖牵连着整个长江生态系统的平衡。2017 年 11 月，省委、省政府召开五级干部大会，全面发出洞庭湖生态环境专项整治动员令，突出推进洞庭湖生态环境十大重点领域和九大重点区域整治。

为推动长江经济带“共抓大保护、不搞大开发”进一步落地见效，2018年11月，省委办公厅、省政府办公厅印发《湖南省深入推动长江经济带发展重点工作实施方案》，制定了33条具体细则，明确了具体责任单位和任务完成时间，誓把湖南长江岸线变成美丽风景线，把洞庭湖区变成大美湖区。

（二）聚焦问题集中攻坚，“一湖四水”去浊扬清

平静清澈的水面周边立有明确标识、隔离围网，排污口“一个不留”，保护区范围内工业企业全面清退、网箱养殖全部退出……这是我省饮用水水源地的普遍景象。

做好“水文章”，先守护好百姓“大水缸”。在整治好80个市级饮用水水源地环境问题的基础上，2018年，将县级饮用水水源地环境问题整治列为省政府为民办实事工程，高位推动。全省投入资金17.1亿元，在全国率先完成322个县级饮用水水源地环境问题整治，获得生态环境部“点赞”。

作为有色金属之乡、非有色金属之乡和传统农业大省，重金属污染、农业面源污染历史欠账多、污染程度重，省委、省政府把解决这些问题作为当务之急，攻坚克难，逐个击破。

斩断入河“污龙”。截至2018年10月底，全省累计取缔不符合要求的入河排污口938个，纳入《长江入河排污口专项检查行动整改提升工作湖南省整改方案》的饮用水水源保护区内入河排污口全部整改销号。

消除岸上隐患。对省内长江干流和重要支流、重点湖泊固废存量进行全面排查，清理固废存量点位64处，持续推进垃圾分类体系建设。全省140个省级及以上工业园区污水集中处理设施完成整改139个。

聚焦问题集中攻坚。洞庭湖区禁养区实现全面退养；湖区4.3万公里沟渠、2.4万口塘坝完成清淤疏浚；湖区全面禁止采砂、758处非法砂石码头全面关停；继下塞湖1.8万多米矮围全部拆除之后，对洞庭湖区域矮围网围应拆尽拆，加快恢复湖洲自然面貌。

自 2015 年以来，洞庭湖水环境恶化趋势得到遏制，除总磷外，其他因子均达到三类标准。2018 年 1 至 11 月，洞庭湖 11 个湖体断面总磷浓度持续降低，为 0.068 毫克 / 升，较 2015 年下降 39.3%；11 月份当月下降到 0.057 毫克 / 升，接近Ⅲ类标准。

“一湖四水”去浊扬清。监测显示，全省地表水水质总体为优，2018 年 1 至 11 月，列入国家“水十条”60 个考核断面优于Ⅲ类水质比例为 90%，高于国家考核标准，同比提升 1.7%。

（三）创新合作共同保护，修复“生态伤疤”

寒冬，常德汉寿县，西洞庭湖国家级自然保护区的半边湖、打靶台等区域，正在施工作业、封沟育洲。号称“湿地抽水机”的欧美黑杨被全部砍伐后，这些欧美黑杨种植地的生态正在加快修复。

为守护长江一江碧水，坚持对湿地进行重点保护、全面修复。在洞庭湖这样一个经济和人口聚集区，建立了总面积达 3076 平方公里的湿地类型自然保护区，是长江流域其他四大淡水湖保护地总面积的两倍。

2017 年以来，在洞庭湖湿地累计清理欧美黑杨 14.2 万亩，湿地生态功能逐渐恢复；在湘、资、沅、澧四水流域开展退耕还林还湿近 2 万亩。至 2017 年底，湖南的湿地保护率达 75.44%，位居全国第一。

2018 年，湖南省入围国家第三批山水林田湖草生态保护修复工程试点，用了 3 年时间，投资 79.13 亿元，综合实施 4 大修复工程，打造“清水长廊”，实现清水入湖、清流出湘。

共抓大保护，先立好规矩。结合长江经济带战略规划环评，推进编制湖南省生态保护红线、环境质量底线、资源利用上线和环境准入负面清单，从发展格局、空间布局、污染物排放、资源开发利用等方面，实行区域差异化的环境准入。

创新手段，开展省企合作、省际协作，守护共同的“生命线”。

酉水是沅江的最大支流。2018 年底，湖南省政府与重庆市政府签订《酉水流域横向生态保护补偿协议》，以水质评价结果为依据，达标由湖南补偿重庆，超标由重庆补偿湖南。

湘鄂赣携手，签署《长江中游地区省际协商合作行动宣言》，生态保护迈出新步伐。2018年7月，与三峡集团签订战略合作框架协议，协同推进长江经济带共抓大保护战略行动和岳阳长江经济带绿色发展示范城市建设。

三、脱胎换骨产业新

“川迴洞庭开”。长江，在流入湖南境内后，接纳湘、资、沅、澧四水，在广阔的洞庭湖区舒展开来。

长江，让湖南成为令人艳羡的“鱼米之乡”，也为湖湘工业文明发展提供了丰厚土壤。

2016年1月5日，习近平总书记在推动长江经济带发展座谈会上强调，要“共抓大保护、不搞大开发”，产业发展，要走生态优先绿色之路。

3年来，坚决贯彻习近平总书记重要讲话精神，退旧动能、育新动能、升级改造、精心布局，推动产业迈向高质量发展新征程。

（一）旧动能退出舞台——煤矿、造纸、有色、烟花爆竹、建材等淘汰落后产能，污染企业基本关停

年初，记者沿长沙潇湘大道一路南行，来到长沙市岳麓区坪塘镇的大王山旅游度假区湘江欢乐城项目施工现场。寒风中工人们忙得头上冒着热气。这里曾经是一个巨大废矿坑，即将变成世界最大的室内“冰雪世界”主题乐园。

废矿坑成了滑雪场，水泥工业区变身游乐场和电影小镇……不过几年功夫，告别了烟囱的长沙坪塘老工业基地，再次洋溢着生机和诗意。

这是产业脱胎换骨的经典案例。

让旧动能退出历史舞台，必将经历发展的“阵痛”。

2018年，洞庭湖区引导造纸企业退出工作全面铺开。按计划，洞庭湖区将在2019年退出造纸产能。

造纸产能的清退，地方政府直接面临的是洞庭湖区6000余名企业职工的“饭碗”，近4万名苇农生计受到影响等一系列问题。

站在历史抉择的路口，湖南牢记总书记的殷殷嘱托，在“阵痛”中做减法，

3年间，坚决淘汰落后产能，成果显著。

3年来，落后和过剩产能陆续淘汰。全省压减或淘汰粗钢产能395万吨，取缔“地条钢”企业12家；烟花爆竹生产企业由2162家减至982家，大部分市州整体退出烟花爆竹生产；退出煤炭产能3119万吨。

3年来，污染企业不断关停改造。株洲清水塘老工业区153家企业全部关停到位，花垣县尾矿污染涉矿企业163家全部停产整顿，湘潭竹埠港精细化工基地已华丽转身为商贸中心，郴州三十六湾、娄底锡矿山等湘江流域重点污染企业关停改造也在有序进行。

（二）推动产业集聚发展——工业向园区集聚，打造世界级产业集群

眼下的株洲清水塘，株冶退出搬迁已基本完毕。

这个老工业区的“顶梁柱”企业搬去哪里了？

200公里之外，常宁市水口山崛起了全国首个年产30万吨锌深加工基地，株冶在这里安了“新家”。

越来越多的工业开始向园区集中，借新旧动能转换契机，促进产业集约高效发展。

园区承载能力也在进一步提升。“135”工程共建成标准厂房3800万平方米，引进企业6000多家。

过去污染严重、布局分散的环湖沿江化工企业，通过统一规划，搬进绿色园区。岳阳石化、衡阳盐卤及精细化工、郴州宜章氟化工等重点化工产业，走上集群化绿色发展之路，项目签约不断。

园区，传统工业和战略性新兴产业，通过强链、补链、延链，转型升级，做大做强。

岁末年初，衡阳松木经济开发区，建滔（衡阳）实业有限公司的环氧氯丙烷项目正在火热建设中，该项目投产后将充分利用烧碱生产过程中产生的氯气。2018年，该开发区完成的技工贸总收入、规模工业产值、规模工业增加值等，均实现20%以上的增长。

株洲轨道交通千亿产业园区，集中了我国最大的机车车辆制造企业和研发中

心，以及我国铁路干线电力机车、高速动车组牵引电机研发生产龙头企业。园区在做大做强主机生产企业以外，积极发展核心配套产业，园区轨道交通装备制造业规模以上企业达 21 家。

3 年来，全省轨道交通装备制造业日益强大，成为拉动经济增长的重要引擎。

目前，正推进长株潭衡国家级示范区创建，努力打造工程机械、先进轨道交通和中小航空发动机三大世界级产业集群。

（三）新动能精彩亮相——新产业迅速壮大，创新成果不断涌现

搬迁、关停、集聚。旧动能为新动能的发展留出空间，腾笼换鸟，换来的是“吃得少、产蛋多、飞得远的好‘鸟’”。

在长沙格力暖通制冷设备有限公司的注塑车间，橙色的机器人排成一排，整齐划一、不知疲倦地挥舞着“机器臂”作业，2 个小时便能完成数百名工人 12 个小时才能完成的工作。

长沙格力暖通制冷设备有限公司，是珠海格力在全球布局的所有空调基地中，智能化程度最高的生产基地。

为培育发展新动能，大力引进龙头骨干企业和优质配套企业，实施 20 个工业新兴优势产业链行动计划，以“产业项目建设年”为契机，推动经济的高质量发展。

移动互联网等新兴产业正在飞速壮大，2018 年，全省移动互联网产业营业收入达到 1060 元，5 年增长了 15 倍，360 企业安全集团项目、华为云孵化创新中心项目等 13 个移动互联网类项目落户湘江新区，目前共有 19 个移动互联网第二总部项目落户湖南。

在湘西土家族苗族自治州的深山里，令全国乃至全球瞩目的新材料产业集群正在崛起；新一代信息技术产业已在衡阳扎下根来，成为新的经济增长点……

湘南 3 市是承接产业转移的“领头雁”，近几年承接优质产业项目多达 5000 多个。

创新驱动，方能增强发展的内生动力。

楚天科技股份有限公司副总裁周飞跃介绍，目前，逾 3 万平方米的全球一流

的制药装备智能生产工厂，正在紧锣密鼓建设中。项目投产后，可降低运营成本66.7%，在提升生产效率、降低不良品率、缩短产品研发周期等方面都有重大的带动作用。

磁浮列车、IGBT 等一批享誉世界的创新成果不断涌现，3 年来，全省共1039 台（套）重大技术装备获得国家补贴 3.13 亿元。

“不搞大开发”，在改变粗放式发展方式上下足功夫。

2018 年，华菱钢铁以 2300 万吨钢的规模，在全国钢企中跻身前十；通过不断刷新铁水成本、高炉入炉焦比、钢铁料消耗等经济技术指标，创造了全国钢企前 4 位的利润。

在钢铁、有色、陶瓷等 7 个传统领域，推进一批制造业与互联网融合创新试点示范项目，让工业生产更高效、更智能、更绿色。近 5 年，技改投资占全部工业投资比重超过一半，共整合专项资金 9.4 亿元，支持传统产业技术改造项目4500 余个。

湖南，作为长江流域重要省份，在绿色发展的道路上，正铿锵前行。

（湖南省人民政府网站 2019 年 1 月 6 日）

担当上游责任　筑牢生态屏障

——重庆推动长江经济带发展纪实

冉瑞成　吴陆牧

重庆地处长江上游和三峡库区腹心地带，在国家推动长江经济带发展和生态文明建设中肩负着重大使命。重庆市委、市政府强化上游意识，担起上游责任，自觉践行“共抓大保护、不搞大开发”重要思想，加快建设长江上游重要生态屏障，努力使重庆成为山清水秀美丽之地。

全方位保护母亲河

重庆辖域内长江流程679公里，三峡库区重庆段水容量300亿立方米、占库区总容量的76.3%。

近年来，重庆市专门出台了《深入推动长江经济带发展加快建设山清水秀美丽之地的意见》、生态优先绿色发展行动计划、污染防治攻坚战实施方案、国土绿化提升行动实施方案等“1+3”文件，坚决把修复长江生态环境摆在压倒性位置，筑牢长江上游重要生态屏障。

在重庆，水污染治理、水生态修复、水资源保护“三水共治”，沿江百里风光再现。重庆全面落实河长制、湖长制，突出抓好污染流域和湖库综合治理，完成了主城区31段黑臭水体整治，地表水总体水质良好，长江干流重庆段水质为优。同时建成城乡污水处理设施1648座，完善城乡污水管网约2万公里，城市和乡镇污水集中处理率分别达到93%、80%。

加大消落区治理力度。重庆实施消落区保护规划，按保留保护区、生态修复区、综合治理区分类保护，基本完成三峡后续规划575个生态环境保护项目。此外，加强消落区监管执法，严厉打击乱倒乱建等违法行为，集中治理消落区农业种植、占用防洪库容等违规问题。

重庆还不断保护和建设好山水林田湖草综合生态系统，通过推进天然林保护、退耕还林、湿地保护与修复、石漠化治理等工作，不断“增绿”长江。

“绿色 +”为产业赋能

强调大保护，不是不要发展。重庆市在生态建设和环境保护的前提下，把“绿色 +”融入经济社会发展各方面，推动产业智能化、集约化、特色化发展，提高经济发展绿色含量，让老百姓享有更多生态红利。

以供给侧结构性改革为主线，重庆严格落实产业禁投清单、工业项目环境准入规定，坚决禁止在长江干流及主要支流岸线 1 公里范围内新建重化工项目、5 公里范围内新布局工业园区，将高污染、高能耗、高排放“三高”项目和过剩产能项目挡在门外。

2017 年，重庆全市否决不符合产业政策和污染治理等要求的项目环评 26 个，涉及总投资约 20 亿元；对 8 户不符合产业政策和布局要求的企业分别采取关停、搬迁等措施；全面完成 13 家“十一小”企业关停取缔和主城区 7 家污染企业环保搬迁。

融入“绿色 +”，重庆坚持传统产业改造提升和新兴产业培育发展“两条腿”走路。在工业绿色化改造方面，重庆积极推进造纸、焦化、氮肥等十一大重点行业清洁生产改造工作。推动火电、建材、化工等高耗能行业节能技术改造，完成 21 个大项 41 个小项产品用水定额标准修订，全市大宗工业固体废物综合利用率保持在 80% 以上。

聚力提升城市品质

重庆还着力开展城市提升行动计划，持续改善城市环境，推动城市品质全面系统提升，努力使城市干净整洁有序、山清水秀城美、宜居宜业宜游，创造高品质生活，彰显“山水之城 · 美丽之地”城市形象。

渝中区通过鲜花苗木补植、局部改造提升、现有绿化梳理等方式，对 2 个公园、9 条干道、13 个节点、3 个重要轻轨出口及高速沿线网外实施景观品质提升；大渡口区实施“增绿添园”，新建改建公园 16 个，新增城市绿地 48 万平方米……

2018 年以来，重庆主城各区大力推动绿化品质、市政设施品质提升工作，已累计完成绿化品质提升项目 6 个、46.6 万平方米，整治破旧不规范护栏 20 公里；全面启动机场路、中山三路等 18 条重要道路绿化提升项目，开工绿化品质提升项目 144 个，有序推进重要桥隧和道路隔离设施规范涂装等多项工作。

重庆 2018 年建成 100 个公园绿地项目和 500 万平方米公园绿地，完成 8 座城市污水处理厂改扩建任务，启动 18 座城市污水处理厂提标改造工程；主城区生活污水集中处理率将达到 97%，全市城市生活污水集中处理率达到 93.5%；主城区生活污水处理厂污泥无害化处置率保持 100%，全市生活污水处理厂污泥无害化处置率达到 90%。

（《经济日报》2018 年 7 月 31 日）

巴山披锦绣　蜀水漾清波

——四川推进长江经济带保护与发展纪实

钟华林　刘　畅

四川，俗称“千河之省”，境内大小河流1400余条，人均水资源量位居全国前列。

涓涓千河汇长江。地处长江上游的四川，加强生态文明建设不仅关系巴山蜀水的秀美风光，更关系国家生态安全和长远发展。如何确保一江清水向东流，是摆在9000万四川干部群众面前的一份沉甸甸的考卷。

通过多年不懈努力，四川生态文明制度体系已基本建成，2017年全省森林覆盖率达到38%，地级及以上城市优良天数率达到82.2%，87个国家考核断面优良水体比例为78.2%，10个出川断面水质全部达到国家考核标准，生态环境质量总体逐步改善。

共享发展红利和绿色福利

盛夏时节，攀枝花市盐边县红果乡岔河村一片郁郁葱葱，现在正值芒果成熟的黄金期，村里的芒果种植户都忙着打理果树。

很难想象，一年多以前，这个紧邻二滩库区的村庄村民维持生计的主要方式是在库区网箱养鱼。整个二滩库区曾有渔民近千户，网箱数量一度达5万余口。然而，用网箱养殖一吨鱼造成的污染等于20头猪的排泄污染。为了保护二滩库区生态环境，2016年11月，攀枝花市集中力量全面取消二滩库区养鱼，舍弃数亿元产值换来一湾清水。

“上岸”后的渔民在政府的帮助下，大力发展芒果种植、肉牛养殖、库区旅游等产业，日子越过越好。

保护二滩库区生态环境，是四川筑牢长江上游生态屏障做法的一个缩影。人们告别了“盼温饱、求生存”的时期，进入了“盼环保、求生态”的阶段，期盼呼吸上新鲜的空气、喝上干净的水、吃上放心的食品、生活在优美宜居的环境中。如今，老百姓在分享发展红利的同时，更充分地享受着绿色福利。

不久前出台的《四川加快推进生态文明建设实施方案》明确，四川将通过5年努力，基本形成合理的主体功能区布局，建成长江上游生态屏障，经济发展质量和效益显著提高，基本形成人与自然和谐发展的新格局。

加强生态文明建设顶层设计

在四川脱贫攻坚主战场“四大片区”范围内，现有森林面积约1.91亿亩，自然湿地约2237万亩，均超过全省总量的一半。抓好林业政策补助资金兑现、加快成立造林专业合作社、积极发展生态旅游……在实施这一系列措施的同时，四川还创新性地从贫困户中遴选生态护林员，不仅解决了管护的问题，也有效带动了贫困户脱贫。

2017年，四川争取和统筹资金2.6亿元，安排生态护林员指标2.6万名，在88个国家及省级贫困县开展建档立卡贫困人口生态护林员选聘工作。

政策的制定和创新应当注重因地制宜、因事施策。为此，四川将历年国土绿化政策的重点由此前的消灭荒山荒坡增加绿色调整为体现城乡一体化绿色，注重改善人居环境。根据规划，四川将在2020年前打造成都平原、川南、川西北、攀西4大森林城市群。

梳理近年来的相关政策不难发现，四川不仅着力解决当前突出的环境问题，而且做好了打持久攻坚战的准备。2014年，四川取消了58个重点生态功能区县和生态脆弱的国家扶贫开发重点县地区生产总值及有关考核；2015年，省委专题部署“十三五”时期生态文明建设；2016年，四川全面启动完成自然资源资产确权登记，明确每一处不动产和自然生态空间的所有权、使用权；2017年，提出把四川建成长江上游生态屏障核心区和绿色发展先行区、长江流域的战略腹地和重要增长极……如今，四川每一座山都有了自己的管护者。到 2020 年，四川森林覆盖率将达到 40%、国土绿化覆盖率达到 70%、草原综合植被盖度达到 85%。

扎实推进供给侧结构性改革

雅安地处四川盆地西部边缘，辖内有大渡河、青衣江等长江上游重要支流。近几年，雅安坚定不移走绿色发展振兴之路，大力发展绿色产业，促进当地生态资源优势加速向经济发展优势转变。

泸州是长江出川的最后一道关口。《泸州市 2018 年供给侧结构性改革实施方案》提出，积极培育壮大电子信息、航空航天、高端装备制造、新能源新材料、现代医药等新兴产业，改造提升白酒、化工、机械等传统优势产业，全年完成工业技改投资 250 亿元以上。

“长江首城”宜宾全面深入建立和实施“河长制”，实现市县乡村四级河段长体系全覆盖。此外，宜宾全面铺开长江经济带专项行动，打响污染防治“三大战役”，先后完成大气污染整治项目 164 个。

从各地实践中不难看出，通过深入推进供给侧结构性改革，严格的生态环境保护措施正在倒逼产业转型升级。四川将积极发展高效农业、先进制造业、现代服务业，壮大节能环保、清洁能源、清洁生产产业，开展工业园区循环化改造试点示范，对国家级新区、工业园区、高新区等进行集中整治，限期进行达标改造。

到 2020 年，四川生态环境质量将得到总体改善，主要污染物排放总量大幅减少，环境风险得到有效管控，生态环境保护水平同全面建成小康社会目标相适应。

（《经济日报》2018 年 7 月 30 日）

共舞长江经济带　生态发展看贵州

杨静　杨涛

长江，中华民族的母亲河。2016年9月，《长江经济带发展规划纲要》正式印发。长江经济带覆盖上海、江苏、浙江、安徽、江西、湖北、湖南、重庆、四川、云南、贵州等11省市。长江经济带横跨我国东中西三大区域，具有独特优势和巨大发展潜力。

贵州，地处长江上游，重要的生态安全屏障，长江经济带上的重要成员。中央提出“共抓大保护、不搞大开发”，要加强改革创新战略统筹规划引导，以长江经济带发展推动高质量发展。

贵州省委、省政府明确，协同推进长江经济带发展，是贵州加快发展的重大历史机遇。

2018年5月13日至17日，由中央网信办、生态环境部联合主办，贵州省网信办等11省市网信办联合承办的“美丽中国长江行——共舞长江经济带·生态篇”之“生态发展看贵州”网络主题活动举行，来自中央新闻网站和11个省市重点新闻网站的30余名记者编辑组成的采访团沿着铜仁、遵义、贵安新区和贵阳等长江流域沿线城市，走进了贵州4个市州、4个县（区）、8个乡镇、12个村，对森林保护、植树造林、水污染治理、水环境保护系统建设、乡村治理、海绵城市、湿地保护、水产养殖、非物质文化遗产保护和产业开发等方面做了深入采访。

“这里的空气是甜的。”记者张琳一到梵净山就发出感慨。

记者宋继祥说：“我来自西北，家在昆仑山下，那边植被很少，来到贵州不禁感叹，这里的山都是绿色的！”

“看到这么多与浙江不同的青山绿水，印象十分深刻，回去以后一定让家人朋友也来贵州看看。”记者陈佳聿说。

5天时间行程1000多公里，通过实地采访，聆听贵州和长江的故事，见证了贵州用实际行动，践行生态优先、绿色发展的理念。并在建设长江上游生态安全屏障、综合交通运输体系、对内对外开放等方面重点发力，书写了欠发达地区深度融入长江经济带的新篇章。

铜仁：梵净山生态保护带来生态红利

铜仁梵净山国家级自然保护区，地处武陵山脉的主峰，长江重要支流乌江和沅江的分水岭，是长江上游的重要生态屏障。翠海茫茫，漫山的苍松翠柏构成无边的秀色，在初夏季节，迸发着勃勃生机。

“这是一个奇妙的世界，6000多种物种共生共长。”贵州梵净山国家级自然保护区管理局高级工程师邱阳说。在梵净山保护区工作26年的时间里，他感受到了保护工作由难到易的历程。

2017年，有饮用水企业想进入梵净山取水，邱阳准备了厚厚的梵净山不能成为取水点的说明材料到市里开会，可会没开多久，这个企业到梵净山取水的议题就被与会者否决了。邱阳充分准备的“说明”也没用得上，“大家的环保意识都增强了，我们的工作也好做了”。

最新一组监测评估数据显示，梵净山森林覆盖率已达95%，“世界独生子”黔金丝猴数量750余只，重点保护的珍稀动植物如黔金丝猴、黑熊、苏门羚羊、珙桐、冷杉等数量有所增加。

在保护下发展，江口县把冷水鱼产业发展作为该县这几年发展绿色产业的重点。

位于梵净山西南面德旺乡净河村的贵州东亿农业发展有限公司的冷水鱼养殖基地，一个个大型养鱼池整齐地排列着，金黄色的三文鱼、几十斤重的中华鲟、嘴巴像鸭子的美国鸭嘴鲟……

对水环境要求极高的冷水鱼如何能在净河村繁衍生存，“养鱼的水是从梵净山流下来的，冬暖夏凉，特别适合冷水鱼生长。”贵州东亿农业发展有限公司总经理王章介绍。在对湖南、湖北等地考察后，公司选择在梵净山脚下落户，因为这里有天然流动的活水。

水好，生长出来的鱼肉质鲜美，价值比普通鱼高几倍，一斤中华鲟能卖到12.5元，而三文鱼的价格达到40多元，目前已卖到广西、越南等地，公司年产值1000多万。冷水鱼养殖还带动了当地贫困农户脱贫，“通过土地流转，到公司打工，年终分红等，农户一年的收入能达到3万元。”德旺乡副乡长蒋志国说。

截至2017年，江口县特色水产养殖面积达5000亩，冷水鱼产量达3100吨，年产鲟鱼苗1200余万尾，产值达1.4亿元，农户们都说冷水鱼是梵净山水养出的“黄金鱼”。

坚守“绿色本色”，收获“生态红利”，生态环境好起来了，生活水平不能降下去，贵州在生态文明建设中不断采取措施让群众共享“生态红利”。

遵义：绿色产业助力乡村振兴

山下荷叶田田，山上茶树连连。茶山顶上说丰年，茶海深处蛙声来。记者在遵义市湄潭县云贵山茶旅一体化示范点及翠芽27度景区采访，感受到了绿色给当地村民带来的满满幸福感。

初夏季节，郁郁葱葱的茶山上，一个大大的牌子上写着“我是一个幸福的农民”，当地村民们说，这就是我们想说的，现在变化太大，“茶区变了景区”、“茶山变了金山”、“农民变了老板”……生活越来越好，当然幸福了。

“靠着这片小小的茶叶，我们走上了致富路。”湄潭县兴隆镇田家沟村村民谭仕武很自信地向记者介绍他的茶生意，他种了20亩茶，还办起了茶业加工厂，加工的茶叶销售到江苏、福建等地，每年最少也有十几万的收入，家里已购有两辆汽车，一辆小面包车专门收茶叶，一车小轿车自用。

湄潭县通过退耕还林，发展茶叶产业，把原本粮食产量低而不稳的坡耕地变成了绿色的森林茶园，全县森林覆盖率增加到63.59%，全年空气质量优良天数率达100%。按照茶旅一体化发展思路，延长产业链，提升附加值，做大做强茶产业这个绿色产业。2017年茶园面积已达60万亩，投产茶园56万亩，茶叶总产量达 6.2 万吨、产值 42.71 亿元、茶业综合收入 100 亿元。

余庆县小腮镇哨溪村河滨，依山傍水，背靠青山，面对方竹湖，是村子给记者的第一印象。

哨溪村是贫困村，如何脱贫？这里是“四在农家·美丽乡村”的示范点，怎么把资源变成收益？经过调研，2017 年“旅居农家”项目进入哨溪村河滨。采取“公司 + 支部 + 协会 + 农户”模式，发动农户将闲置的房屋交由贵州飞龙湖文化旅游开发有限责任公司，实施宾馆化改造，完善配套设施，满足外来游客体验民居的住宿需求。

“公司按每年按每平方米 20 元的租金租房，平均每户房屋出租户直接受益近 3000 元。”贵州余庆交通投资有限责任公司监事会主席李正龙说。除了房屋租金，村民还可以当服务员获得工资。

截至目前，已建成 10 户精品示范户，打造客房 47 间，带动群众 28 户，吸纳群众就业 300 余人。10 月份开业，每年预计可为当地群众和哨溪村级集体经济创收 26 万元。

贵州依托绿水青山、田园风光、乡土文化等资源，大力发展休闲观光、娱乐体验、养生养老等农业新业态，促进乡村振兴，农民变股民、农民变老板，变成了一个幸福的农民。

贵阳、贵安新区：绿色生活的城市样本

青青绿水、悠悠青草，清新的空气，五月的鲜花开满了山间，水声、鸟声、虫鸣声，花溪湿地公园正演奏着一首大自然的交响曲。

作为贵阳市非常宝贵的城市湿地，这里有河流、农田和库塘等多类型湿地，拥有众多珍稀动植物种类。

“花溪湿地公园前身是村寨的耕种地和居住地，经过生态移民后，对这里进行了生态修复，退耕还林还草，定期为河流清淤，建立排污管网。修建山体公园和健身步道，供市民休闲娱乐。”花溪国家城市湿地公园管理处综合协调部副部长王天丽介绍。

让群众享受更多的生态产品，贵阳市以实施“千园之城”建设为抓手，构建“布局均衡、结构合理、功能完善、环境优美、贴近生活、服务群众”的城市公园体系，让市民出行“300米见绿、500米见园”，拓展了市民亲近自然、运动锻炼、沟通交流的绿色空间。

截至目前，全市新建各类公园942个，市民在家门口就能轻松便捷地享受生态产品，市民幸福指数不断攀升。

全国首批16个海绵城市建设试点之一，贵安新区则以科学规划，合理设计，做好新兴城市规划建设。

湖潮乡车田村是农家乐聚集地，不能因游客多了而增加对环境的压力，如何做好餐饮的污水处理成了当地政府的必考题。2017年，车田村投入500万元，建起了污水搜集管网和污水处理站，现在日均可处理污水220吨，满足了全村生活污水处理的需要。农家乐商家也积极投入资金改造污水处理系统，“环境好了才有游客来嘛。”梧桐雅柱餐饮店的老板徐祖琴说。

在月亮湖，处处体现着高科技环保产品的存在，“透水铺装”“雨水湿地”“生态驳岸”“植草沟”“雨水花园”……一个个新颖的设施，成为最靓丽的绿色“作品”，形成了自然积存、自然渗透、自然净化的“天然系统”。

贵安新区规划建设管理局副局长舒永胜介绍，贵安新区已经实现了“小雨不积水、大雨不内涝、水体不黑臭、热岛有缓解”的山水之都、田园之城。

贵阳建设“千园之城”让群众充分享受到生态产品，提升了幸福指数。而贵安新区被称为会“呼吸”的城市，正逐步成为西南地区国家生态文明试验先行的样板以及山水林田湖草生态保护的标杆。

（《贵州日报》2018年6月4日）

昆明坚持绿色发展全面融入长江经济带建设

张雁群　浦美玲

昆明位于长江上游，是长江经济带的重要支点城市和长江上游生态保护屏障。昆明市全面把握党中央“五位一体”总体布局的精髓要义，坚决担负起生态文明建设的政治责任，深刻认识全市生态文明建设的突出短板，自觉把经济建设发展同生态文明建设统筹起来，坚决摒弃损害甚至破坏生态文明环境的增长模式，全力以赴打好滇池保护治理三年攻坚战。

近年来，昆明重拳治理滇池、打造绿色屏障、实施水土涵养工程、退耕还林还草、石漠化治理、关停污染企业、淘汰落后产能，坚持以创新为支撑，大力推动产业生态化、生态产业化。昆明空间布局坚持绿色发展、生态优先，在调整结构上找出路，在促进绿色发展上做文章，推动全市生态环境质量不断好转，推动中央生态文明建设改革决策部署在昆明落地见效。

保护母亲湖 筑牢生态屏障

滇池是昆明的母亲湖，昆明人将滇池视为一面镜子，一面映射城市转变发展方式的镜子，一面映射人与自然的关系和生态文明建设理念及历程的镜子。

如今，滇池治理已从过去的以点源污染控制为主，进入流域系统治理阶段，全面实施了以“六大工程”为主线的综合治理体系，在“遏制增量污染”的同时“削减存量污染”。

经过近 20 年的治理，滇池水体水质日益改善，滇池治理成效初显。昆明建立了“四级河长五级治理体系”，设立河长 3489 名，实现河道、管网清淤常态化，滇池污染存量不断削减，25 条入湖河道水质达标，滇池全湖水质稳定保持在Ⅴ类，草海基本达到Ⅴ类，外海基本达到Ⅳ类，主要河道基本消除劣Ⅴ类。全面推行滇池流域河道生态补偿机制，生态补偿金达6.54亿元。

水质的改善给滇池带来了新的生命力，滇池湿地被央视评为“中国最美湿地”。湿地公园、滇池岸边成为广大市民、中外游客赏景休闲的好去处，滇池治理的生态效益和社会效益得到明显提升。

转变发展方式 培植绿色产业

昆明市立足区位优势和气候优势，通过推动产业转型升级转变生产发展方式，努力实现“绿水青山”与“金山银山”和谐共赢。

入夜时分，亚洲最大的鲜花交易市场——昆明斗南花卉市场里热闹才刚刚开始，3万多平方米的展厅内，有近万人在此交易鲜花。

“2017年，我们鲜切花交易量突破76亿枝，交易额近64亿元，占全国70%的市场份额，连续20年交易量、交易额、现金流、交易人次居全国第一。”昆明斗南国际花卉产业园区相关负责人介绍。

目前，花卉拍卖已成为“云花”最重要的交易方式。昆明花拍中心已成为亚洲交易量最大的专业鲜切花拍卖市场，交易量在全球排名第三。

昆明位于亚洲5小时航空圈的地理中心，2小时航程可以到达全国和东南亚多数城市，5小时航程基本覆盖东南亚、南亚、东亚。因此，云南花卉的发展除了得益于得天独厚的自然条件外，还得益于云南航空和地面交通的快速发展，使得“云花”能够在最短的时间内辐射到全国各地和东南亚。

2017年昆明花拍中心鲜切花交易量达11.04亿枝，日均314万枝，交易额9.65亿元。

2017年，斗南花卉小镇正式入围创建国家一流特色小镇之列，建设中的花卉小镇成为引领传统产业转型升级、城镇品质提升、生态环境保护的重要载体，与长江经济带的沿岸省市优势互补、资源共享。

产业生态化 加快培育新动能

“昆明市要坚持生态优先、绿色发展，争当生态文明建设排头兵示范城市，为推动长江经济带发展贡献昆明力量。”2018 年 5 月，昆明市委在深入学习贯彻习近平总书记在深入推动长江经济带发展座谈会上的重要讲话精神时提出。

在昆明街头穿梭的车流中，一辆辆绿色牌照的白色电动汽车成为靓丽的城市风景线。

昆明市把尊重自然、顺应自然、保护自然的理念贯穿到经济发展过程中，加快推动生产方式转变，积极发展低碳经济、循环经济，着力形成节约资源能源、保护和改善生态环境的生产方式。

2017 年，工信部发布国家第一批绿色制造示范名单，昆明经济技术开发区成功入选全国首批 24 家绿色园区。

与此同时，昆明云内动力股份有限公司成功入选我国首批绿色工厂名单，在众多装备制造企业中率先走出了绿色发展之路。

近年来，昆明市以先进装备制造、生物医药、电子信息制造、新材料、新能源等节能减排、绿色环保的新兴产业为主攻方向，推进工业转型升级，取得了一个个丰硕成果：高新区成为国家创新型特色园区，经开区成为国家级绿色园区；呈贡信息产业园成为全省唯一以大数据、云计算等为特色的信息产业专业园区……

快速崛起的新动能、新模式，广泛开展的绿色消费、绿色出行行动，正在深刻改变昆明市经济社会发展方式，为长江经济带的绿色发展作出贡献。

（《云南日报》2018 年 7 月 25 日）

第四部分
国际经验

国外著名河流治理经验

黄迪

多年来，为了综合利用水资源，发挥好水资源的航运、发电、旅游、养殖等功能，国家投巨资对境内许多重要河流进行了大规模治理，取得了较为显著的社会效益和经济效益，为国民经济的快速发展发挥了一定的积极作用。但是，我们也清醒地看到，一些河流治理中的一些深层次问题如兴一利废多利、因电废航、因电碍航、水资源难以综合协调利用等问题暴露出来，并屡见报端，令人忧虑。水资源必须综合协调利用、各展其长、优势互补！

党的十七大要求，加强能源资源节约和生态环境保护，增强可持续发展能力。从建立资源节约和环境友好型社会高度，借鉴国外著名河流治理经验，审视和综合协调利用我国河流是有大有裨益的。

莱茵河：源头治理 立法并举

莱茵河发源于瑞士境内阿尔卑斯山区圣哥达山脉，向西北流经法国、德国、荷兰等 9 国，全长 1320 多公里，其中通航里程 833 公里，是欧洲最繁忙、最重要的河流之一。

由于瑞士境内河流纵横交错、湖泊星罗棋布，环境优雅，空气新鲜，旅游业成为瑞士的支柱产业之一，夏季则是一年中旅游的旺季。随着旅游业的发展，景点的深入开发，以及外来旅游人员的不断增多，高山畜牧业的调整和森林的砍伐，阿尔卑斯山区自然环境遭到人为破坏的程度加剧，特别是自然生态环境的破坏，直接影响到莱茵河上游夏季汛期的水质。为了保护莱茵河上游水质，维护环境的原始地貌，瑞士各级政府和专业职能部门做出了巨大的努力。

瑞士联邦政府先后颁布了《森林法》《环境保护法》《特殊垃圾回收与运输规定》《水资源保护法》《环保法》《水体资源免遭污染和空气保洁法》等数十部涉及保护水体的法律法规。瑞士法律规定，企业不准将未经处理的工业和生活用水直接排放入附近的任何水体，就连濒河建筑物上的雨水也必须经屋檐排水槽引入地下，再经过处理后才准排入水体。由于实施了严格的水体环境保护法，不仅莱茵河源头，包括整个瑞士的数十条河流，上千个湖泊的水体至今常年清澈透明， 所有水质全部达到饮用水标准。

瑞士从 19 世纪中叶起就开始在阿尔卑斯山区雪线以下有利地形区筑坝拦水，兴建水库和蓄水池，然后通过地下隧道把其他山谷的水一并引入进行水力发电。随着环境保护法规的深入人心，瑞士先后拆除了各类不合理的工程，建设大片湿地和恢复森林植被，部分曾被改弯取直的人工河段又被重新恢复其自然河道。

莱茵河流域的 9 个国家制定了一个莱茵河日常养护“国际公约”，并成立了由 12 人组成的保护莱茵河国际委员会，委员会主席由成员国部长轮流担任。不过“委员会”只是个民间组织，“国际公约”则是民间行为，多年来，莱茵河流域国家基本上是在自觉地护养各自的河段。

泰晤士河：严格排放标准 立法改革体制

横贯英国、蜿蜒流经伦敦的泰晤士河被称为英国的“母亲河”， 在英国的历史上具有举足轻重的地位。

19 世纪之前，泰晤士河还是河水清澈，碧波荡漾。但随着工业革命的兴起及两岸人口的激增，水质严重恶化。20 世纪 50 年代末，泰晤士河的污染进一步加重，除少数鳝鱼外，其他鱼类几乎绝迹。

20 世纪 60 年代初，英国政府痛下决心全面治理泰晤士河。通过立法对直接向泰晤士河排放工业废水和生活污水作了严格的规定。有关当局建设了数百座污水处理厂，形成了完整的城市污水处理系统。目前，泰晤士河沿岸的生活污水首先要集中到污水处理厂，经过沉淀、消毒处理后才能排入泰晤士河。

为了解决大气中烟尘对泰晤士河的污染，有关部门制定了严格的工业废气排放标准，并限期达标，一些污染严重又不认真治理的工厂被关闭。伦敦地方当局还逐步禁止居民烧煤或烧木柴。经过 20 多年的艰苦整治，如今流经伦敦的泰晤士河已由一条臭河变成了世界上最洁净的城市水道之一，已有 118 种鱼类和 350 种无脊椎动物重新回到河里繁衍生息，每年还有众多的垂钓者和游船船主在此休闲娱乐。

为了对河段进行统一管理，将全河流域划分成 10 个区域，合并了 200 多个管水单位，建立了新的水业管理局（实行私有化后成为泰晤士河水业管理公司）。泰晤士河水业管理公司负责对全流域的水资源进行管理与保护。水业管理公司的决策机构是董事会，董事会成员由两部分组成：一部分由环境、农业、渔业、粮食大臣各任命 2—4 名熟悉业务并具有一定组织协调能力的人员担任；另一部分是流域内的地方代表。其中，国家任命的代表数额不得超过地方代表的数额。这样，成立一个由国家和地方联合建立的组织对河流进行管理，摆脱了单纯来自地方行政的束缚，尽可能公平地对水资源进行全流域的分配。

波托马克河：为保护河流志愿者忙碌不止

美国的波托马克河从北由马里兰州向南，从哥伦比亚特区西端流向大海。从大华盛顿地区中心穿过的波托马克河，东岸有举世闻名的肯尼迪艺术中心、水门饭店、乔治敦大学，西岸有美国国防部、阿灵顿公墓等，河中心有罗斯福岛。波托马克河上有 6 座桥把弗吉尼亚北部和哥伦比亚特区连接在一起。波托马克河河水清澈，两岸草坪绿意盎然。

多年来，为了保护好波托马克河，波托马克河生态维护协会制定了一个河流监管计划，组织热心维护河流健康的志愿者，监管两岸可能发生的违法行为。这些志愿者不但要有热情，还需对监管工作认真负责。生态维护协会有专门的志愿者报名网站，有意者可通过多种形式向协会报名充当志愿者。

这些志愿者经过培训后，被安排轮班监督河流两岸的违法行为。志愿者们每周都要分批定期步行或驾舟到河流的各个区域，仔细进行巡查，监管的主要方面是防止污染，发现并举报非法向波托马克河倾泻有害物质，大面积扑杀鱼蟹，砍伐树木，以及对河流健康有潜在影响的开发项目和行为等。

由于这些志愿者都有很强的责任心，且都要经过一段时间的专门训练或自学，掌握一定的相关知识，因而他们的报告大都有很强的针对性，非常有利于波托马克河生态维护协会及政府其他相关部门及时采取措施，策划河流清理、植树以及防止水土流失等。

渥太华里多运河：综合治理 保护生态

在北美大地上，长达 8 公里的里多运河应该算得上是一条古老的运河了。

多少年来，这条古河道始终青春常在，充满活力。运河两岸风景如画。这里一年四季都是人们向往的去处。夏天，喜欢运动的人们在河上泛舟，在河中游泳，在河边跑步；冬天，不但为喜欢冰上运动的渥太华人提供了锻炼和交往的重要场所，更是以举世闻名的“冬庆节”，每年吸引着全世界几十万游客和冬季运动爱好者。围绕着里多运河形成的旅游业，对推动加拿大东部的经济发展，发挥了非常重要的作用。

里多运河能够保持活力，当然要归功于加拿大深入人心的环保意识，归功于政府相关部门对运河管理的措施，归功于各方人士对运河精心呵护的自觉行动和不遗余力的努力。加拿大是世界上对自然环境保护最好的国家，所以里多运河能够受到加拿大民众长期的精心呵护。凡是到过加拿大的人，都对加拿大人民的环保意识有着深刻的印象。这种意识绝不仅局限于一个地区、一个城市、一个省，而是深入全国上上下下；也不仅仅停留在某时某刻，而是时时保持，处处体现。

如果只有环保意识，是无法让古老的里多运河永葆青春活力的，加拿大政府的各项政策是落实环保战略的保障。这些政策以对运河的环保治理战略为指导，其内涵一是要保持运河及沿岸的生态健康，二是要保持和弘扬运河周边文化，三是要给运河不断注入新的活力。在加拿大相关政府机构看来，保持生态健康是里多运河未来命运的基础，没有生态健康，运河就会成为一条臭水沟，成为一条死河。为此，加拿大政府始终坚持综合考虑运河的生态保护、人文环境、经济效益等。

根据加拿大联邦政府对运河维护治理的战略指导原则，渥太华市政府与运河维护治理相关的 7 个机构，制定出了非常详细的实施规则，细到了对在运河里泛舟的最高时速都做出不得超过 10 英里的严格限制。

新加坡河：机构各管一段，水道各负其责

新加坡境内有两条主要的河流，一条是新加坡河，一条是加冷河，新加坡河被称为“生活之河”。去新加坡旅游的人一定会去新加坡河畔参观。望着眼前的潺潺流水，游人很难想象得出，这里曾经是“臭味难闻、路人纷纷避而远之的死河”。新加坡环境部的 10 年治污工程和新加坡人民的爱护，让这里成为休闲娱乐的好去处。

作为当地临海的主要运输河道，自 1918 年开埠以来各种驳船就在新加坡河上川流不息，船上人员在河上烹饪、洗澡。到了 20 世纪 70 年代，新加坡河畔已经成为诸多工厂、商铺、仓库聚集地，居民的生产和生活污水都直接排到河里，河水臭气熏天。1977 年，时任总理的李光耀提出了“十年清河，十年河清”的河流治理工程，提出“要把鱼儿引回来”的宏伟目标。政府下令要求新加坡河上所有船只一律停驶，两岸货仓和船厂强行搬迁，在全岛铺设地下水道，将沿岸的近 3000 户家庭小工业作坊集中迁入可控制排污的中心工业区。经过十多年的努力，新加坡河终于变得清澈美丽，河上开辟了游船，供游人观光休闲；沿河两岸汇聚了各国的美食佳肴，成为游人如织的地方；河岸上鳞次栉比的建筑大都保留着旧货仓和商栈的原始外貌，成为新加坡著名的旅游景点和休闲娱乐场所。久违的水生动物，也重新回到清澈的河水中安家落户。

（《中国水运》2008 年第 8 期）

巴西、阿根廷水运发展概况及启示

曾 文

巴西、阿根廷都濒临大西洋，沿海有着天然的深水良港和较好的航道条件，两国与其他各大洲基本隔绝，陆路交通不方便，海运成为与各国贸易的最主要运输方式，国际贸易 90% 以上都是通过远洋运输实现的，海运在两国运输体系中具有举足轻重的地位。在两国内陆运输体系中，铁路不发达，航空正在发展中，公路运输占据了主要份额，水路运输正走上坡路。这不仅因为两国水运资源都十分丰富，而且水运需求正日益旺盛，如不断发展的农牧业，储量、产量可观的矿产资源及石油资源等。为了降低运输成本，提高产品竞争力，减少环境、资源压力，水运，包括内河和海运，正成为两国优先发展的交通运输方式，水运发展前景广阔。

因为历史原因、经济发展水平及认识水平制约等，巴西、阿根廷的水运发展并不十分理想，尤其是内河水运发展不快，运量在综合运输体系中份额不高，水运法规不完善，水运基础设施建设投入不大等等，但水运发展也有许多闪光点，对我国正日益崛起、突飞猛进的水运事业发展有着积极的借鉴意义。

一、巴西水运发展状况

（一）巴西航运业发展情况

1. 航运业发展现状。巴西江河纵横，水量丰富，为水路运输创造了良好的条件。巴西的河流分属的亚马逊河、巴拉那河、圣弗兰西斯科河三大水系。包括内河航运在内的巴西沿海航运，在相当长一段时期并不发达，直到 20 世纪 60 年代造船工业开始起步，航运船队运力逐步增加，尤其是燃料油飞速涨价，环境生态保护法律法规越来越严峻，促使巴西包括内河航运在内的沿海航运大发展。而且巴西的农产品丰富，产量高，石油、矿产资源非常丰富，产生了大量的水运需求。巴西出口货物的93%是经由巴西水路运输通往世界各地的。

迄今巴西自有和租赁船舶总量约四分之三参与沿海航运，沿海航线运量日益提高，内河和沿海货运量在全国货运总量中所占份额扩大，目前约占13%。

2. 航运公司发展。目前巴西国内有航运公司26家，其中规模最大的是国有Petrobras航运公司，拥有船舶146艘，运力占全国沿海船队运力份额的70%。同时，还有经营远洋贸易航线的Tramspetro轮船公司，Alianca集装箱班轮公司（与德国汉堡南方合资），Norsul轮船公司等。巴西Alianca Navegacao航运公司总经理乔斯安东尼奥巴劳表示，巴西沿海集装箱运输市场发展潜力巨大，集装箱运输服务需求量年均增长超过15%。

3. 航运市场发展潜力巨大。按照现在的发展速度，到2025年，水运量占总货运量比例将提高到29%。一方面是巴西农业发展空间大。目前巴西农产品主要依靠公路运输到海港，运输距离远，成本高，为了提高农产品价格竞争力，将把发展水运作为重点。另一方面，也是最重要的方面，在很大程度上归功于20世纪90年代中期以来沿海石油天然气成功投资开发，沿海的油气资源带长800公里，宽200公里。

第一期总投资50亿美元的航运业现代化规划已经开始实施。其中包括订造投资总额达到25亿美元的26艘现代型石油成品船和原油船，订造新船和旧船修理工程全部由里约热内卢造船厂等巴西26家大中型造船厂完成。

巴西政府正积极主动地为本国远洋承运人和造船厂提供税收优惠和强力融资支持。此外，巴西也在中国造船厂订造40万载重吨，包括迄今为止全世界单船运力规模最大的巴西矿业巨头淡水河谷公司型矿砂船舶。2018年底，巴西国有船公司组建一支拥有200艘各型船舶的大型船队。

4. 巴西造船业发展迅速。20世纪70年代，巴西造船业处于鼎盛时期，是世界第二大造船国。但由于种种原因，该国造船业逐渐衰落。如今，该国船舶工业又遇到了一个千载难逢的发展机遇：即沿海多处特大型油田，使该国一跃成为世界石油输出大国。为此，巴西石油公司 Petrobras 计划在未来 4 年内投资 1740 亿美元用于海洋能源开发和石油运输，将陆续投资建造 23 座石油钻井平台、8 艘浮式生产储油船（FPSO）、28 艘钻井船、68 艘油船和 146 艘海上供应船。如此庞大的订单，大大刺激巴西造船业的发展。目前，巴西有 10 家左右的新船厂正在进行规划或建设，原有造船企业也在加快其产能升级的步伐。据 Petrobras 旗下航运公司 Trampetro 估计，为满足未来巴西国内对船舶及海工设备的需求，该国船厂硬件设施的投资额将达到 11 亿美元。其中，修船方面至少需要 4 家新船厂，以满足企业生产要求。巴西造船业蕴藏着巨大的发展潜能，发展前景十分可观。有业内人士甚至预测，在不远的将来，巴西造船业可能占到世界造船市场份额的 3%，取代德国目前的位置，成为世界第四大造船国。

5. 港口发展。全国共有大小港口 228 个，其中 96% 符合国际通用的安全标准。桑托斯港是拉丁美洲最大的港口，港区占地 700 多万平方米，有 T-37、特康迪和罗特利马三家集装箱码头经营公司。桑托斯港进、出口货物分别占巴西进、出口总量的 28% 和 27%。桑托斯港雄心勃勃，正在实施投资总额 9.32 亿美元的“巴纳比—芭格勒斯工程”，计划进一步拓深航道，以便 9000TEU 的集装箱船可以停靠该港。地中海航运在桑托斯港兴建三个泊位，码头年吞吐量超 2 亿吨，年集装箱吞吐量可达 500 万 TEU，成为南美洲真正意义上的集装箱吞吐量规模最大的集装箱港口。

（二）巴西航运管理法规与机构

巴西出口货物的 90% 以上是经由巴西水路运输通往世界各地的。因此，水路运输得到巴西政府的高度重视。一方面加强水运立法，将水运管理纳入法制化轨道；另一方面设立专职的全国水运管理部门，加强规划和水运基础设施的建设。

1. 巴西航运管理法规。巴西目前没有专门的航道管理法规，但制定有《巴西水运法》，该法于 1997 年由巴西国会制定并实施。还有国会于 2001 年 6 月 5 日通过了 10233 号法令，根据此法令，建立了全国交通政策委员会，陆路、水运运输及交通基础设施建设管理机构，以及相应的职责。虽没有专门的航道法，但以上法律（令）都包含有关于航道管理的相关内容。根据以上两部法（令）及其他有关法律，巴西成立了较为完备的水运管理机构，如巴西水运管理局、巴西港务总局、巴西交通基本建设局等，还有海军也履行部分水运管理职责。包括水运在内的交通基础设施建设由巴西交通基本建设管理局负责，该局除了承担建设职责，还对航道及航道设施等交通基础设施担负有管理和保护职责，对破坏这些设施的行为可以依法处罚，对各种跨、临、拦河建筑物的通航标准审批职能也是由它来承担；巴西水运管理局主要负责运输管理与服务；港务总局负责对港口实施政府管理职能；巴西海军的水运管理职能主要对水上安全、污染、海员等进行管理；船闸通航管理由发电企业自身负责。

2. 巴西航运管理机构。巴西是联邦制国家，由于巴西河流众多，很多河流穿越好几个州，联邦政府对水运事业的管理和协调非常重视。在国家一级的政府机构中，除了设有交通部之外，还专门设有国家水运管理局，并列在巴西国家航天局、巴西国家电力局、巴西国家石油局等重要的国家机关之中。巴西国家水运管理局是根据国会于 2001 年 6 月 5 日通过的 10233 号法令设立的。按照这个法令，巴西国家水运管理局设于首都，是独立的法人机构，虽然与交通部有工作联系，但具备特有的自主权、独立的管理权、对重要河流设立地区性管理局和任命其领导人的人事权。国家水运管理局的最高决策机构由一个局长、两个副局长和各司司长组成。局内设有办公厅、海运司、河运司、宣传司、国际司、技术司、监察司等。由于巴西海岸线长、海运事业发达，内河航运又在穿越几个州的辽阔流域中进行，很多工作（ 特别是立法）牵涉到各州和各方面的利益，所以在国家水运管理局内部还特别设立了国会协调司，与巴西参议院和众议院加强联系和沟通。另外，巴西的大河大江大多距离首都遥远，所以国家水运管理局针对这种情况，结合对重要海运港口的管理，还设立了马瑙斯（亚马孙河）地区管理局、佛罗利亚诺玻利斯（东南部）地区管理局、贝伦（北部）地区管理局、累西菲（东北部）地区管理局和里约热内卢（海运）地区管理局。

巴西国家水运管理局的职能是：（1）按照巴西全国交通政策一体化委员会的指导意图，在自己职权范围内，制定相关的水运管理政策法规。（2）管理、监督、审计水运部门的工作和服务，规划和开发港口和水路的基础设施建设，确保旅客和货物的正常运输。协调各区域水运管理部门和各企业的利益。（3）仲裁各类利益冲突，阻止不规范的无序竞争，维护经济活动的正常进行。

（三）亚马逊河

亚马逊河位于南美洲北部，是世界上流域面积最广、流量最大的河流。全长6437公里。支流长度在一千公里以上的有20多条。流域面积800万平方公里，大部分在巴西境内。流域水量充沛，每年泄入大西洋的水量占世界河流注入海洋总水量的五分之一。上源地区山高谷深，坡陡流急。进入平原后比降微小。中下游流速平缓，水深河宽，巴西境内河深大部分在45米以上，马瑙斯附近深达99米。下游河呈喇叭状，宽240公里，浅滩沙洲罗列。干流有5000多公里可全年通航，吃水5～6米的海轮可自河口上溯3700公里至秘鲁的伊基托斯，全水系内可供通航的河道长度达3万公里。水力资源相当丰富，但尚未充分开发。

（四）巴西淡水河谷公司

巴西淡水河谷公司（Vale）是世界第一大铁矿石生产和出口商，也是美洲大陆最大的采矿业公司，被誉为巴西“皇冠上的宝石”和“亚马逊地区的引擎”。现在，淡水河谷铁矿石产量占巴西全国总产量的80%，保有铁矿储量约40亿吨，主要矿产可维持开采近400年。

巴西淡水河谷公司（Vale）正在建设40万载重吨（dwt）的矿砂船队，以满足不断增长的中国市场业务及降低成本。淡水河谷公司的首席财务官巴博萨表示，公司自营的船队大大减少了将矿石从巴西运往亚洲的运输成本，目前公司的运输成本远远高于市场其他竞争对手，将直接影响淡水河谷的盈利和竞争力。由于地理上的原因，从巴西港口运货往中国的运费，是从澳洲运往中国的2倍。为了改变现状，淡水河谷已经订购了15艘二手船和订造20多艘新船。

（五）图巴朗港

图巴朗港位于巴西东南沿海圣埃斯皮里（SANTOESPIRITO）湾东岸湾口，濒临大西洋的西南侧，是巴西最大的铁矿石输出港，也是世界第三大散货出口港。图巴朗港是巴西矿石输出港，港区主要码头泊位有2个矿石突码头，岸线长810米，最大水深24米。装卸设备有专用矿石装船机，装臂外伸距最大33.5米，净空高

20 米，拖船的功率最大为 2206 千瓦。铁矿石的堆场容量达 770 万吨。码头最大可靠 25 万载重吨的船舶，有铁路专线直达矿区，装卸效率每小时可装 1.2 万吨。另有新建煤码头 2 个泊位，岸线长 730 米，水深为 18 米，可靠 17 万载重吨的船舶，有专用卸煤设施，装卸效率每小时卸 1800 吨。堆场设计能力为 1100 万吨，矿石年出口能力在 5000 万吨以上。

二、阿根廷水运发展状况

阿根廷位于南美洲南部，面积 270 多万平方公里，海岸线长 4000 余公里，首都是布宜诺斯艾利斯。有着肥沃的土壤，丰茂的草原，良好的气候，这使阿根廷成了“世界的粮仓和肉库”。地处热带和亚热带，地形复杂，气候多样。地势由西向东逐渐低平，西部是以安第斯山为主体的山地；东北部米西奥内斯平原山高林密，温热多雨；北部主要是格兰查科平原，多沼泽洼地，有大面积森林；南部巴塔哥尼亚高原面积占部的潘帕斯草原，气候温和，雨量充沛，是著名的农牧业地区。

（一）巴拉那河

阿根廷的河流湖泊众多，河流多发源于安第斯山麓东侧，向东注入大西洋。其中主要有巴拉那河、科罗拉多河等。巴拉那河是最重要的河流，全长 4700 公里，流域面积 3.5 万平方公里，为南美第二大河。巴拉那河是南美洲中东部重要的内河航道。全年通航里程 2700 公里，圣菲以下可通海轮，小型船只可至巴拉圭河上游，承担阿根廷对外贸易 30% 和巴拉圭对外贸易 90% 的运输任务。在定期疏浚河道的前提下，全年海轮可从拉普拉塔河河口上行约 402 千米，吃水深 5.8 米的船舶可上行至圣非和巴拉那港。巴拉那港至科连特斯之间的，可通过吃水深不超过 3.05 米的船舶，而上游科连特斯至门德斯港之间仅能通过吃水深约 1.2 米的船只，而且还有险滩碍航。中游的帕蒂和恰佩顿两工程建成后，将大大改善该河段的通航条件，远洋海轮可从拉普拉塔河口上行 1200 千米至查科省的巴兰奎尔斯港。巴拉那河上游，包括干流和格兰德河及巴拉那伊巴河都有许多瀑布，航运条件极差，只有瓜伊拉至米皮亚电站河段可通航，但仅限于吃水浅的小船。巴拉那河上游各级通航船闸全部建成后，通航里程上至伊利亚索耳泰拉水库，下至巴拉那河中游航道。其中伊泰普4级船闸可克服水头120m，年通过能力3600万吨；在瓜伊拉瀑布也准备兴建通航设施，其通过能力和伊泰普船闸相同。

（二）拉普拉塔河

拉普拉塔河入海口段长320公里，从西端两河汇集处的48公里逐渐扩大至东部与大西洋相交处的220公里。阿根廷首都布宜诺斯艾利斯位于拉普拉塔河西南岸，乌拉圭首都蒙得维的亚则位于东北岸处。

（三）阿根廷航运业

国内交通运输以陆运为主，外贸货物的90%通过水路运输。全国有海港38个，内河港口25个。2007年港口吞吐量1.68亿吨，重要港口有布宜诺斯艾利斯港、布兰卡港和罗萨里奥港等。巴拉圭—巴拉那河道是阿根廷主要内河航线，全长3302公里。马鲁巴（Maruba）航运有限公司是阿根廷唯一的一家航运公司，其阿根廷总部一共拥有50余条自有以及长期期租的集装箱船，主要经营的业务是南美和北美、欧洲、西非以及远东的集装箱运输。同时拥有数十条散杂货船，大部分在南美以及南北美之间运营。该公司曾因拖欠数百万美元的租箱款项而被告上纽约法庭，在金融危机的冲击下，阿根廷政府出于保护大型企业的考虑，注资马鲁巴，使之成为阿根廷国家航运公司。

（四）布宜诺斯艾利斯港

布宜诺斯艾利斯港位于阿根廷中部东海岸，临拉普拉塔河湾，布市之东北。港区沿海岸南北伸展，又分北、中、南三个港区。北港区又称新港区，由陆岸向东伸展6座突堤，外有防波堤保护，船舶由北港与中港之间的北航道入港，港内有A、B、C、D、E五个港池，A港池可停靠泊五艘中型客、货船；B港池用于杂货，可停靠7艘大、中型货船；C港池亦可停靠七艘大、中型船舶，北岸3个泊位常用谷物装卸；D港池南岸用于谷物装卸，北岸用于集装箱船；E港池北岸用于装煤，南岸用于装卸水果和杂货。北港区码头线总长7267米，30多个泊位，是全港最现代化港区，码头上装卸设备良好。南港区在该港之南，里亚丘埃洛河河口，船舶由南航道入港，又有一区、二区、液化煤气港池、危险品港池和东港池等几个部分。中港区又叫马德罗港，是连接南北港区之间的内陆水域，又有南北港池和 1、2、3、4 号坞式港池，船舶由南北港区航道入港。全港约有 50 来个泊位，年吞吐量 2500 万吨以上。

三、经验与启示

（一）两国水运发展主要经验

1. 国家决策层重视水运发展。将水运发展上升到国家战略层面，出台了系列扶持水运发展的政策和措施，如关于发展航运的，关于支持本土造船业发展和港口建设的优惠政策等，鼓励多造船、造大船，提高航运效益和出口产品竞争力。

2. 重视水运规划。将水运规划纳入国民经济社会发展规划中，巴西专门制定了《交通物流远期规划》，远期规划至 2030 年，水运、铁路是此规划中的重点内容。

3. 重视水运立法。巴西出台了《巴西水运法》、2001 年 6 月 5 日通过的 10233 号法令等相关水运管理法律法规，内容全面具体。

4. 重视水资源综合利用。利用巴拉那河上游滩多、流急、水量大、落差大的特点，建成了伊泰普等水电站，有利于防洪、航运、发电等，实现了水资源的综合利用。

5. 发挥各种运输方式的比较优势，宜水则水。两国的公路运输方便便利优势发挥得较为充分，铁路运输并不发达，水资源丰富的地区，内河水运发展正日益崛起，运量大、污染少、成本低等水运优势在农产品、矿产资源等大宗货物运输中的优势日益明显，海洋运输在对外物资运输中更是独占鳌头。

（二）对我国水运发展的启示

近年来，我国对水运，包括内河水运发展正日益重视，出台的扶持政策，给予了资金倾斜。但从目前情况来看，我国水运的发展与经济社会发展的需求有较大的差距，仍落后于其他运输方式，在低碳社会、绿色经济建设中的作用发挥得不充分，在缓解我国能源、土地、环境、资源压力方面仍大有潜力可挖，在交通综合运输体系中的份额应该更大。水运是朝阳产业，该有更大作为。

客观上说，巴西、阿根廷两国的水运并不算发达，并不领先于我国，水运发展也正在不断奋起直追中。但“他山之石，可以攻玉”，他们一些成功的，或者失败的方面，都可以供我国当前加速水运发展学习、借鉴，以推动我国水运事业的快速、全面、健康、可持续发展。

1. 国家高层应更加重视水运建设，给予水运发展予更多的政策、资金支持。在“扩内需、调结构、上水平”和深入贯穿落实科学发展观的今天，加大内河水运建设投资符合我国实际，也符合其他国家的经验做法。建议国家尽快出台关于加快长江等内河水运发展的指导意见及配套的实施方案；继续加大内河水运建设投入，每年的内河水运建设专项资金在现有规模上，以不低于国家 GDP 的增长速度递增，每年安排更多的国债资金（现为 10 亿元 / 年）用于长江航道等内河水运建设。同时，地方政府也应加大投入，建立稳定的资金渠道。

2. 完善内河水运法律法规体系。在我国交通综合运输体系中，水运方面的法律是较为欠缺的；在涉水管理法律体系中，水运方面的立法也严重滞后。因此，加大水运立法工作迫在眉睫。当务之急是加快《航道法》立法进程，尽快通过国务院审核，提交到全国人大常委会，以加强对宝贵的航道资源的保护和开发。同时中央和地方在完善水运配套法规建设方面还要做大量的努力。

3. 做好水运规划的落实执行工作。我国内河水运基本形成了从中央到地方多层次全方位的内河水运规划体系。在国家的五年规划纲要、重大区域规划中多次提出要依托长江水运优势，加快长江黄金水道建设、建设长江经济带等重大政策。《全国内河航道与港口布局规划》明确提出建设“两纵一横两网十八线”高等级航道网，地方也纷纷出台当地水运、港口规划等。但目前普遍存在规划论证深度不够、变更频繁、执行力偏弱等问题，制约了内河建设步伐。应切实提高规划的执行力，增强规划的严肃性，做好规划评估，抓好规划落实，进行跟踪检查。

4. 加快现代交通综合运输体系建设。各种运输方式的协调发展是现代综合运输体系发展的重要特征。如果把综合运输体系看成是一个“木桶”的话，各种运输方式就是组成这个“木桶”的木板。最短的“木板”决定了木桶的盛水量，即发展最慢的运输方式决定了综合运输体系的总体效率。显然，目前水运这是我国现代综合运输体系发展中的那块“短板”，亟需加快发展内河水运，补齐这块短板。

综合运输体系发展的关键是公路、铁路、水路、航空等各种运输方式之间的高效衔接，以实现综合运输效益最大化。目前我国内河水运发展过程中，与其他运输方式之间的衔接不够紧密，港口的集疏运通道建设相对滞后。要加强主要港口、港区、码头的集疏运通道建设，实现各种运输方式之间的无缝衔接。

要结合国家出台的《物流业调整和振兴规划》，加快长江和运河物流通道建设，加快沿江（河）上海、南京、武汉、重庆等国家级物流节点的建设。加快内河水运公共信息平台建设，提高内河水运信息化程度，降低物流成本。积极研究制定扶持内河水运物流业发展的政策措施，着力培育物流市场，引导产业向沿江（河）集聚发展。

5. 加强综合协调，合理利用水资源。在我国现行的河道开发建设管理体制下，水利、水运、发电等分属不同部门管理，存在职能交叉、多头管理、内耗严重等问题。要成立河道综合开发治理协调委员会，由涉水部门主要负责人组成，统筹协调河道的开发治理工作，综合保护和开发水资源。

同时，在我国水资源开发建设科技研究领域，水利、水运、防洪、环保等技术研究工作分别由相应的涉水管理部门及其下属机构负责，科研成果缺乏互通和共享，造成了课题重复，科研资源浪费。要由河道综合开发治理协调委员会负责指导各研究中心技术、资源的沟通交流，实现资源共享、质量提高的目的。

（《武汉交通职业学院学报》2010 年第 4 期）

欧美流域经济开发的经验及启示

张 莉

从国际经验看，现代工业化的历史，都是由沿海地区先发展起来，然后沿内河而上开发，这是普遍的经济规律。许多发达国家在其现代化进程中，都把流域经济的开发作为战略重点，通过兴建水利工程充分挖掘沿江沿河流域巨大的能源蕴藏量，依托水源、土地以及其他自然资源打造具有一定规模、分工合理、陆海联动、互补互给的产业密集带，从而带动整个流域的经济发展，如莱茵河、多瑙河、密西西比河和田纳西河等，目前均已发展成为世界著名的人口、产业和城市密集带。分析总结由沿海地区溯内河而上开发的国际经验及其发展趋势，对于我们深入了解为什么要发展长江经济带以及如何依托黄金水道发展长江经济带具有重大借鉴意义。

莱茵河经济带的开发

莱茵河是西欧第一大河，全长1390公里，发源于瑞士阿尔卑斯山山麓，流经列支敦士登、奥地利、法国、德国和荷兰，在鹿特丹以西注入北海，年货运量在3亿吨以上，相当于20条铁路，是目前世界上航运量最大的内陆运河，流域面积超过25万平方公里，其中德国境内约12万平方公里。

18世纪以来，沿河各国就把内河整治和航运作为开发的首要目标，既防灾抗涝，又通过干支流直达、河海港口相连的航道网，实现了流域经济与国际市场的联结，后来又陆续在莱茵河沿岸修筑铁路、公路，铺设油气管道，形成公、铁、水、管道整体衔接和贯通的综合物流网络体系，兴建物流园区和国际航运中心，带动港口经济的发展。多年来，莱茵河流域以煤炭资源和水电为基础，不断进行产业发展和转型升级，沿莱茵河干流形成了巴塞尔—米卢斯—弗莱堡等 6 个世界闻名的工业基地，是欧洲和世界重要的电力、化工、食品加工、汽车制造、冶炼、造船、商业银行、旅游业等现代服务中心，其中旅游业是仅次于制造业的第二大产业。莱茵河流域集聚了近 1 亿人口，包括巴塞尔、法兰克福、科隆、鹿特丹等世界著名中心城市和 90 多个中小城市共同组成的“城市圈”，莱茵河不仅是欧洲的“黄金水道”，也是欧共体“香蕉”形经济轴线的主体。莱茵河流域是世界最密集城市群和产业带之一，其中一个重要因素在于充分发挥了鹿特丹作为国际航运中心对莱茵河流域的辐射带动作用，形成龙头带动、相互促进、共同繁荣的港口与腹地产业合作模式。

莱茵河流域最大的特点是国际化和标准化，制定了各类法规条例以及签订各类协议和公约，建立门类齐全的跨国和跨地区的管理协调机构，对于推动整个流域经济和社会的发展与进步具有重大意义。早在 1831 年，就成立了莱茵河航行中央委员会（CCR），由莱茵河流域的国家、州、地方等代表组成，各国负责本国河段的养护和疏浚，促使莱茵河渠道化，推动自由航行和取消征收通行费，根据 1861 年的曼海姆—莱茵航道等公约制定了 CCR 的组织法，对航行于莱茵河的船型、船龄、航道规划和技术条件等方面提出规范性建议。莱茵河虽然有“先建设、后治理”的过程，但时间不长，在保护莱茵河国际委员会（IKSR）的协调下，注重发展循环经济，基本上走的是一条开发与保护相结合、发展与环境相协调的路子。

密西西比河流域

密西西比河发源于美国明尼苏达州的艾塔斯卡湖，向南注入墨西哥湾，全长 6262 公里，流域面积涵盖美国 31 个州和加拿大两个省，密西西比河干流长 3950 公里，由北向南流经美国明尼苏达、维斯康星等 10 个州，其中，田纳西河是密西西比河的二级支流，位于美国东南部，长 1050 公里，地跨 7 个州，密西西比河航运占美国水陆运输的 60%，其平均货运密度比铁路系统大 11 倍左右。

密西西比河自然通航条件差，田纳西河历史上甚至曾是一条“害河”，其综合治理和产业开发得益于政府高效有序的流域组织管理和一系列立法管理。1879年，美国国会成立了密西西比河委员会，主要研究密西西比河的开发治理规划和航道、桥梁等基础设施的标准化，并通过了《水土保持法》、《水灾控制法》等作为法律依据。1928年美国联邦政府启动了“密西西比河及其支流工程计划”，开展大规模综合治理与开发建设，首先建起了干支畅通、标准统一的现代化航运网，形成了密西西比河纵贯美国南北，铁路、高速公路则联通美国东西，水路、铁路、公路联运的综合交通网络。1833年，联邦政府成立了田纳西河流域管理局（TVA），是兼具政府与企业、科研机构与经营实体的实权机构，依《田纳西流域管理法》对流域自然资源进行统一规划和综合治理。政府还注重整治开发与对外开放相促进，美国在对密西西比河水系进行疏浚和经济开发的同时，还在干支流的两岸设立了一批对外贸易区和自由贸易港，仅密西西比河干支流两岸就有53处，如阿肯色州境内的小石城14号。

美国管理机构注重对流域内的产业布局、城镇建设、区域发展等方面进行科学论证和规划引导。随着密西西比河流域农产品资源、水电的开发，形成了“钢铁走廊”等沿河产业密集带，工业链不断向纵深延伸。经过200多年的开发建设，密西西比河流域发展成为食品、钢铁、电力、机械、汽车等美国最重要的工业和配套服务业聚集带，并形成沿岸10个州各具区域特色的产业布局，形成了匹兹堡、圣路易斯和新奥尔良等工业和港口城市，密西西比河流域的自然生态和优美环境也使之成为旅游胜地。目前，美国人口超过10万的150座城市中，有131座位于大江大河边，其中大部分分布在密西西比河水系。在TVA的管理下，田纳西河治理工程的逐步推进，带动了流域内工业、农业和旅游业的发展，形成了田纳西河工业走廊，田纳西这个昔日落后的州如今也成为美国南方的工业大州。

多瑙河流域

多瑙河是欧洲第二大河，发源于德国西南部黑森林地区，流经奥地利、斯洛伐克等10个中欧及东欧国家，最后从多瑙河三角洲注入黑海，支流还延伸至波兰、瑞士等9个国家，有大小300多条支流，可通航的有30多条，既涵盖了上游经济发达国家，也包括了下游相对落后国家，是跨越欧盟边界的最大河流和世界上流经国家最多的河流，全长 2857 公里，流域面积 81.7 万平方公里，是欧洲重要的经济、环境、运输廊道。随着罗马尼亚的多瑙—黑海运河和德国的莱茵—美因—多瑙运河的先后开通，多瑙河的航运价值更得到极大开发，跨越 11 国，连接 16 国，形成了从北海斜贯欧洲大陆直达黑海、总长 3400 公里的巨大国际航运网，成为贯穿欧洲的水上交通大动脉，扩大了中欧和东南欧国家的对外交往。多瑙河全年的货运量大约有 2 亿吨，被誉为“黄金之河”。沿线各国共同积极开发水电资源，目前，在多瑙河干流水能资源开发利用率达到 65%，为各国的产业发展提供了保证。随着航运经济的合作和发展，在沿岸形成了许多著名的港口和中心城市，比如，匈牙利的布达佩斯、斯洛伐克的布拉迪斯拉发和奥地利的维也纳。

沿江沿河开发的国际经验告诉我们：首先，要建立强有力的流域管理机构，科学论证并制定整个国际河流流域区统一的管理规划和多层次的流域协调机制，高度重视立法工作，形成完备的法律和标准体系，特别是在船型和航道的技术标准方面；其次，要重视河流的综合开发和全面治理，树立“大交通”观念，形成以江河为干、陆路为支的立体综合交通体系，打造对外开放新通道；再次，沿江沿河开发不仅仅是对于水资源、水环境的开发与管理，更要促进沿江沿河流域产业带的形成，实现“以城市为依托，干流为轴线，扩及腹地的点轴面”的流域经济发展模式；最后，要发挥政府、地方和公众的合力，推动生态环境保护，发展旅游休闲产业，走绿色可持续发展之路。

（《群众》2015 年第 9 期）

德国莱茵河经济带的发展经验与启示

叶振宇　汪 芳

德国莱茵河流域经济带是世界内河流域经济发展水平较高的经济带，对德国加快工业化进程、促进经济重心西移和提升产业国际竞争力等方面具有重要的战略意义，它的发展经验值得我国在推进长江经济带建设时加以借鉴。

莱茵河流域经济带发展的历史经验

莱茵河是一条发源于阿尔卑斯山北麓，流经瑞士、列支敦士登、奥地利、德国、法国和荷兰等国家的国际河流，全长1360公里，流域面积25.2万平方公里，河流中下游地区地势平坦，是欧洲重要的工业中心。其中，莱茵河在德国境内长865公里，占其全长的65.53%，并有美茵河、内卡河、摩泽尔河和鲁尔河等众多支流汇入，流域面积占德国领土的70%，7000吨级海轮可从河口的荷兰鹿特丹港上溯至德国科隆。德国莱茵河流域地区是全国产业、人口和城市分布比较集中的条带状区域，能源、化工、机械、电子和汽车等产业比较发达，波恩、科隆、法兰克福和杜伊斯堡等城市都分布在河流两岸。经过一个多世纪的规划、开发和治理，德国莱茵河流域经济带已进入成熟发展阶段，城镇体系完整，空间形态相对稳定，产业层次较高。

1. 流域开发管理顺应实践需要不断完善。德国政府在莱茵河流域开发的过程中始终把航运作为首要目标，加强内河航运标准化体系建设，按照欧洲统一技术标准进行航道建设，采取整治和疏浚相结合的办法改善莱茵河上中游通航条件，并通过建设堤防、修筑堰坝以及开挖人工运河等工程手段，提升莱茵河流域河网的通航能力，使得莱茵河成为世界货运密度最大的内河之一。摩泽尔河、内卡河和美茵河等支流都可以通达1500吨的船舶，并直达荷兰的鹿特丹港顺利出海，真正发挥了欧洲“黄金水道”作用。在航道建设和维护方面，以中央政府出资为主，地州政府根据受益程度分担部分费用，并采取发行债券、以电养航和地方集资等方式解决财政投入不足问题。

2. 城市、港口和产业融合发展。长期以来，德国政府非常重视以港兴产、产城融合和港城联动的发展策略，充分利用莱茵河中游河段地势平坦的有利条件，建设了分布相对密集的港口群，并把杜伊斯堡打造成莱茵河流域经济带的枢纽港，而港口的发展也造就了沿岸一批工商业城市或工业基地，如鲁尔工业区。同时，法兰克福、科隆、波恩和杜伊斯堡等城市沿着莱茵河形成带状分布的城市带，集聚了金融、物流、钢铁、化工、机械和轻工等优势特色产业，也形成优势互补的城市功能，并借助内河航运的纽带作用，扩大港口对腹地辐射的范围。

3. 产业进行适时调整升级。历史上，德国莱茵河流域经济带曾经分布着鲁尔工业区等集中成片的老工业基地，当地政府大力促进产业退出和转型升级，把许多厂区矿区改造成文化创意、研发设计中心和工业旅游景点等，并加大区域援助，逐步恢复经济发展生机。现阶段，随着国际市场环境的变化和环境规制的升级，德国莱茵河流域经济带产业布局正在发生相应地调整，许多化工、机械和制药等企业将生产基地逐步转移到新兴的发展中国家，以便接近市场和节约成本，同时把腾出的土地空间用于发展产业链的高端环节或新兴的产业。

4. 水电资源合理开发利用。德国境内莱茵河上游地势较高，河流落差较大，具备梯级水电站开发条件，于是在不影响通航的前提下，政府将流域水电站开发建设和运营管理交由企业负责。同时，由于莱茵河是一条连接多国的国际河流，水电资源开发往往涉及到上下游各国的利益，因此，在开发水电资源时，各国为了维护各自的利益，一般会在水电站建设前签订双边或多边的水电建设合作协议，并按照在建投入的比例合理分配发电量，并建立各级水电站发电联网供电调节机制，进行必要的供电指挥调度。

5. 生态环境治理得到重视。在过去的一个多世纪，德国莱茵河流域曾经走过了“先污染、后治理”的路子。在20世纪80年代之前，河流上下游布局着大量的化工类企业，工农业污水和城镇居民污水直接排入河道，莱茵河成了城市的下水道，数十种水中动植物绝迹，十多种鸟类消失。为了应对日益严重的污染，德国兴建了更多的污水处理厂，实行更加严格的排污标准和环保法案，加大环保执法力度，并实施生物多样性恢复工程。同时，德国政府长期在莱茵河保护国际委员会的框架下开展流域生态环境保护与治理合作，并以缔约国身份积极参加莱茵河流域部长级会议，积极落实各方达成的条约。最近二十年来，莱茵河流域生态环境明显改善，水质趋于好转，生态多样性也处于恢复之中，工业生产实现绿色转型。但是由于阿尔卑斯山麓的流域发源地冰川明显萎缩，莱茵河流域水资源和生态环境正面临着全球气候变暖的挑战。

6. 工业化与城镇化相互促进。在工业化时期，德国莱茵河流域经济带内的城市发挥各自优势，形成具有地区比较优势的产业结构，而大规模铁路建设不仅加强了城市间联系和促进城镇体系完善，也为流域经济带产业发展提供了巨大的市场，从而加快工业化进程。同时，流域地区农业生产率不断提高，能够为工业提供大量的剩余劳动力，进而促使区域城镇化水平不断提高。工业化和城镇化相互促进，持续为工业化时期流域经济带发展提供了动力支持。目前，德国莱茵河流域经济带已进入后工业化阶段，城镇化水平和质量都很高，城乡基本实现一体化。

对我国的启示与建议

德国莱茵河流域经济带虽然并不是在德国政府的规划之下发展形成的，但其在内河航运、产业布局、港城发展、水电资源开发和流域生态环境保护等方面对我国推进长江经济带建设有重要的启示。

1. 建立长江流域航运标准化体系。借鉴德国莱茵河流域航运开发管理经验，把船型、航道建设、导航标志、港口服务管理和物流信息化等软硬件标准化作为提高长江流域运输能力的重要突破口，加快长江流域航运标准化体系建设，以此为基础建立全国内河航运标准化体系，消除地方性航运市场保护和行政壁垒，逐步淘汰不合规的船型，改造长期制约通航的航道和跨江桥梁，建立多式联运的智能化物流信息平台，提高水运在长江流域地区客货运输的分担率，挖掘航运发展潜力。

2. 促进港、城、产联动发展。根据莱茵河流域港口城市发展经验，我国长江流域港口城市既要坚持特色化发展，也要遵循港城产互动发展规律。一方面，在工业化、城镇化、农业现代化和信息化同步发展过程中，促进产业集聚和农业人口有序转移，依托港口优势，发展壮大当地特色产业，实现产城融合和港城联动。另一方面，利用互联互通的交通网络，延伸港口功能，创新通关管理，拓展腹地空间，不断增强发展后劲。

3. 实施流域生态环境保护先行的行动方案。莱茵河流域生态环境治理是一部历经百年的人类与河流关系史，教训极为深刻。我国长江经济带建设不宜着急行动，应做好顶层设计，重视流域生态安全，统筹处理好产业布局、人口集聚与生态环境保护的关系，优先支持沿江城市环保基础设施适度超前发展。在控制污染物总量排放的前提下，探索建立一个流域的排污权许可证交易制度，激发微观主体保护流域生态环境的积极性。研究长江流域发源地在全球气候变暖过程中的生态环境变化，并及时采取应对措施。此外，认真履行政府监管职责，强化流域重点排污企业监管，实时跟踪流域水质，把流域生态环境保护和治理作为一项硬性指标，纳入地方政府绩效考核体系。

4. 促进沿江化工、制药以及石化等产业合理布局。德国莱茵河流域经济带曾布局着一批化工、制药和冶金等行业企业，装载着危险品的船舶常年穿行于莱茵河流域，致使流域生态安全时刻受到威胁。我国长江流域也存在同样的问题，有些问题甚至更为突出。要在长江流域生态环境目前的容量下，建议统筹考虑长江流域化工、制药和石化等重点行业布局，实地核查已建项目布局的合理性，对在建化工类项目布局进行必要的调整，确保项目选址符合行业布局规划要求。重新评估我国长江流域城市饮用水源安全形势，加强饮用水源水质跟踪，建立城市水源安全应急机制，提高地方政府处置城市水源污染的突发应急能力。

5. 建立流域开发管理区际协调机制。借鉴莱茵河流域开发管理国际协作经验，我国长江流域地区应着力在航运、水电开发、水利工程建设以及水资源分配等方面开展区际协作，强化流域开发管理的区域协调，减少省际之间流域纠纷事件发生，实现流域开发共建共享。一方面，尽快成立长江流域开发管理省（市）协作机构，不定期召开流域事务协调对接会议，建立长江流域共同开发管理的合作框架，积极落实各方达成的合作共识，逐步建立长江流域区际协作的长效机制。另一方面，加快行政体制改革，推进长江流域各省（市）水利、环保、港务和农业等部门职能改革，打破多头治水的困局。现阶段，可选择一些流域管理经验丰富的沿江城市先行试点，成立长江流域事务管理局，改由一个部门负责治水。

（《中国国情国力》2016年第6期）

国外典型流域开发模式与经验对长江经济带的启示

邓宏兵　马静

从国际经验与现代工业发展的历史来看，各大国的经济发展过程都是由沿海地区优先发展起来的，然后沿内河而上开发。美国的密西西比河、德国的莱茵河等大河流域都遵循这一普遍的经济规律，凭借海运、河运低廉的运输价格、节能环保和自身特有的资源优势，借助航运之便，开展贸易流通，建设产业密集带，推动流域经济高速增长，进而推动区域的一体化发展与各区域之间的合作共赢。长江流域是中国的第一大河，世界第三长河，流域总面积占全国面积的近1/5，耕地面积占近1/4，流域人口占近2/5。同时，长江也是货运量位居全球内河第一的黄金水道，是我国国土空间开发最重要的东西轴线，在区域发展总体格局中具有重要的战略地位。建设长江经济带，不仅可以缩小东、中、西部差距，优化经济结构，形成继东部沿海之外新的经济支撑带，也是实现由沿海经济带向T字形战略转变，对接国家“一带一路”战略，优化“两横三纵”主体功能区划布局，形成一体化发展新格局的需要。国外在大河流域经济体的建设中形成了值得借鉴的经验与教训，通过借鉴国外典型流域的开发模式与经验，对长江经济带今后的发展建设、产业结构调整、资源优化配置、推进区域经济一体化发展的目标具有重要的启示作用。

一、国外典型流域开发模式与经验

（一）点轴开发，统一管理，城市经济与流域经济互促发展——密西西比模式

美国城市中超过10万人口规模的城市大约有150个，其中就有131个位于流域周边，并且大部分城市分布在密西西比河的水系周边，通过加强城市之间的

贸易往来，重点开发利用水资源，加强城市和城镇之间的水上运输联系，使一大批港口城市得以兴起，是密西西比河流域经济发展的主要模式之一。由于港口城市经济的迅速发展，基础设施的投入与建设大多集中于此并成为该区域的综合性的交通枢纽。这些城市利用其周边的矿产资源大力发展工业，钢铁工业迅速发展，并促进了铁路的发展，改善了内陆地区的交通状况。随着周边各中小城市的发展与崛起，以港口城市为增长点，建立起了干支畅通、标准统一的现代化航运网，连接周边城市与内陆中上游地区，形成了“钢铁走廊”等沿河密集型产业带，经济发展迅速向内陆推进。抓住科技创新带来的机遇，及时升级港口城市等经济较发达的老工业地区的产业结构，在这些地区大力发展新型制造业及服务业，流域经济得到了迅猛发展。

在管理上成立密西西比河流域委员会，这个机构在经济上完全自主，下设水利、电力、航运和工业发展、财务、环境保护、工程建设、农业和化学发展、森林和野生植物、渔业、旅游等10多个处，是一个具有官方权力与法律效力但按照民间企业管理的机构。该机构遵循流域经济一体化发展的理念，对密西西比河流域统一规划、灵活管理，提高流域经济发展质量。

（二）建立经济特区，对外开放促发展——亚马逊模式

亚马逊河平原占巴西国土的42%，但人口聚集较少，自然优势和天然资源优势未被充分认识和有效利用；交通闭塞，市场狭小，商品贸易潜力未被挖掘，且农业粮食不能自治。巴西政府成立巴西亚马逊流域管理局，借助优势资源，鼓励东北部干旱区的居民来此开荒定居，加大农业基础设施建设，实施养牛牧场、公路建设及矿产勘探，兴建水电站、航运交通网络，基础产业逐渐兴盛。建立经济特区，鼓励实行对外开放，在重要发达港口城市建立自由贸易区，开放经营免税店，优化投资环境，吸引国内外资本来此投资兴建工厂，不仅使地区成为较繁华的贸易中心，且成为全国集电气、电子、手表、电子科技等于一体的工业中心，使该城市集聚大量人口、资本、科技并带动着一大片未开发的地区向现代经济逐步迈进。

采取贸易开放，对外往来的措施，在一定程度上打破亚马逊地区荒蛮、与世隔绝的落后现状，将亚马逊河地区脱节的地段与现代化经济文化生活联系起来。

但是，贸易往来带来运输业与工业发展的同时，环境也遭受到一定程度的破坏。亚马逊流域的热带雨林是地球上仅存的三片热带雨林之一，在全球生态环境调节中起着不可忽视的作用，亚马逊流域管理开始注重生态环境保护问题，颁布法律法令，严禁乱砍滥伐，同外国政府和国际组织为保护亚马逊森林实行财政、科技合作。鼓励各大企业、公司在进行工业生产的同时注重周边环境的保护。虽然亚马逊流域环境保护问题已受到重视，但是过去因过度追求经济发展对环境的牺牲与破坏，对其弥补的过程艰难，生态环境多样性的丧失与生物链断裂等生态环境破坏几乎达到了无法补救的地步。

（三）重点开发与保护水资源，城市化与科技创新带动流域整体发展——莱茵河模式

莱茵河是欧洲西部最大的河流，也是欧洲最重要的内陆河道。形成了许多著名的城市（如康斯坦茨、巴塞尔、法兰克福、鹿特丹等），并积聚了化工、钢铁机械制造、旅游、金融保险等产业带。

欧洲各国非常重视水电等洁净能源的开发与水电设施的建设，并通过现代科技对水电站进行自动化管理。在有效利用资源与环境保护的基础上，借助各地区资源禀赋，兴建沿河产业带并以科技创新作为各产业带升级、转移以及产业结构调整的动力。自动化工程、信息学、生物技术、遗传工程、空间技术和环保技术等代表德国经济技术发展水平的新型产业率先进驻莱茵河流域区内，较大程度地提高了莱茵河周边城市的国际竞争力。莱茵河流域经济的发展遵循经济空间结构的演变规律，优先发展港口城市作为经济增长的核心，对河道进行整治，开挖人工运河，建造堤坝，使莱茵河航运成为世界上货运密度最大的内陆河流，带动了内陆经济的持续发展。继而布局航运网，接通河道腹地边缘地区以及联结河道上游地区，形成经济空间网络结构。发展港口及节点城市，仅在莱茵河干流上就建成近 50 座中等规模以上的城市，并具有各自的主导及特色职能和定位，如法兰克福、阿姆斯特丹等为金融中心，斯特拉斯堡、海牙、伯恩为行政中心，科隆为媒体业中心、香水之都和化工中心，埃森、多特蒙德、康斯坦茨为教育中心。各城市功能之间合作互补，城市化率急速提高，并使德国成为没有“大城市”的经

济大国和全球城市化率最高的国家之一。

二、长江经济带开发与国外典型流域开发模式异同

（一）长江经济带开发现状

长江流域是中华民族的发源地之一，水资源占全国的34%，水域面积占全国的40%。河道通航里程7万多公里，占全国内河通航里程的70%，年货运量和周转量占全国的60%和90%以上。区域内拥有大中小城市200余座，特大城市7座，干流沿线大中城市47座，覆盖五大城市群，是我国城市化水平最高的地区之一。凭借丰富的自然资源与社会资源优势以及几千年的开发建设，长江流域已成为中国农业、工业、商业、文化教育和技术等方面最发达的地区之一。

一直以来长江流域都是我国经济密度最大的经济带之一。但是，由于长江流域所贯穿的东、中西部经济发展不均衡，经济整体发展没有得到提升，也未成为实质经济体，资源优势没有转化为经济优势。随着中国经济的迅猛发展以及经济格局的转变，中国的区域发展战略进入新阶段，我国越来越重视发挥流域经济的内生优势，依托黄金水道，推动区域经济之间的融合渗透，致使“长江经济带”成为国家重点战略之一。在党中央、国务院正确领导以及沿江省市积极响应与重视下，长江经济带的建设与开发已初具基本条件。目前，航道方面已初步形成“一横一纵网十二线”1.2万公里的高等级航道网络。港口方面，长江经济带九省二市共拥有生产用码头泊位2.6万个，占全国的80%，长江干线上拥有上海、武汉、重庆航运中心16个主要港口。运输方面，长江干线从事跨省客货运输的企业拥有内河船舶10万艘，运输能力约为30亿吨，运输能力位居全球内河航运第一位，也是世界上内河运输最繁忙的通航河流。安全监管方面，长江干线实施了“电子巡航”系统，建设救助综合基地、溢油防控基地、消防警备码头，完善应对大风、大雾等自然灾害的预警、预案，加强对中小型船舶、渡船、游船等集中检查和渡口改造，防范自然地质灾害和社会安全隐患问题。

（二）长江经济带开发与国外典型流域开发模式的比较

长江经济带开发模式与国际大河流域开发具有相同之处，但因区位环境等因

素仍存在相异的地方。总结长江经济带与国外典型流域开发模式的异同点，有助于掌握流域开发中规律性的经验，探索出符合自身发展特点与时代需要的发展新路径与新模式（见表1）。

表1 长江经济带与国外典型大河流域开发模式比较

	密西西比河	亚马逊河	莱茵河	长江经济带
开发时代	20世纪20年代	20世纪60年代中期	18世纪	20世纪50年代
环境概况	全长6262km，占美国国土面积的1/3以上，涵盖美国31个洲和加拿大的两个省，干流长3950km，流经美国10个洲	亚马逊河水流贯区内，形成360万km²的辽阔冲积平原，有200万km²的可耕地，热点雨林占世界热带雨林的1/3，木材蓄积量占世界的40%，平台面积占巴西国土的42%，但人口稀少，大都是印第安人	全长1320km，在荷兰汇入北海，流域面积为18.5万km²，流域人口约5400万人。占德国总面积的40%	长江流域全长6350km，长江经济带面积为205万km²，覆盖上海、江苏、浙江、安徽、江西、湖北、湖南、重庆、四川、云南、贵州11个省市，人口和生产总值超过全国的40%
开发背景	防洪、治洪	自然资源优势没有充分利用。市场狭小，粮食不能自给	防止洪涝，发展工业	依托"黄金水道"，实现东中西部区域经济一体化大发展，打造中国经济新支撑带
行为主体	政府、企业	政府	政府、企业	政府、企业
产业选择	航运、发电、农业	农业、旅游业，经济特区	钢铁工业、化工工业、旅游业、第三产业	制造业、第三产业，高新技术产业
开发模式	统一规划，统一管理，城市与河流结合的点轴开发模式	促进人口集聚，建立自由贸易区，对外开放模式	产业集聚，以产业带和城市带推动经济发展	世界产业集群，市场为导向的创新开发模式

1. 长江经济带开发与国外模式共同点。流域开发大都具有规律性，从表1可以看出，长江经济带在开发初期与国外类似流域开发模式存在一些相同之处。

首先，流域的开发都符合时代发展的需要，都遵循综合开发原则，从单一目标向多目标综合开发转化，最后将资源优势转化为经济优势。其次，依托水资源优势助推流域经济发展，借助自身的区位优势与自然资源优势，优先发展优势产业。最后，流域开发与城市化相互促进，流域开发过程中形成城市带与产业带，城市带与产业带的发展也促进了流域的发展，带动了流域经济的复苏与繁荣。

2. 长江经济带开发特点。首先，区位优势。长江经济带连接东、中、西部三大地带，又与京沪、京九、京广、皖赣、焦柳等干线交汇，承东启西，接南济北，通江达海。长江经济带战略是我国经济社会发展的重要战略之一。其次，资源优势。不仅具有丰沛的淡水资源，还拥有类多量大的矿产资源和丰富的农业生物资源以及旅游资源，开发潜力巨大。其三，产业优势。我国重要的工业走廊之一，汇聚钢铁、汽车、电子、石化等一系列现代工业企业；农业基础地位也居全国首位，九省二市的农产品产量占全国的 40%。其四，创新资源优势。长江流域是中华民族的文化摇篮之一，人才荟萃，科教事业发达，是我国科学技术转移的阵地。其五，城市化与城市集群优势。沿江九省二市共拥有大中小城市 217 个，占全国数量的 33.8%；城市化水平约为 50%，比全国平均水平高 21 个百分点，城市密度为全国平均密度的 2.16 倍，具有入围世界六大城市群的长三角城市群。

3. 长江经济带开发存在的问题。众所周知，长江经济带的建设是依托“黄金水道”长江流域而发展的，而长江流域在其综合开发过程中存在一些问题还未得到有效解决。

首先，长江航运事业与其他国家大河流域相比相对落后，如航道设计通行力不足，在长江水道覆盖区域中，所有枢纽设计的年双向通过能力均为 500 万吨左右，与运输需求差距较大。

其次，长江经济带的内部发展存在不平衡，从以上海为中心的长江三角洲依次向西，由于资源差异与政策倾向性导致长江经济带的各地区经济发展出现明显的落差。

再次，产业布局没有得到科学规划，各地区产业趋同与重复建设问题凸显。

最后，长江经济带建设以及后期的运营管理都缺乏一个统一、权威、高效的综合管理部门，难以建立长江流域航运的联动协调机制，严重制约长江经济带协同发展。

此外，长江水利资源的开发利用程度还比较低，水资源的经济优势与潜力没有得到有效发挥。

长江经济带的开发具有鲜明的时代特点和自身优势，但同时也应认识到在相比较过程中自身劣势与开发过程中出现的问题，扬长但不避短，借鉴成功经验，发挥优势，克服困难，正确认识和把握长江经济带今后的发展方向。

三、经验借鉴

（一）重视对水资源开发保护与有效利用

从世界大河流域开发的成功经验来看，流域经济建设初期都是从流域的资源优势入手，挖掘资源潜力，将资源优势转化为经济优势。如莱茵河各国就十分重视水电的梯级开发，采取自主建造或者联合修建的方式兴建了近百座各级梯级水电站，且已实现配套，为莱茵河流域工业和经济发展以及周边产业带的形成提供了强大的能源保障与便利的交通运输条件。

在长江经济带建设初期，重点要依托“黄金水道”的资源优势，并且针对不同河段的水流特点进行开发利用。如长江经济带的上游河段，水流速度快，水能资源丰富，应重点对水能进行梯级开发，修建水利工程，为冶金等工业提供能源保障。中下游河段，流速较缓慢，应建设提高航运能力的基础设施，同时重视淡水资源灌溉的利用率，借助地势低平的优势发展农业，加高加固堤坝。要重点为优先发展的运输业与水产业提供便利的基础设施与保障，以及为今后各产业的合理布局规划提供切实的科学依据。

（二）重视河道整治，提高航运能力

长江经济带航道整治与管理存在的问题迫切需要解决，国际大河流域的开发中都对提高河道的开发利用率给予高度的重视，并提供了一些宝贵的经验。

在莱茵河河道未整治之前，由于莱茵河上游河段水流急、洪峰大，挟带着大量泥沙顺江而下，而中游河段的地势又相对平缓，下游又多为低洼地，所以造成了中下游的泥沙沉积而致使河床淤高，中下游沿江两岸极易遭受洪涝灾害的侵袭。沿流域的各国纷纷采取行动，进行以防治洪涝灾害为目的的河道整治。如建造堤防、修筑堰坝和船匣、开挖人工运河、疏浚河床淤泥等措施治理河道、改善河道，实现河道的渠化。同时，由于众多人工运河的建设也极大地改善了莱茵河的航运条件，促进了航运的发展，推动了沿河各国经济的发展与社会的繁荣。

加强河道治理，提升航道水深，是“黄金水道”最迫切最现实的需要。长江航运是长江经济带发展以及经济社会发展的重要引擎，航道整治将成为长江经济带下一步建设的重要内容。长江经济带水利与交通两部门需要建立紧密的合作机制，河道的整治要充分考虑航运发展的需求，为航道标准的进一步提高创造有利条件。同时，航道标准的提高也需要考虑对防洪及河势的影响，减轻对防洪的影响，维护河势的稳定。

（三）重视法制建设，成立具有法律地位的统一管理机构

法制建设在流域开发过程中发挥着日益重要的作用。莱茵河流域通过制定各类法规条例及签订各类协议和公约有效促进了以内河航运为发展基点的莱茵河综合交通运输网络的形成与发展，维护了内陆水运航道正常的航运秩序，有效地促进了莱茵河综合性多目标的开发和利用，推动了产业带的形成及沿江各区域经济与社会的发展和进步。从国际经验上看，国外大河流域都拥有一个明确且门类齐全的开发与管理机构。成立具有法律地位的统一的管理机构对打破区域内地方分割，树立合作互补、一体化共同发展的意识理念，提高管理效率都会产生积极的影响。

长江经济带的法制建设还处于发展初级阶段，内在的法律机制与体制不可能一气呵成。但是从国际流域管理经验上看，不管是西欧的莱茵河国际委员会还是美国的密西西比河国际委员会，在流域经济建设初期为流域水资源的管理与保护建立法律规范是成功的流域综合管理的关键。要提高现有的长江经济带水资源相关的法规条例的效力，为实现长江经济带国家战略提供法律支持，统筹建立由“国家主导、地方协同、专家参与”三方组成的长江经济带水资源管理委员会，统筹协调长江经济带建设中涉及的规划、监测等重要事务。

（四）以城市为经济发展重点，建设产业带以促进产业集群

从世界流域经济发展过程来看，流域周边的产业集聚与城市化带动了流域经济的发展，流域经济的发展都是以沿海港口城市为发展起点，以各类城市为发展

节点。莱茵河沿河地区是世界最密集城市群和产业带之一，密西西比河流域的开发也是首先依靠港口城市的发展，通过建设干支畅通、标准统一的现代化航运网，以点带轴形成“钢铁走廊”等沿河产业密集带。由于产业带带动产业集群的形成，城市化率与城市化质量逐步提高，同时也带动了流域经济的发展和社会的进步。

城市化的发展、城市群的形成以及城市与城市之间的联动影响有利于强化核心增长极（如优先发展的港口城市）和重点经济区（如各城市群和中心城市）的辐射带动作用，引导产业布局优化，人口合理分布，带动产业的转型升级，创造有利的交通运输条件，促进长江经济带网络化发展模式的形成，促进长江经济带一体化的发展。

（五）吸取先污染、后治理的经验教训，生态环境保护永远是发展的前提与重点

从国外大河流域开发历程来看，许多流域的开发都经历了先污染、后治理的历史过程，密西西比河因过度开发，导致水质污染、湿地减少、生态系统遭到破坏。虽然美国政府一直十分重视治理，但执行不力，治理工程建设滞后，同时缺乏整体规划考虑，严重制约了流域经济社会的发展进程。亚马逊河流域由于森林砍伐、农药化肥污染等原因，生态系统受到威胁，生态多样性遭到了破坏，滥伐森林并没有给周边人民带来更多的财富。相反，森林的过度砍伐使得土壤侵蚀、土地沙化、水土流失严重，使其中若干区域变成了最干旱、最贫穷的地方。

环境保护与可持续发展应是管理部门与政府优先发展的目标，以牺牲环境为代价的经济增长不是发展，长江经济带生态环境保护问题不容忽视，长江经济带生态文明建设是长江经济带发展的重点和关键。

四、启示

结合密西西比河、莱茵河、亚马逊河流域开发的经验，长江经济带为进一步实现经济发展目标和区域一体化化发展，可以从多个方面着手。

（一）优先治理环境污染，先行推进长江经济带生态文明建设

先污染，后治理，边污染，边治理。以牺牲环境谋取经济利益的传统发展方

式要果断停止，尤其对流域经济体来说，环境的破坏对其今后发展会带来严重的影响，甚至会造成不可挽救的局面。长江经济带生态现状不容乐观，森林覆盖率下降，泥沙含量增加，生态环境急剧恶化，枯水期不断提前，水质恶化，城市饮用水、物种受到威胁，珍稀水生物日益减少，固体废物严重污染环境，水闸与电厂安全受到威胁，湿地面积缩减，水的天然自洁功能日益丧失。长江经济带环境治理迫在眉睫，环境保护才是长江经济带发展的前提与关键。必须运用强力的手段防治污染，落实最严格的环境保护制度及惩罚机制，加强监管控制力度，通过区域联动，共建长江经济带生态文明。

生态文明建设是对发展的优化与升级，是经济社会发展到现代化阶段的必然选择和重要标志，是减少发展对环境承受能力的当务之急与解决途径。在长江经济带今后的发展中，生态文明和可持续发展的理念应贯穿于始终，坚持规划先行，科学有序地制定长江经济带生态文明建设整体规划和重点专项规划，探索出一条符合长江经济带生态文明建设新路径，促进生态与经济的协调发展。

（二）促进长江经济带新型城镇化建设，增强支持，挖掘新动力

2013 年 12 月中央城镇化工作会议指出，城镇化将是未来中国经济增长的巨大引擎，长江经济带是我国经济、人口、城市密集的重要发展轴线，在全国“两横三纵”空间格局中占据重要地位。新型城镇化建设是推动长江经济带区域发展的有力支撑与发展着力点。从国外大河流域开发建设经验可知，以点带轴，以城市发展带动周边产业带形成与合理布局的发展模式是流域经济主要的发展模式和促进区域一体化发展的主要路径。

推进新型城镇化建设应遵循城镇发展规律，根据其资源环境承载能力，明确各城市在长江经济带发展中的功能定位，避免产业同质化发展，以交通网络布局为基础，加速长江经济带东中西部资本、技术、人力资源跨区域快速流动，加强东中西部地区之间资源优势互补，促进区域经济协调发展。以人为核心，提高长江经济带城市化质量，重点加强城市群的建设及互动与联系，以点带面促进长江经济带一体化发展。

（三）健全完善配套互通的基础设施，加速形成交通网络化互通发展模式

从大河流域经济发展经验来看，经济体的形成和发展都是依托“黄金水道”得以实现。长江经济带的发展应坚持以长江水运水能为切入点，首先提高航运能力。协调发展水、陆、空运输方式，构建水、铁、公、空、管“五位一体”的现代立体交通运输网络。以大城市为核心，以周边中心城市、城市群和区域经济中心的通道布局为依托，加强节点城市交通枢纽的建设，建造现代化快速交通网络以及“快进快出、大进大出”的运输安全网。

（四）树立共同发展理念，权责分明，依法行事

要打破长期以来行政区区划禁锢、行业垄断、地方保护等制约长江经济一体化发展的因素，就要树立长江流域“同带同享、统一公平”的理念，成立具有法律地位的权力机构，对长江经济带的建设进行统一管理与监督。加强法制建设，要对长江经济带建设的重大事宜进行具体协商，在市场经济体制下，通过制定各类法规条例以及签订各类协议和公约，有效解决利益分配过程中的争议，以及避免责任的推卸行为和“公地悲剧”的发生。

（五）制度创新与技术创新共同“智”造长江经济带发展

上海作为长江经济带的发展龙头，不仅在经济上辐射带动长江经济带的发展，同时上海自贸试验区在制度改革创新上也充分释放“乘数”效应，使长江经济带率先受益。长江经济带要抓住这一制度创新带来的机遇，研究有效方法与途径，通过制度创新，提高长江经济带建设效率与发展水平。

在技术创新上，上海提出了建设具有全球影响力的科技创新中心行动意见，长江经济带可以借此之势，促进各省市之间的技术交流，推动沿江产业结构优化升级，打造世界级产业集群。长江经济带沿线新兴产业集聚度高，人才资源充足，科教事业发达，技术与管理先进，创新意识强烈，借此优势，要积极运用“互联网+”的手段，促进云计算、物联网、大数据为代表的新一代信息技术与先进制造业、现代服务业深度融合创新，打造新的技术制高点和产业增长点，做好长江经济带技术转移工作，加速创新资源的流动。力争将长江经济带打造成一条智能化经济巨龙。

（《区域经济评论》2016 年第 2 期）

国际邮轮母港建设的经验及对国内“长江经济带”沿线枢纽城市的启示

沈 洁

邮轮经济又称邮轮产业，被誉为漂浮的黄金产业。伴随国际旅游区域重心的东移、国内中高端消费群体逐步形成，国内“长江经济带”沿线的枢纽城市依托区位优势、港口资源以及便捷的交通条件，加快打造国际邮轮母港、推动邮轮经济进一步发展成为可能。

一、邮轮母港项目建设的背景及态势

（一）旅游经济发展背景下邮轮市场的发展概况

当前我国旅游业已逐渐成为国民经济的重要支柱产业和新的经济增长点，其中邮轮旅游近年发展尤其迅猛。根据国际邮轮协会（CLIA）的数据显示，自20世纪80年代以来，邮轮行业以年均8.2%的复合增长率快速增长。1996—2016年期间，全世界邮轮旅游人次从626万激增至2470万，增速近295%。

近年来，伴随我国渐入老龄化社会及中产阶级的崛起，邮轮的消费群体正日益庞大，世界邮轮巨头纷纷把重点目标瞄向中国市场。2010—2015年期间，欧美地区邮轮游客数占全球市场的份额由80%下降到75%，而亚太地区的占比则由原来的1.2%增长到7%，其中中国邮轮旅游游客数年均增长达30%以上。国内邮轮市场潜在客源庞大，市场需求非常旺盛。

（二）国内邮轮母港及游船母港的建设态势

邮轮母港是指具备多艘大型邮轮停靠及其进出所需的综合服务设施设备条件，能够为邮轮经济发展提供全程、综合的服务及其配套的码头所在地。邮轮在此进行补给、废物处理、维护与修理， 邮轮公司在母港所在地设立地区总部或公司总部。邮轮母港对所在区域的经济具有较强的推动力，母港的经济收益一般是停靠港的 10 ～ 14 倍。

2014 年 9 月，交通运输部提出在天津、上海、厦门、三亚四港开展邮轮运输试点示范工作。2015 年 4 月，交通运输发布《全国沿海邮轮港口布局规划方案》，提出在 2030 年前，全国沿海形成以 2 ～ 3 个邮轮母港为引领、始发港为主体、访问港为补充的港口布局。从国内邮轮母港的现状及规划来看，其发展态势良好，呈现明显增长趋势。

另一方面，随着“一带一路”、长江经济带等国家战略的相继实施，长江沿线重庆、宜昌、武汉等市积极实施港口硬件设施升级，打造游船母港。长江内河游船母港的快速发展，有利于形成江海联动发展新格局，势必会为“一带一路”、长江经济带的发展注入新的增长动力。

二、国内外邮轮母港建设经验借鉴

（一）美国迈阿密

美国迈阿密被称为“邮轮之都”，是世界上最大的邮轮母港， 拥有 12 个超级邮轮码头，可同时停泊 20 艘邮轮，世界四大邮轮公司等均在迈阿密设立总部或者分支机构，每年旅客超过 1800 万人次。邮轮码头位于市中心海滩的黄金地段，距机场仅 15 分钟车程，离市中心仅几分钟车程。两座邮轮客运枢纽站拥有世界上最先进的管理设施系统、规范的业务流程设置，商店、游客、行李和船舶均独立管理，能够同时为 8400 名游客出行提供优质服务。邮轮母港还拥有天然的海边浴场及完善的商业配套设施，满足旅客多样化需求。

（二）西班牙巴塞罗那

巴塞罗那是欧洲第一大邮轮目的地港口，共有 9 个码头，均处于市中心，游客乘公交车或出租车进出都十分方便。其中 7 个为邮轮码头，同时可供 9 艘邮轮停泊。港口区聚集了商业、娱乐、餐饮等服务设施。港口周边旅游资源丰富，拥有欧洲最大的水族馆、皇家海上俱乐部和航海俱乐部，可以看到上百艘游艇停泊在港中的壮观景象。这些优势使得巴塞罗那成为邮轮公司的理想基地。

（三）上海

上海港现有2座邮轮码头，分别为上海港国际客运中心和吴淞口国际邮轮港。上海国际客运中心位于黄浦江西岸，靠近外滩，拥有880米长的沿江岸线，水深8～12米，主要用于接待8万吨以下吨位较小的邮轮（受杨浦大桥净高50米限制），可以同时停靠3艘7万吨级邮轮。客运中心建筑面积约31万平方米，码头年客运处理能力达到100万人次，是一个集邮轮码头和商业办公为一体的综合商务开发项目，包括国际客运码头、港务大楼、写字楼以及艺术画廊、音乐文化中心等。

吴淞口国际邮轮港位于吴淞口长江岸线的炮台湾水域，规划岸线总长1500米，一期岸线总长774米，主要用于停靠8万吨级以上的国际邮轮，可同时停靠1艘10万吨级邮轮和1艘20万吨级邮轮。2015年后续工程开工建设，在原有一期岸线基础上向上游延伸380米，向下游延伸446米，建成后共可布置2个22.5万吨级和2个15万吨级泊位，总计4个大型邮轮泊位。港区总面积超过160公顷，其中核心功能区面积为48.8公顷，主要功能为邮轮码头、商务办公、物资配送、交通枢纽、景观游园等。港口前沿航道水深常年保持在9～13米，距离长江主航道1～2公里。同时，快速干道与轨道交通等公交系统提供了突出的陆上交通优势。

表1　国内邮轮母港、长江内河游船港一览表

港口	区位			码头			规模		
	位置	距市中心距离（公里）	距机场距离（公里）	岸线长度（米）	泊位数（个）	泊位（万吨）	占地面积（公顷）	建筑面积（万平方米）	游客接待量（万人次/年）
上海国际客运中心	黄浦江西岸	3	17	1200	3	＜8	_	31	100
吴淞口国际邮轮港	吴淞口长江岸线	21	28	1500	4	8～22	160	_	150
天津国际邮轮母港	天津港东疆港区南端	57	43	1600	6	22.35	120	_	100

续表

港口	区位			码头			规模		
	位置	距市中心距离（公里）	距机场距离（公里）	岸线长度（米）	泊位数（个）	泊位（万吨）	占地面积（公顷）	建筑面积（万平方米）	游客接待量（万人次/年）
厦门邮轮母港	厦门海沧大桥南侧	10	3	1400	_	14	47	100	150
三亚邮轮母港	三亚凤凰岛	3	11	1600	5	3 ~ 25	36.5	_	200
深圳邮轮母港	深圳市南头半岛南部	15	20	1500	3	2 ~ 22	_	13.66	_
青岛邮轮母港	青岛港老港区	7	20	1000	3	22.7	_	70	150
重庆邮轮母港	朝天门码头	2	17	_	4	_	_	_	_
宜昌三峡邮轮母港	宜昌平湖半岛	6k	29	3000	_	_	_	36.8	200

三、国际邮轮母港建设的经验总结

（一）区位

邮轮港口建设区位有三大特点：一是临近市中心、观光景点和主要购物区等繁华地带，便于在区域商业及服务配套基础上，促进港口建设与母港产业发展；二是便捷的交通组合，临近城市轨道交通系统，保证在 2 小时内到达机场等其他交通枢纽，方便游客集散；三是拥有充足发展腹地，通常临近物流港，便于邮轮船供产业发展，并预留用地，便于邮轮母港产业链延伸发展。

（二）规模

统计邮轮母港规模，发展较成熟的港区需要一定规模和完善的配套设施，总面积可达到 120 ~ 160 公顷，发展中的邮轮港一期核心区通常为 45 ~ 70 公顷，总建筑面积为 30 万 ~ 100 万平方千米，设计游客接待能力均达到每年 100 万 ~ 200 万人次。

（三）代表线路

国际上最受欢迎的邮轮旅游产品航期多为 6 ~ 8 天，当前国内邮轮线路主要以日韩 5 ~ 7 天线路为主。国际邮轮航线方面，以天津港为主服务华北地区，以韩、日和西伯利亚东海岸为主要目的地；以上海港为核心服务长江三角洲地区，以厦门为核心服务海峡西岸经济区，以韩、日等地为主要目的地；以三亚为核心服务西南地区，以东南亚、南海诸岛为主要目的地。内河游船方面，长江三峡游线是国内最成熟的线路之一，以单程线路 2 ~ 3 天，往返线路 3 ~ 5 天的短途线路为主。

（四）码头设施

建设国际化的游船母港需要设立专门的邮轮码头，通常需要建设大于 1 千米的完整岸线，提供 3 ~ 5 个以上邮轮泊位。

（五）其他配套设施

邮轮母港应配备三方面综合配套设施：一是休闲商业配套，包括五星级酒店、办公及会展区域、度假设施和游艇会所等；二是口岸通关设施，包括客运中心、港务大楼、现代化航站楼等；三是旅游交通设施，除了城市轨道、高速公路等快速交通设施外，还需开辟大量的陆域空间用作停车场地。

四、国内“长江经济带”沿线枢纽城市选址建设邮轮母港的基本原则

（一）航道岸线

邮轮通航中需考虑的自然条件因素主要有水深、航宽及净空高度等。根据相关资料，长江各航段主要限制条件如下：

主航道水深：宜宾—宜昌 3.5 ~ 4.5 米，宜昌—芜湖 3.5 ~ 7 米，芜湖—南京 9 米，南京—上海 12.5 米。

航道宽：南京—上海段深水航道的宽度一般均等于或大于 500 米，但局部段落最小航宽为 200 米，受航道宽度及转弯半径影响，长度超过 230 米的船舶已经无法通行至南京段。

净空高度：苏通大桥—润扬大桥通航净空高度均在 62 ~ 50 米，南京二桥—

阳逻大桥通航净空高度约 24 米，再向中、上游的武汉长江二桥—夷陵大桥等通航净空高度为 22 ~ 18 米。

同时，通过对目前国际上在营的国际邮轮的各项参数统计如下：

表 2　各等级国际邮轮参数统计

类别	排水量（万吨）	长度（米）	宽度（米）	吃水（米）	高度（米）	载客（人）	船员（人）
大型邮轮	7 ~ 22	260 ~ 360	32 ~ 62	7.6 ~ 9	52 ~ 63	2000 ~ 6000	700 ~ 1700
中型邮轮	5 ~ 9	170 ~ 300	28 ~ 33	7 ~ 8	30 ~ 45	1000 ~ 2000	550 ~ 900
小型邮轮	1 ~ 5	120 ~ 240	16 ~ 30	6 ~ 7	25 ~ 40	200 ~ 1000	200 ~ 550
迷你型邮轮	小于 1	80 ~ 140	11 ~ 18	小于 6	小于 20	小于 200	50 ~ 100

综合上述分析，目前长江航道中，南京长江二桥下游可满足大部分中型及以下（5 万吨级）邮轮航行，南京长江二桥上游仅满足部分小型及迷你型邮轮（万吨级以下）通航。未来上海作为大型国际邮轮母港，南京可依托上海港建设中型国际邮轮母港，同时提供由中型国际邮轮向长江中、上游转换的小型或迷你型邮轮转换服务，其他中、上游沿线城市可结合现有条件提升建设长江游船母港。

（二）码头与游客服务设施

邮轮母港的建设应充分考虑未来接待规模。以 1 个中型邮轮泊位为例，按照中型邮轮平均单船载客量 1500 人，年到泊约 100 个航次，每年可达 15 万人次的接待规模。根据《河港工程总体设计规划》，按照单个泊位长度为设计船型长度 +2* 富裕长度计算，中型邮轮长度基本在 220 ~ 260 米，则单个邮轮泊位长度设计为 300 米较佳。按照 1 米码头线需要 150 ~ 200 平方米的陆域面积计算，应配置 4.5 万 ~ 6 万平方米的陆域面积。此外还要考虑与接待量相关的辅助区及生活区，包括客运联检大楼、客运广场、停车场、旅游活动场地、餐饮、航站楼等设施。

（三）城市特色风貌与旅游产品

除港口条件和所在城市的基础设施以外，国际邮轮公司首先考虑的是当地是否具有有特色的旅游产品和旅游项目。因此，邮轮母港在选址时应优先考虑周边自然环境优美、公共空间开敞、配套设施较齐全的港口，尽量利用原有码头设施、相应配套设施以及现有港务、海事资质与资源，要考虑向大多数游客提供旅游精品组合线路和项目，以及一些个性化的旅游项目和产品。

（四）陆域交通

邮轮港口应有方便快捷的腹地交通、国内外空中和海上航线等，包括能够通达腹地旅游区的高速公路、铁路系统，以及通达主要旅游目的地和客源地的国内外空中和海上旅游航班。同时，港口及周边地区还应具有畅通的市内交通，距离城市交通枢纽、商业中心、旅游区等的距离应当合理，码头附近应有足够的停车位置和通道。

五、结语

长江黄金水道为沿线枢纽城市的发展提供了绝好的先天资源条件，借鉴国内外邮轮母港建设经验将推动沿江枢纽城市邮轮经济、旅游产业的发展，共同串起长江黄金旅游带，提升长江全域旅游品质，促进城市转型，加快长江经济带战略的实施，带动整个长江流域成为生态文明建设的先行示范地区。

（《城市建设理论研究（电子版）》2018年第19期）

莱茵河流域综合治理经验与启示

郑人瑞　杨宗喜　杜晓敏

莱茵河是欧洲的重要航道及沿岸国家的供水水源，对欧洲社会、政治、经济发展起着重要作用。19 世纪下半叶以来，莱茵河流域工农业快速发展造成了严重的环境与生态问题，莱茵河一度被称为“欧洲下水道”和“欧洲公共厕所”。莱茵河流域各国直面问题，汲取教训，制定治理目标并开展有效行动，历经多年努力，整个流域实现人与自然和谐相处。莱茵河流域管理被誉为国际流域管理的典范。梳理和总结莱茵河流域管理的发展历程、经验与做法，有助于为我国流域治理与国土空间管制提供借鉴。

一、工业化城市化阶段莱茵河流域出现的主要问题

1850 年以后，莱茵河沿岸人口增长和工业化加速。二次世界大战后，随着工业复苏和城市重建，莱茵河流域工业化再度加速，莱茵河周边建起密集的工业区，以化学工业和冶金工业为主。伴随着一个多世纪的工业化进程，莱茵河流域先后出现了严重的环境污染和生态退化问题，主要表现在以下方面。

1. 废弃物任意排放，水土污染严重。自 1850 年起，随着莱茵河沿岸人口增长和工业化加速，越来越多有机和无机物排入河道，氯负荷迅速增加。二次世界大战后，随着工业复苏和城市重建，莱茵河水质更加恶化。1973—1975 年监测数据表明，每年大约 47 吨汞、400 吨砷、130 吨镉、1600 吨铅、1500 吨铜、1200 吨锌、2600 吨铬、1200 万吨氯化物随河水流入下游荷兰境内。

2. 生态环境快速退化，生物多样性受损严重。河道污染和不适当的人类活动造成了生态环境退化。18 世纪与 19 世纪之交，由于水力发电、航运发展和河道

渠化，同时机械工具过度捕捞，鱼类大量减少。至1940年鲑鱼几乎从全莱茵河流域绝迹。水生动物区系种类数量大幅度减少，种类谱系以耐污种类为主。

3. 流域洪水问题突出，经济损失不断增大。莱茵河流域洪水问题十分突出。1882 ~ 1883年、1988年、1993年和1995年发生了流域性大洪水。由于流域内土地开发利用、水利和航运基础设施建设的发展，天然洪泛区域不断减少，洪水最高水位、时段洪峰流量一涨再涨，沿河堤防和其他防洪工程并不能提供百分之百的安全保证，沿洪泛区受堤防保护的居民区和工业区的危险性加大，潜在的洪灾损失普遍增大。

4. 土地开发无序，次生灾害突出。20世纪，由于西欧人口剧增，为增加粮食产量，莱茵河两岸的土地被大规模开垦。人们在大量的灌木林地中开挖沟渠，降低水位以适合农作物生长。流域的各种自然风貌也因此被改变，排水使得大片土地沉陷并低于海平面，加上海水位上涨，致使防洪形势十分严峻。

为了改善通航条件，采用工程措施裁弯取直和束窄河道。由于被束缚在很窄的范围内，且取直以便通航，河道水流的流速加快，河床冲蚀严重并伴随下切，水位下降，引发周边地区水位下降，森林、农田缺水，使四周湿地的生态系统大受影响。早年，在德国境内的莱茵河段是多支叉的呈“辫子状”的游荡性河流，大量支流构成非常复杂的河系。由于洪泛区不断改变，在此区域居住十分危险。

二、莱茵河流域综合治理历程与主要措施

从20世纪50年代开始，相关国家启动了莱茵河流域治理，经历了污水治理初始阶段、水质恢复阶段、生态修复阶段、提高补充阶段。

1. 污水治理初始阶段。1950年，瑞士、法国、卢森堡、德国和荷兰五国联合成立了保护莱茵河国际委员会（ICPR），并于1963年签订《莱茵河保护公约》，首要目的是解决莱茵河日益严重的环境污染和水污染问题。流域内各国通过委员会进行合作，但并没有明确各自在控制污染扩大方面的义务，因此在污水治理初始阶段没有取得比较明显的成效。

2. 水质恢复阶段。1986年，瑞士发生的重大莱茵河污染事件终于唤醒民众、

企业和政府，流域内各国开始着手开展莱茵河的综合治理。各国开始采取了一系列积极措施防止水质恶化。

3. 生态修复阶段。在水质逐渐恢复的基础上，ICPR 又提出了改善莱茵河生态系统的目标，既要保证莱茵河能够作为安全的引用水源，又要提高流域生态质量。从生态系统的角度看待莱茵河流域的可持续发展，将河流、沿岸以及所有与河流有关的区域综合考虑。

4. 提高补充阶段。2001 年，“莱茵河 2020 计划”明确了实施莱茵河生态总体规划。随后还制订了生境斑块连通计划、莱茵河洄游鱼类总体规划、土壤沉积物管理计划、微型污染物战略等一系列的行动计划。2000 年以后，这些行动计划已经从当初迫在眉睫的挑战转向更高质量环境的创建和生态系统服务功能的开发上来。

三、莱茵河流域综合治理措施与做法

1. 建立流域多国间高效合作机制。莱茵河流经多个国家，多国之间合作是流域治理成功的重要保障。莱茵河流域合作治理的核心机制是 1950 年成立的 ICPR，经过 60 多年发展，已成为全球流域治理领域的多国间高效合作的典范。ICPR 具有多层次、多元化的合作机制，既有政府间的协调与合作，又有政府与非政府的合作，以及专家学者与专业团队的合作。它不仅设有政府组织和非政府组织参加的监督各国计划实施的观察员小组，而且设有许多技术和专业协调工作组，可将治理、环保、防洪和发展融为一体。

2. 树立一体化系统生态修复理念。在欧洲工业化进程中，莱茵河沿岸各国都对其进行了大规模的开发，采取了大量的工程措施，如筑坝、河道疏浚，以及裁弯取直、截断小支流等。这些改造使得原先自然的、动态的、难预计的河流转变为静态的、可以设计的人工河道，以方便管理和获取各种利益。河流空间因此遭到蚕食，引发许多不良结果。而对这些不良结果的治理依然是通过引入和采取新的工程性措施，如此便形成了恶性循环。长此以往，莱茵河已变得面目全非。意识到过多的人为作用对河流自然发展规律的破坏，莱茵河流域治理开始探索河流的动态和一体化治理，即注重工程和非工程措施的结合，以及源头控制、分散治理。观念上的转变引导治理措施和治理目标的改变，更加注重维护、恢复河流的自然特性，且更注重其生态恢复，从而为各种生物提供生存环境。

3. 推进流域基础地质、环境地质与生态调查。根据流域治理需要，莱茵河沿岸各国开展了基础地质调查、水文地质调查与填图工作。法国、德国等国家 1∶10 万、1∶5 万地质填图已基本完成。在基础地质填图基础上，各国开展了水文地质、自然灾害等环境地质调查与填图工作。德国联邦地球科学与自然资源研究所牵头，自 1960 年开始经过 50 余年的努力，编制完成了 1∶150 万欧洲水文地质图系。1982 年，欧共体环境总司组织编制了 1∶50 万欧洲地下水资源图系，由 38 幅、148 张图件组成，覆盖了比利时、德国、丹麦、法国、爱尔兰、意大利、卢森堡、荷兰和英国等 9 个国家。2013 年，在对 1∶150 万欧洲水文地质图进行矢量化的基础上，Cornu 等人编制了欧洲地下水生境分布图，反映与生物相关的地下水流、含水层孔隙大小和渗透性的空间变化。

4. 分阶段编制并联合实施流域治理规划。20 世纪 80 年代以来，ICPR 在国际合作框架下，签署了一系列有关莱茵河流域治理的协议。签约国家协调一致，共同采取行动，对莱茵河环境改善和流域管理起到了巨大作用。1976 年，各成员国签署了控制化学污染公约、控制氯化物污染公约，要求各成员国建立监测系统和水质预警系统，控制化学物质的排放标准。1987 年通过“莱茵河行动计划”，从河流整体生态系统出发考虑莱茵河治理，并将鲑鱼的重新回归作为治理效果的重要标志，以此提出“鲑鱼 2000 行动计划”。1998 年，“莱茵河洪水管理行动计划”获得通过。2001 年，莱茵河部长会议通过了“莱茵河 2020 计划”，包含 4 个方面的治理目标：生态系统改善、防洪、水质及地下水保护。

5. 建立量化指标体系和各种生态修复模式。莱茵河规划和治理在欧盟框架下统一实施，在目标上达成统一，并制定了许多量化考核指标。在“莱茵河行动计划”中，主要目标包括污染控制和改善生态环境等部分，就是以珍贵鱼类重返莱茵河（“鲑鱼 2000 行动计划”）为实现生态目标的重要标志，即到 2000 年让鲑鱼回到莱茵河。对于上述目标，每个国家都采取了相应的措施。其他还有许多需要各国共同参与、公众能够直观感受到的恢复性指标，如使莱茵河兰德平原到2020年受到洪水危害的程度与1995年相比减少25%等。

6. 建立完善的监测预警体系。为了确保水体保护与治理的有效性，保护莱茵河委员会在莱茵河及其支流建立了水质监测站，从瑞士至荷兰共设有57个监测站点，通过最先进的方法和技术手段对莱茵河进行监控，形成监测网络。每个监测站还设有水质预警系统，通过连续生物监测和水质实时在线监测，能及时对短期和突发性的环境污染事故进行预警。ICPR和莱茵河水文组织（CHR）于1990年共同开发了莱茵河预警模型，对莱茵河水质进行实时监测，防止突发性污染事故。

7. 建立流域信息互通平台。ICPR致力于推动行动计划的有力实施，同时注重各国间的密切合作与协调。其所建立的“国际警报方案”是莱茵河沿岸各国的信息互通平台，当发现污染物时，在瑞士、法国、德国和荷兰设置的7个警报中心能够及时沟通，迅速确认污染物来源，并发布警报。

四、对我国的启示

1. 以流域为单元开展自然资源与生态环境调查评价。流域自然资源与生态环境调查评价是推进流域治理的基础。根据污染治理、灾害防治和水、土地等自然资源管理的需要，开展污染物、地表水、地下水、土地、生态系统等调查评价，摸清自然资源分布与生态环境变化状况；以土壤、包气带、含水层为重点开展基础地质、水文地质、生态地质综合调查，建立近地表圈层三维地质框架。

2. 建立全流域统一的监测体系。莱茵河综合治理面临的第一个挑战是建立一个从瑞士到荷兰的统一监测体系，需要对不同国家的监测站、检测物质和分析方法进行对比并统一意见。针对我国流域的实际情况，应分别在干流、支流、湖泊、河口、近海等不同水域设置监测站点，包括水质状况、水文动态以及生物情况，全流域采用统一科学的综合监测方法，及时信息共享，掌握上下游动态，并实时在网上公布。

3. 研究制订流域综合规划与治理行动方案。莱茵河流域生态环境治理是一部历经百年的人类与河流关系史，教训极为深刻。我国流域开发建设应做好顶层设计，重视流域生态安全，统筹处理好产业布局、人口集聚与生态环境保护的关系，优先支持沿江城市环保基础设施适度超前发展。在控制污染物总量排放的前提下，探索激发微观主体保护流域生态环境的积极性。研究流域发源地在全球气候变暖过程中的生态环境变化，并及时采取应对措施。

4. 加强河流生态保护与修复。目前，我国各大流域上下游、干支流、左右岸和水陆之间，开发建设缺乏统筹，生态空间不断被挤占，导致河流连通性降低、生态系统割裂，河流的生态系统服务价值在不断降低。在过去的 20 多年中，莱茵河治理已经从治理污染、关注防洪效果、提高航道保证程度，转向逐步重视生态环境保护和生态系统的修复。在近期的所有规划和行动计划中，保护湿地、在三角洲地区开辟自然保护区、拆除支流上的大坝或设置鱼道等具体的措施和内容，更多地从人与自然和谐的角度采用综合性的措施恢复河流生态系统。

5. 建立高效的跨行政区全流域协调机制。为了打破部门和地域之间的分割状况，在整个流域尺度上建立行政区间协调机制，着力在航运、水电开发、水利工程建设以及水资源分配等方面开展区际协作，解决水、土、生物等资源类型的开发利用与生态环境管理中存在的冲突，强化流域开发管理的区域协调，减少省际之间流域纠纷事件发生，实现流域开发共建共享。探索建立流域开发管理省（市）协作组织，不定期召开流域事务协调对接会议，建立长江流域共同开发管理的合作框架，积极落实各方达成的合作共识。

6. 鼓励企业和公众参与。流域综合治理，需要政府和企业、公众的合作与共同努力。整合现有的流域合作管理机制并建立相应的开发交流平台，让公众能够更便捷地获取流域管理的政策法规以及水文、生态和环境监测报告等公开信息。同时，鼓励公众参与决策过程，监督各地的执行情况，成为流域管理的重要一员。可以学习德国的经验，颁布《环境信息法》，既保证公众享有参与和监督的权力，规定公众参与环境安全管理的详细途径、方法和程序。

（《中国矿业报》2018 年 6 月 20 日）

美国密西西比河流域治理的若干启示

张万益　崔敏利　贾德龙

密西西比河是北美洲流程最长、流域面积最广的水系。具有显著的能源资源优势，是美国最重要的粮食产区和工业聚集带，在美国占有举足轻重的地位。同世界许多其他河流一样，密西西比河流域也经历了因过度开发而形成的生态环境恶化阶段。经过一百多年的综合治理，曾经是美国十大濒危河流之一的密西西比河，如今河水透明清澈，已基本成为一条由人工控制的输水输沙廊道和航运大动脉，成为美国国家文化和娱乐休闲的宝库。一系列有效做法值得我国大江大河流域治理借鉴。

一、流域资源概况

密西西比河为世界第四长河。流域面积 322 万平方千米，涵盖美国 31 个州和加拿大的两个省，占美国国土面积的 1/3 以上。2017 年，密西西比河流域 GDP 占全美的 27.5%，人口总数占全美总人口的 29.4%。

密西西比河拥有丰富多样能源与矿产资源。中上游的肯塔基、西弗吉尼亚、伊利诺伊、密苏里、印第安纳等州具有丰富的煤炭资源。下游的路易斯安那则是美国三大石油产地之一。流域水电装机容量达 1950 万千瓦，水能资源利用程度达 70%。密西西比河中上游流域的密苏里、俄克拉荷马和堪萨斯等州，是美国最大的铅锌矿区，全球广泛分布的“密西西比河谷型”（简称“MVT”型）铅锌矿床，命名源于此。明尼苏达、威斯康星、密苏里和田纳西则是美国重要的有色金属产地。肯塔基、伊利诺伊等州高品位的铁矿石资源，造就了以匹兹堡为代表的一批钢铁工业城市。

农业资源得天独厚。流域拥有面积约120万平方公里的黑土地，是世界三大黑土区之一，是美国小麦、玉米、大豆、棉花的最大产地。美国能够成为世界上最主要的农作物以及肉、蛋奶等畜产品的生产国，绝大部分归功于密西西比河流域得天独厚的农业资源。

工业布局规模庞大。经过200多年的开发建设，密西西比河流域发展成为食品、钢铁、电力、机械、汽车等美国最重要的工业聚集带，并形成沿岸10个州各具区域特色的产业布局。

航运资源便捷高效。20世纪20年代开始，形成了江、河、湖、海贯通，水深标准统一的内河航道网络，是美国内河航运大动脉。现通航里程约2万公里。每年完成的货运量稳定在5亿～6亿吨，约占全美内河航运的60%。

二、曾经存在的问题

同世界许多其他河流一样，密西西比河流域也经历因过度开发而形成的生态环境恶化阶段。主要表现在以下几个方面：一是水质不断恶化，富营养化严重。流域各州过量的农药、肥料、动物饲养、工业废水、市政污水排入密西西比河中，导致河流水质严重恶化。同时，大量建设的水利工程直接影响了河水的流动和分配，破坏了营养物和有毒物质在水和沉积物中的吸附和解吸，水体自净能力下降。到了20世纪后期，密西西比河水质问题已非常严峻。二是湿地消失迅速，河流系统遭破坏。三角洲湿地不断消失是密西西比河的第二大生态问题。从20世纪30年代至90年代，已经消失了3950平方千米。造成湿地消失的主要原因有三角洲沉积循环、相对海平面上升、海水入侵、地面沉降、大规模的冬季风暴和飓风袭击、啮齿类食草动物对湿地的破坏及履带车的使用等。三是泥沙沉积不均，上游过多，中下游不足。来源于山地农田、居民区、商业区和高速公路建设的泥沙不断汇入，造成密西西比河上游水库回水区和湿地过多泥沙沉积；中下游沉积物供应不足，导致河床下降，三角洲面积不断缩小。四是洪水灾害频发，保护预警工作不力。百余年来，密西西比河曾发生重大洪灾36次，尤其因飓风风暴潮引起的洪灾损失相当严重。五是工程建设不合理，严重影响生物物种生存。2010

年 9 月，在路易斯安那州靠近墨西哥湾的水域发生了美国史上严重的生态事件，有资料推测，英国石油公司采油平台发生的泄漏事故是生态事件的原因。六是管理政策难统一，流域规划不协调。

三、值得借鉴的治理经验

1. 不断健全的法律体系。健全的法律体系是成功治理的保障。早在 1820 年，美国国会就开始讨论发展内河航运的法令。之后通过了多项法律法规，使水资源、水利、水电、水运工程建设与管理均有法可依，保障了内河开发有序进行。

一是防洪法规。多次发生的严重洪灾，促使国会确认国家应该在防洪政策方面承担领导责任。其中，《1936 年防洪法》是国会通过的首部综合性的防洪法案，并对该法进行多次修订，其中 1965 年的防洪法开始推行工程措施与非工程措施相结合的防洪政策。二是水资源法。20 世纪 60 年代，美国制定了《水资源规划法》。1972 年《清洁水法》颁布，通过实施国家污染物排放消除制度（NPDES）许可证项目，建立了以最佳可行技术的排放标准为基础的排污许可证制度。通过建设污水处理厂并实施排污许可制度，有效降低了废水的生化需氧量，促进了流域水质的改善。1986 年，美国颁布《水资源发展法案》。三是航运法规。1998 年国会通过《面向 21 世纪的交通运输平衡法案》，仍然将发展内河航运作为重要内容，又涉及密西西比河的继续开发与治理。这些对密西西比河水系航运的开发起到了十分关键的作用。四是保险法。联邦政府颁布的 1933 年《河流流域管理局法案》、1956 年《联邦洪水保险法》、1968 年《国家洪水保险法》、1973 年《洪水灾害防御法》和 1977 年《洪水保险计划修正案》等多部防洪保险法规，这些法案不仅仅局限于密西西比河流域，同时也涉及田纳西河、俄亥俄河、阿肯色河、红河和白河等其他流域的防洪保险。

2. 顺畅有力的管理措施。顺畅有力的管理措施是成功治理的根本。

一是设置集中统一的防洪管理机构。1879 年美国国会设立密西西比河委员会，通过规划改造，最终形成了江、河、湖、海贯通，水深标准统一的内河航道网络。整个水系发展成为集航运、防洪、发电、供水、灌溉、娱乐、环保于一体的综合利用水系。1928年制定的《防洪法》规定，由陆军部工程师团（COE）负责全国的防洪和航道整治管理。1997年建立的富营养化工作组，参与部门包括美国环保局、农业部、内政部、商务部、陆军工程兵团和12个州的环保农业部门。此外，相关协调机构还包括密西西比河上游流域协会、密西西比河下游保护委员会等。二是制定联邦流域管理政策。20世纪80～90年代，美国环保局逐渐认识到以流域为基本单元的水环境管理模式十分有效，开始在流域内协调各利益相关方力量以解决最突出的环境问题。1996年，美国环保局颁布了《流域保护方法框架》，通过跨学科、跨部门联合，加强社区之间、流域之间的合作来治理水污染。框架实施过程中，结合排污许可证发放管理、水源地保护和财政资金优先资助项目筛选，有效地提高了管理效能。三是制定专项国家行动计划。2001年，富营养化工作组发布了2001行动计划，制定了2015年将墨西哥湾缺氧区域减少到5000平方公里以下的计划目标。2015年，又将2001行动计划的2015年目标推迟到了2035年，并设立了到2025年降低氮和磷负荷20%的过渡目标以（1980～1996年平均负荷为基准）。四是多渠道筹集资金。联邦政府与地方政府共同分担有关费用。1986年国会通过的水资源开发法案规定，州政府分担25%～50%的费用。用于建设堤防的取土或退建占地的费用，由地方政府解决，联邦政府不出资。防洪堤的管理和维护费用从地方政府的税收和征收防洪费中解决。五是开展防洪保险。防洪保险措施是美国采取的一项重要的非工程措施之一。1968年，国会通过的《国家防洪保险计划》包含两个原则：一是鼓励州和地方政府在规划未来的经济发展区时避开洪水灾害区，从“抗拒洪水”的方针改为“给洪水让路”的方针；二是使公众能以承担得起的保险费参加保险。1973年，又通过立法将自愿保险改为强制保险。联邦防洪保险单由联邦救灾总署发行，但保险单的销售、保险联营、理赔等均由私人保险公司经营。到80年代，共有3万个保险公司，经售190万个保险单，保险总额达1100多亿美元。六是重视科学实验。美国政府十分重视治理中的科学实验，并在应用中不断探索。美国陆军工程兵团设有健全的科研队伍和实验设施，各种重要的工程都要经过模型实验。设置在维克斯堡的水道试验站建有世界最大的内河模型——密西西比河水系整体模型，占地达4000平方公里，以模拟方式研究防洪方案和河势规划。模型能复演历史上的大洪水，预演可能发生的更大洪水，优化防洪堤的顶高，确定全流域的防洪方案。同时，在各项工程的规划和设计中，注重将最新的科学技术成果运用于治理的实践之中，以最大限度地优化开发方案。

3. 有效齐备的防护工程。有效齐全的防护工程是成功治理的关键。密西西比河干支流河道整治工程种类之全、数量之多，在世界河流整治史上是领先的。一是挡蓄工程，二是泄洪工程，三是整治河道。

4. 动态周密的自然资源调查与监测。动态周密的自然资源调查与监测是成功治理的基础。主要有四个任务：一是深入了解密西西比河的生态系统及其资源问题；二是监测河流生态系统的资源变化；三是寻求替代方案以更好地管理密西西比河系统；四是提供适当的监控信息管理。目标是为密西西比河多用途大型河流生态系统的管理和治理提供信息和决策支撑。调查与监测的内容主要有：一是地质灾害调查与监测。一方面，通过对美国路易斯安纳州沿海区域和密西西比河下游平原区域进行详细的地质填图，查清可渗透和不可渗透沉积岩以及断层情况，服务沿海区域的开发规划，最大程度降低土壤流失、减少滑坡灾害等。另一方面，在密西西比河沿岸的地质灾害易发区开展侧扫声呐和高分辨率地震记录分析，揭示水下滑坡塌陷问题，做好预警预防准备。二是水位与水质监测。在水位变化与河岸变迁方面，通过水深测量、高程数据采集、插值合并水深测量和河床高程数据等，生成等值线数据，进行河床三维数字建模，用于洪水监测预警。在水质监测方面，标准化的监测目标是跟踪所选参数的状态和趋势。所得数据部分为现场数据自动采集软件实时测量，部分由实验室分析得出。三是土地覆盖遥感监测。覆盖数据也可用于评价人类活动对洪泛平原的影响以及流域内植被分布、生态系统变化、土地利用情况的监测。四是生物资源调查与监测。五是地理信息系统建设与服务。建立了密西西比河流系统数据服务系统，提供环境管理程序开发的地理信息数据和其他来源的相关数据，面向社会提供信息化服务。

（《中国矿业报》2018 年 7 月 3 日）

出版说明

为深入学习贯彻习近平新时代中国特色社会主义思想和党的十九大精神，促进广大党政干部对高质量发展、乡村振兴、精准扶贫、防范化解重大风险、美丽中国、健康中国、自由贸易区建设、“一带一路”建设、长江经济带建设等新时代发展方略的理解和落实，我们编辑出版了《新时代发展方略党政干部参考读本》丛书。书中选用了一些中央和地方知名媒体的相关文章，在本丛书出版之际，我们谨向有关媒体和作者表示衷心感谢！由于各种原因，我们没能与部分作者取得联系，敬请谅解。请这些作者速与我们联系，以便奉上稿酬、赠送样书。

本书编辑组

2019 年 12 月